图书在版编目（CIP）数据

美国与中国的133个不同 / 夏文义著. -- 北京：五洲传播出版社，2012.12
ISBN 978-7-5085-2392-7

Ⅰ.①美… Ⅱ.①夏… Ⅲ.①美国－对比研究－中国 Ⅳ.①D771.2 ②D6

中国版本图书馆CIP数据核字(2012)第238765号

美国与中国的133个不同

著　　者：夏文义
责任编辑：邓锦辉
封面设计：徐　驰
内文设计：张　红
出版发行：五洲传播出版社
地　　址：北京市海淀区北小马厂6号
邮　　编：100038
网　　址：www.cicc.org.cn
电　　话：010－82005927, 010-82007837
印　　刷：北京联华宏凯印刷有限公司
开　　本：787×1092mm 1/16
印　　张：20.5
版　　次：2012年12月第1版 2012年12月第1次印刷
定　　价：48.00元

华盛顿康涅狄格大街2300号，中国驻美使馆老馆址，我曾在三楼工作。这座飘扬着鲜艳夺目的五星红旗的大楼，历经30余年变迁，见证了中美关系30年的风雨。它"所代表的国家则走过了60年历程，完成了从一个对外封闭、半封闭的国家到世界外交舞台重量级选手的华丽转身"。它曾是"温莎公园"旅馆的一部分，1973年12月，中国驻美联络处由康涅狄格大街五月花饭店搬到这里。1979年3月1日挂牌，变身为中国驻美大使馆，柴泽民由联络处主任成为中国驻美首任大使。

华盛顿留影，背后是华盛顿纪念塔。

中国驻美使馆新办公大楼，总建筑面积约4万平方米。这座体积庞大、色泽淡雅的新馆出自贝聿铭和贝建中、贝礼中父子三人之手。2008年7月29日外交部长杨洁篪出席开馆典礼。2009年12月，我们有幸一睹芳容。华丽的外表，富有中国特色的内部装饰，豪华、气派。新馆落成从一个侧面彰显了中国在世界上的重要地位。

前国务委员唐家璇坦言：外交部确曾收到钙片。2001年9月时任外长唐家璇访美，20日晚接见使馆工作人员并作报告。他说，美炸我前南大使馆后，国内群情激愤，我们冷静理性地处理炸馆事件，一些人不理解，误认为我外交太软弱，说我们"缺钙"，给外交部寄去钙片，我们真的收到了，而且，不止一次。当时听了，甚觉无奈。对于中国外交，普通百姓了解得少，有时难免产生误解。

这是2002年在美国举办《历史的记忆》大型展览时的照片，左起第一人，是本活动最重要的人。他是现中国政协外事委员会主任、前国务院新闻办主任赵启正。为近距离向美国进而向世界说明中国，他领导策划了"2000中国文化美国行"大型活动，紧接着又策划了一系列重大活动，包括本次展览。外媒称他为"中国第一新闻官"，但他更是中国公共外交的倡导者和先行者。

2003年2月火箭队到华盛顿比赛，＂大人物＂姚明被邀到使馆做客。＂大人物＂真高大，一般人只能高及他的胸口。从小就把＂雷锋叔叔＂当作偶像的NBA状元秀姚明，他自己也正在成为中国人的偶像。今天，中国人正自由地选择他们崇拜的偶像。实际上，现在的不少中国年轻人，既崇拜雷锋，又崇拜姚明，同时还崇拜着比尔·盖茨和汤姆·汉克斯。

作者自序

在美国工作生活三年又半，其间许多事情让我激动，令我思考，特别是美中之间存在的那么多不同，时常深深触动我。窃以为，这些不同恰是双方发生诸多矛盾和冲突的根源。

美国和中国都是当今世界具有重要影响力的大国。美国需要中国，中国也需要美国。合作给彼此带来的巨大利益让我们走在一起。双方既是伙伴，又是对手，在国际舞台上需要相互合作，在经济贸易上互为需求。但双方在核心利益、社会制度、意识形态、文化背景等诸多方面存在巨大不同，而双方对此缺乏透彻了解，彼此间缺少理解和信任，这导致相互间矛盾不断（如围绕对台军售问题），斗争不断（如人权、意识形态），摩擦不断（如贸易、汇率等）。谁都知道，双方无论有多少矛盾、斗争和摩擦，彼此还只能在同一个世界上生活。既然如此，为了各自人民的利益和福祉，双方如能真正加深了解、增进理解、增强互信，相互间的磕磕绊绊，矛盾和冲突，即便不可避免，也可以处置得当，关系就会相对融洽。在笔者看来，美中之间加强相互了解和理解，无论如何都是十分必要的。

鉴此，笔者根据自身经历和感悟撰写了这本献给美中两国读者的书。中文版的主要读者在中国，对比介绍时，美国的情况说得详细些，中国情况相对简约，而计划中的英文版，主要读者在美国，中国的情况会说得多一些。

写作此书的目的：对于两国的普通人，翻阅此书可以开阔眼界，懂得在地球另一端的那个大国，她的人民生活在另外一种环境下，彼此非常不同；对于政治家，了解这些不同，在处理涉及对方的事务时，或许会考虑更客观，更周全，收到的效果会更好。

本书采用对比的手法，把美国和中国放在一起介绍，这种比较，不是那种"有比较才能鉴别"，为了鉴别好坏优劣所作的比较，而是为了容易说明问题，采用的一种方式。这种比较，恰似比较两个不同人种，旨在说长相不同，如肤色、发色、鼻子、眉眼、脸型等，而不是要说也不能说白人比黄人好，或者黑头发黑眼睛比金发碧眼好，因为这是造化的结果，没有孰优孰劣；还比如宗教信仰，美国人多信仰基督新教、罗马天主教等，而中国少数人信仰佛教、道教或伊斯兰教，这只是宗教信仰不同。不同宗教，属于不同文化，很难说孰优孰劣、孰先进孰落后。

比较，是为了对双方都有一个清醒的了解，既实事求是地看待自己，也实事求是地看待别人，做一个清醒的人。做一个清醒的中国人，既不妄自菲薄也不妄自尊大；做一个清醒的美国人，既对自己的成就感到骄傲，也宽容别人的不同。

美国现阶段的情况是历史形成的，中国亦然。两国国情存在巨大差异和众多不同。希望双方能够相互尊重，求同存异，着眼未来。攻击、指责、强加于人都于事无补，只能招致双方的根本利益受损。

本书取名《美国与中国的133个不同》。分为两部分六章30节，涉及99个问题133处不同点。书中所列，仅是个人在美所见所闻，进而触发的所思所得。所记述的事实，或为作者亲历，或为作者根据搜集的资料研究整理，决非捕风捉影，凭空臆想。美中之间的不同远非这些。事实上，两国在社会生活的各个层面都存在诸多不同，难以尽数。

世界在变化中。世界各国相互影响、相互交融。美中之间现有的一些不同，可能会因变化而缩小或者消失。比如，中国搞改革开放，学习借鉴世界各国，包括美国，对自己有用的东西，美中之间的一些不同在改变。中国原来是计划经济，美国是市场经济，后来中国也搞了市场经济，在这方面的不同不那么大了。当然，虽说都是市场经济，大体一致，但具体环节上还有很多不同。随着中国改革开放的深入和中美之间交流的增加，有些差距和不同还会缩小，有的将不复存在，而有些因其改变很慢，比如在文化传统、宗教信仰、深层价值观等方面的不同，还会长期存在。

有差别是永远的，是绝对的。旧的差别消失了，新的差别又出现了。不断地研究这些差别，有益于增进相互之间的了解和交往，有益于两国和两国人民。

本人深知由于学识水平、研究水平和语言水平有限，书中难免以偏盖全，不反映本质，也难免平庸乏味，引不起兴趣，真诚欢迎指点匡正。

清朝文学家袁枚有一首赞美青苔的小诗，末尾两句是"苔花如米小，也学牡丹开"。我也鼓足勇气，不揣浅陋，把拙见奉献给所有关注中美事务，希望了解美中不同的朋友，献给那些曾给我关爱和鼓励的人。

引 子

2000年8月15日下午，中共中央总书记、国家主席江泽民在北戴河接受了美国哥伦比亚广播公司（CBS）著名新闻杂志节目"60分钟"主持人迈克·华莱士的独家专访。在美国，迈克·华莱士是一个家喻户晓的名字，这个名字代表了硬新闻、调查新闻，代表了不回避、不退让和咄咄逼人的提问。30多年来，他采访过许多国家元首和政要名人，1986年曾采访邓小平同志。此次专访是外交部和国务院新闻办共同组织的。专访要赶在世界各国首脑云集纽约参加联合国千年首脑会议之前在美播出。对此，中国驻美使馆高度关注，要求我们（那时我已在馆工作）特别留意节目播出效果。

华莱士对江主席的采访进行了数小时，节目经剪辑按栏目时长播出60分钟。从9月中旬起，我们陆续看到播出的15分钟、30分钟和60分钟三个版本。以我所见，播出时间越长的效果越好，原因是节目越长保留的采访原貌越多。15分钟的版本最差，一是内容剪接完全按照他们的意图，体现华莱士的所谓尖锐辛辣风格——华莱士阴沉着脸连珠炮般发问，步步紧逼，让江主席显得应接不暇；二是提问方式，根本不像采访中国这样一个大国的领袖，华莱士口气冷峻傲慢，俨然像个法官，追问、质问，甚至攻击。比如他攻击江主席："你是世界上最后一个主要共产党独裁者。"当然，也遭到江主席毫不客气的反击：你对中国情况的描述简直就是天方夜谭。任何对中国政治有所了解的人都知道，我也必须严格执行政治局常委会多数成员所作的决定。中国不是西方意义上的民主国家这没错，但中国也绝非一个独裁国家。30分钟的版本，时间长些，气氛好些。60分钟的版本，尽管整个内容仍旧是华莱士按照美国的思维方式和价值观设问提问，并不时地对中国事务横加指责，但江主席的应对显得从容自如，回答的内容更翔实更有力。比如，当江主席谈到林肯的《葛底斯堡演说》时，华莱士发问说，为什么林肯"民有、民治、民享"的理想政府不适用于中国？为什么中国的国家领导人不允许自由选举？江主席理直气壮地作了回答，详细介绍了中国的政治体制，说明了美国的选举制度和中国的选举制度不完全相同。因为中美两个国家的历史传统、文化水平、经济发展水平、普遍的教育水平不完全一样，每个国家的选举制度要根据它自己的情况确定。江主席说的一句话"我是经过中央委员会的正式选举产生的",至今萦绕在耳。

华莱士可算美国人中的精英,他对中国的了解应该说比一般百姓要多,但从他的采访可以看出,他尚且不理解也不赞同中国的政治体制和制度,美国的普通百姓又能了解多少理解多少呢? 毕竟两国之间在这个问题上的差别巨大。江主席作为中国共产党的领袖、中华人民共和国的主席,中国最高领导人,用那么长的时间亲自接受华莱士的专访,面对美国最著名的记者,毋庸讳言,是经过深思熟虑的,其重要目的之一就是要借助美国的媒体,向美国人民说明中国,让他们了解和理解我们之间的不同,让中美之间多一些理解与互谅,让世界多一些和谐与尊重。

目　录

作者自序 ／ 1

引子 ／ 3

第一部分　在国家与国家层面上的不同

第一章　在社会制度和政权体制方面的不同　／ 9

第一节　社会制度与体制 ／ 9

第二节　政权管理体制 ／ 20

第三节　政党性质、作用与地位 ／ 29

第四节　政府和政府官的产生 ／ 40

第二章　在经济、科技、军事及外交方面的不同　／ 51

第一节　经济发展领域 ／ 51

第二节　科技领域 ／ 66

第三节　军事领域 ／ 69

第四节　外交领域 ／ 79

第三章　在意识形态方面的不同　／ 89

第一节　意识形态领域 ／ 89

第二节　文化领域 ／ 101

第三节　教育领域 ／ 131

第四节　新闻领域 ／ 139

第二部分　在人民与人民层面上的不同

第四章　在思想观念、生活方式、性格特征和思维方式方面的不同 / 149

第一节　思想观念 / 149

第二节　生活方式和消费观念 / 161

第三节　性格特征和行为方式 / 173

第四节　思维方式和思维习惯 / 186

第五章　在处世与处事方面的不同 / 195

第一节　对待官员与国家的态度 / 195

第二节　对待工作与职业的态度 / 202

第三节　婚姻与家庭观念 / 210

第四节　对待性问题 / 220

第五节　对待妇女、老人与儿童 / 223

第六节　对待疾病与健康 / 244

第七节　对待少数民族 / 250

第八节　对待战争和战俘 / 255

第六章　在日常习俗方面的不同 / 265

第一节　礼节礼貌 / 265

第二节　做公益善事 / 273

第三节　务实不铺张 / 282

第四节　社会信誉 / 291

第五节　节日习俗 / 297

第六节　生活琐事 / 305

后记 / 319

第一部分

在国家与国家层面上的不同

第一章 在社会制度和政权体制方面的不同

第一节 社会制度与体制

1. 社会制度

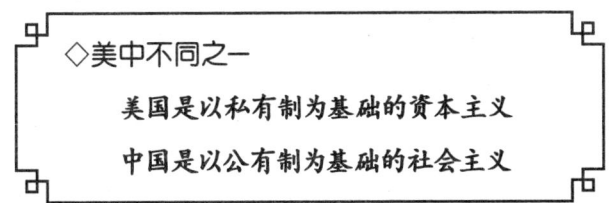

◇美中不同之一

美国是以私有制为基础的资本主义

中国是以公有制为基础的社会主义

说美中两国之间的不同，绕不开也不该绕开的首要话题是社会制度。社会制度不同是现今美中两国间最大的不同。美国是以私有制为基础的资本主义，中国是以公有制为基础的社会主义。中国有一首专门歌颂社会制度的歌曲叫《社会主义好》，曾经家喻户晓，人人会唱：

社会主义好，

社会主义好！

社会主义国家人民地位高，

反动派被打倒，

帝国主义夹着尾巴逃跑了。

全国人民大团结，

掀起了社会主义建设高潮，

建设高潮。

……

中国有社会主义好的歌，美国有没有资本主义好这样的歌呢？到了美国，自然会听到美国歌曲，集会上或电影、电视、音乐光盘中都能接触到。怀着一种好奇，也作为对美国的了解，我留意寻找，但遗憾的是，没发现类似"资本主义好，资本主义好"的歌。或许有，因为我孤陋寡闻，没有遇到。或许没有，因为美国人表达情感的方式和区分社会形态的方式与中国不同。美国人对自己的社会制度非常自信，那没的说。他们广为传唱的爱国歌曲有《星条旗永不落》、《美丽的亚美利加》、《天佑美国》等。在这些歌曲中，他们赞颂的是经过英勇战斗得来的自由和美丽的国土，但没有直接赞美"资本主义好"之类的语句。

马克思主义把人类社会进步分成几个阶段：原始社会、奴隶社会、封建社会、资本主义社会、共产主义社会，而且认定共产主义一定战胜资本主义。美国人的意识形态与中国不同，他们不认同这种划分，特别不认同"共产主义一定战胜资本主义"的社会发展规律。美国人称自己的国家是"民主国家"、"自由国家"，认可自己是资本主义，是市场经济。

我们认为中国实行的是社会主义制度，社会主义是共产主义的组成部分，是共产主义的低级阶段。我们还认为自己是社会主义的初级阶段，是中国特色的社会主义。不论怎样，现今的中国属于社会主义的范畴。

中国的社会制度。

中国宪法第一条作了明确规定：中华人民共和国是工人阶级领导的、以工农联盟为基础的人民民主专政的社会主义国家。社会主义制度是中华人民共和国的根本制度。

中国的社会主义是由其社会主义经济制度决定的。中国宪法第六条这样表述："中华人民共和国的社会主义经济制度的基础是生产资料的社会主义公有制，即全民所有制和劳动群众集体所有制。社会主义公有制消灭人剥削人的制度，实行各尽所能、按劳分配的原则。"

关于中国现阶段的社会主义经济制度，宪法表述为："国家在社会主义初级阶段，坚持公有制为主体、多种所有制经济共同发展的基本经济制度，坚持按劳分配为主体、多种分配方式并存的分配制度。"

尽管中国的社会主义处于初级阶段，生产力水平还不高，但社会主义的特征仍然十分明显：

第一，中国的所有自然资源，包括地上地下的，全部为公有。宪法规定："矿藏、水流、森林、山岭、草原、荒地、滩涂等自然资源，都属于国家所有，即全民所有；由法律规定属于集体所有的森林和山岭、草原、荒地、滩涂除外。"关于土地资源，宪法说："城市的土地属于国家所有。""农村和城市郊区的土地，除由法律规定属于国家所有的以外，属于集体所有；宅基地和自留地、自留山，也属于集体所有。"所以，中国现阶段没有私有土地。

第二，决定国家经济命脉的几乎所有重要行业和产业都是国有的。中国的电信、邮政、交通（公路、铁路、航空、海运）、能源（石油、天然气、煤炭、电力）、金融（银行、证券、保险业）、水利供应、烟草、军工等行业，长期以来一直由国家垄断经营和管理。只是近年来，开始允许非公有经济成分有控制地进入部分行业。比如，城乡间的交通，国内大城市之间的航空运输。

第三，公有制经济在国民收入中占有重要比例。由于不同时期国家对公有制经济的强调的程度不同，中国公有经济在国民收入中所占的比例，虽然变化较大，但都占有重要比例。1952年，新中国成立初期，在国民收入中，国有经济的比重占19.1%，集体经济占1.5%，公私合营经济占0.7%，资本主义经济占6.9%，个体经济占71.8%。1952—1957年，国家实行社会主义改造和合作化运动，国有经济在国民收入中的比重由19.1%上升到33.2%，合作社经济由1.5%上升到56.4%，公私合营经济由0.7%上升到7.6%，资本主义经济由6.9%下降为0，个体经济由71.8%下降到2.8%。1957年国有工业（包括公私合营工业）产值占工业总产值的80.1%。1958年提到89.2%。1966年开始的"文化大革命"，这一比重提高到90.2%。其后各年均无大的变化。

改革开放后的1978—1993年，在国内生产总值中，国有经济的比重由56%下降到42.9%，集体经济由43%上升到44.8%，非公有经济由1%上升到12.3%。

1993年以后，公有制经济在国民收入中的比例还在下降，到2004年前后，下降至30%左右。中国著名经济学家吴敬琏认为，公有经济的比重为1/3。"目前整个国民经济中公私经济的比重，有的学者估算，非国有经济大致占我国国民经济的2/3"。有的民间组织负责人估算，目前已形成国有经济、个体私营经济、外资经济三足鼎立的格局。

美国的社会制度。

私有制是美国社会结构的基础。美国宪法中没有阐述所有制的章节或条款。因为美国社会一开始就是在私人积极性和自由经营的基础上发展起来的，美国实行私有制是自然而然的事情。

美国政府和美国驻华使馆关于美国经济体制的介绍是这样说的："美国实行的是市场经济"，"私有经济在美国经济中占据统治地位。美国企业比西欧和日本在扩大生产、解雇工人和开发新产品方面具有更大的灵活性"。

第一，生产资料。美国国土面积937.26万平方公里，其中私人所有的土地占58%，主要分布在东部；联邦政府所有的土地占32%，主要分布在西部；州及地方政府所有的土地占10%。土地以私有制为主，国有土地只占其中一小部分。美国法律保护私有土地所有权不受侵犯，各种所有制形式之间的土地可以自由买卖和出租，价格由市场供求关系决定。

第二，国有经济情况。在美国，国有经济对国家经济的直接影响微乎其微。学者认为，美国国有经济占其GDP的比例不足1%。美国国有垄断行业非常少。私有成分在美国所有经济部门中实际上是无所不包的。在美国，只有邮政行业是国有的。但邮政也有部分业务如包裹投递等向私人开放。可以说，除了邮政企业实行一定程度的国有以外，其他一切企业都基本实行私人所有、私人经营，即使是一些基础产业，如航空、通讯、铁路等，也是如此。军工企业也非国有，武器装备都是向波音、洛克希德等大公司订购的。国家不直接从事经营活动，不具有用于经营的任何资产。当然它有大量公有的公共设施，如公立学校、医院、图书馆等，联邦公路和各州公路是公有的基础设施。美国有少量的国有企业，叫联邦公司，由联邦政府全部或部分拥有和控制，或者虽非联邦政府拥有，但由联邦政府特许资助并受其控制或监督。联邦公司并不是一般的经营管理国有资产并使其增值的形式，主要是履行联邦管理职能和干预社会经济并提供公共服务。据1982年统计，当时约有联邦公司30—50家。联邦公司的业务活动主要分布在信用证、金融、保险、公用服务、通讯卫星、交通运输和传播媒介等领域。人们所熟知的全国铁路旅客公司、商业信贷公司、通讯卫星公司、公共广播公司、海外私人投资公司、田纳西运河管理局等都是在各个领域处于举足轻重地位的联邦公司。

第三，私营产业的比重。数据显示，2002年美国国民收入总额为79466亿美元，其中私营产业为69467亿美元，私营产业所占比例为87%。

仅从决定社会性质的"三要素"的第一要素即生产资料所有制，就可看出两国社会制度的显著不同。其他两个要素，两国也有明显不同，不再讨论。

2. 根本政治制度

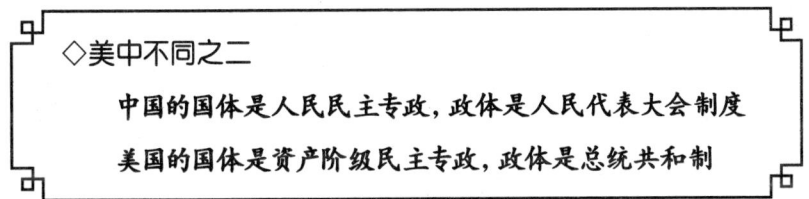

◇美中不同之二

中国的国体是人民民主专政，政体是人民代表大会制度

美国的国体是资产阶级民主专政，政体是总统共和制

根本政治制度是体现一个国家的国体和政体的制度，国体表达社会各阶级在国家中的地位，政体表达国家政权的组织形式。美中两国之间在政治体制和政治制度上是怎样不同呢？

中国的国体：人民民主专政。

中国宪法明确规定："中华人民共和国的一切权力属于人民。""中华人民共和国是工人阶级领导的、以工农联盟为基础的人民民主专政的社会主义国家。"宪法清楚地表明中华人民共和国是人民主权的国家。

中国的政体：人民代表大会制度。

宪法说，"人民行使国家权力的机关是全国人民代表大会和地方各级人民代表大会。全国人民代表大会是最高国家权力机关。""全国人民代表大会和地方各级人民代表大会都由民主选举产生，对人民负责，受人民监督。国家行政机关、审判机关、检察机关都由人民代表大会产生，对它负责，受它监督。""中央和地方的国家机构职权的划分，遵循在中央的统一领导下，充分发挥地方的主动性、积极性的原则。"

人民代表大会制度是中国人民民主专政政权的组织形式，是国家的根本政治制度。按照法律程序，采取直接选举或间接选举的方式，由选民或代表在民主选举的基础上产生各级人民代表大会代表，组成地方各级和全国人民代表大会，即国家权力机关，并由国家权力机关产生其他国家机关，行使国家权力的政权组织形式。它不仅是国家权力机关的制度，而且包括了以人民代表大会为核心的整个国家机关组织体系的建立、职权划分、相互关系、运行机制和活动原则。实践证明，它对于保障人民当家作主，维护国家长治久安，推进社会主义民主法制建设，保障和促进改革开放和建设有中国特色的社会主义，都起着十分重要的作用。人民代表大会制度是马克思列宁主义基本原理同中国革命具体实践相结合的产物，是中国人民在中国共产党的领导下，在创建人民政权的过程中，参照巴黎公社的委员制和俄国工农兵苏维埃制，批判吸收国外议会制度的精华，总结不同时期革命根据地政权建设经验首创出来的，并在长期革命和建设实践中不断发展、完善的，是具有中国特色的政治制度。

中国自秦始皇建立统一的中央集权制封建国家后，2000多年来一直沿袭这一制度。中华人民共和国建立后，实行民主集中制的人民代表大会制，中央集权和地方分权相结合，既保证中央统一领导，集中处理国家事务，同时又充分发挥地方的主动性和积极性，使地方享有一定的自主权。

中国的人民代表大会制度体现了"议行合一"的原则，同时又体现了民主集中制的原则。所谓"议行合一"原则，是马克思在总结巴黎公社经验时提出的。他说，公社"不应当是议会式的，而应当是同时兼管行政和立法的工作机关"。这就是说，作为无产阶级政权的公社，不应当像资本主义国家那样实行三权分立互相制衡，不应当让人民代表机关仅仅成为立法机关，而应当由人民选举并监督的代表机关，把"立法"(议)与"行政"(行)等全部国家权力统一掌管起来。那样，就能保证全部国家权力都在人民的监控之下。中国坚持实行人民代表大会的制度，而不是美国式的三权鼎立制度。针对某些敌对势力攻击以人民代表大会制度为主要特征的社会主义民主制度，邓小平明确指出，我们并不反对西方国家搞三权分立，但是我们中国大陆不搞。我国为什么不能搞三权分立？从根本上说是三权分立的原则和制度不符合我国国情，不符合社会主义人民政权的性质和要求。

中国的人民代表大会制度尽管还有待于进一步完善，但它真正体现了人民当家作主的原则，人民在历史上第一次成为国家的主人。这种体制，是民主的，又是集中的，既能保证广大人民享受广泛的民主权利，又能保证国家权力的集中统一行使，使国家的各项工作能够卓有成效地进行。

美国的国体：资产阶级民主专政。

美国的政体：总统共和制。

美国的总统共和制，是资产阶级民主共和国的一种政权组织形式，与议会内阁制相对称，指由选民分别选举总统和国会，由总统担任国家元首，同时担任政府首脑的制度。实行总统制的国家，在宪法中都规定了总统的职权。

美国是最早实行总统制的国家。与议会内阁制相比较，总统制的特点是以总统为行政首脑，行政机关从属于总统而非议会。在总统制下，总统独立于议会之外，定期由公民直接或间接选举；总统只向人民负责，不对议会负责。美国是实行总统制的典型，总统既是国家元首，又是政府首脑，还兼任武装部队总司令。总统的实际权力非常广泛。总统直接组织和领导政府。政府不对国会负责，只对总统个人负责。总统有权接受部长的辞职或解除其职务。内阁由总统指定的官员（通常为各部部长）组成，只是总统的集体顾问。国家的立法机关和行政机关完全分立，权力相互制衡。议员和政府官员不得相互兼任，国会无倒阁权，政府也无解散国会的权力。优点：总统在任职期间，没有因政见不同而倒台的风险，可以积极推行政策，在行政与立法相互制约的情况下，行政权力高度集中，运作效率充分发挥，适应形势的变化。缺点：在议会中反对党占多数时，行政与立法常在个别问题上陷于僵局，如总统执行错误政策，选民与议会也不能在其任期届满之前使其下台。

"三权分立"为美国政治制度主要原则。美国宪法规定，国家权力分为立法权、行政权和司法权。三者相互独立，权力平衡，又相互制约。宪法赋予每一方的权力各不相同，从而形成一个制衡体制。立法权属于国会，行政权由总统行使，司法权属于最高法院。国会行使立法权受总统的制约，总统对国会通过的法案可行使否决权。但国会再以2/3多数通过，不经总统批准即可成为法律。总统的权力也受国会的制约,如,总统对政府高级官员的任命要得到参议院的认可,总统和政府高级官员如违宪犯法,国会可提出弹劾。

美国还是一个联邦制国家,联邦政府即中央政府和州政府分享权力,各负其责。联邦政府由三个基本部门组成——总统、国会、最高法院。国会制定全国统一的宪法和法律。各州政府也由立法、行政和司法三个部门组成。各州有自己的宪法和法律,但不能与联邦宪法和法律相冲突。联邦政府享有的权力包括外交、维持军队、处理州际关系及贸易、征税、举债、铸币等;各州政府主要处理本州范围内的事务。

对于一个政权、一个政治制度,人们关注的核心问题之一是民主,是人民地位的高低,人民能否当家作主,在多大程度上当家作主。

长期以来,美中两国的政治家都说自己的人民享有广泛的民主并批评对方缺乏

这口铸于英国伦敦、1752年运抵费城的"自由钟",高约1米,重达943公斤,是美国独立的象征,现陈列于费城独立宫附近的自由钟馆内。当年美洲的13个殖民地宣布脱离英国独立建国时,曾敲响这口大钟。大钟已有一道长长的裂缝,但美国独立后建立的在资本主义西方先进的宪政制度,至今依旧相当牢固。

葛底斯堡，宾夕法尼亚州的一个小镇，距首都华盛顿80英里，因南北战争中林肯总统在此发表著名演说闻而名。置身当年古战场，手扶林肯总统半身铜像，我仿佛听到："我们这个民有、民治、民享的政府将永存于世上。"江主席和朱总理都曾访美，都曾提起林肯总统的著名演说，并用英语背诵演讲内容。显然，对"民有、民治、民享的政府"美中双方不持二议，但关于人民概念和政府与人民的认识关系却甚是不同。

民主。美国攻击中国是"独裁政府"，中国批驳美国是虚伪的资产阶级假民主。

随着时间增长和对美国民主情况的较多了解，我发现在人民的内涵、民主的实质以及实施民主的方式方面，两国都有不同。

首先，人民的内涵不同。中国的人民泛指广大的劳苦大众。民主革命时期，人民指"工人阶级，农民阶级，城市小资产阶级和民族资产阶级"。解放初期，人民指广大工人、农民。改革开放后，人民指广大工人、农民、军人、知识分子，还包括个体工商业者。

美国的人民，如果从建国后有多少公民能享受政治权利的角度来看，并不是一个宽泛的概念。独立之初，有选举权的公民仅指那些自由民，而且仅限于部分白种男人。他们是私有的农场主、企业主，他们自己劳动，一些人同时使用奴隶或雇佣劳动者。黑人、妇女、印第安人没有选举权。妇女的选举权是美国独立140多年之后才有的。黑人的选举权更不是一开始就有的。南北战争后，宪法规定黑人享有选举权，但在南方由于种族隔离政策，没有得到实施，直到20世纪五六十年代黑人才最终获得选举权，实行公民的权利。公民的选举权还受到财产资格、"人头税"和文化程度的限制。美国虽然在1787年颁布宪法时就规定了公民的选举权，但是，直到184年以后才在法律上实现普选权。由于在种族、性别、财产、教育程度、年龄和居住期限等诸多方面作出限制，黑人、妇女、印第安人以及大约1/3白人男子在相当长时间内被剥夺了法定选举权。一个"人民"主权的国家，如果公民的选举权受到诸多限制，那么，所谓"人民主权"就要打折扣了。

其次，金钱对民主的影响程度不同。在美国，金钱左右政治，有钱人享有更多的民主。参加选举的人数越来越少，要花钱雇人参加，拉选票，因为穷人不关心选举，也没有钱为自己造声势竞选；候选人谁的钱多谁就能为自己造势，谁就能赢得选举。以2000年选举为例。在选举中，民主党人乔恩·科尔津个人出资6000多万美元成功赢得了代表新泽西州的参议员席位，创州议会竞选花销的新纪录。美联社2000年11月9日对金钱与选举胜势的关系进行的数据分析表明，去年当选的参议员中81%的获胜者、众议员中96%的获胜者花的钱超过了他们的竞争对手；而截至10月18日，32场参议员竞选中有26场、433场众议员竞选中有417场的获胜者是花钱最多的候选人。2000年美国大选所花的费用高达30亿美元，比四年前高出50%，创历史最高纪录；各州的竞选花费也高达10亿美元。美国法律对政治捐款不加禁止，只规定个人向候选人、政治委员会以及政党提供捐款的上限，但没有对企业、工会等向政党提供的"软捐款"加以规定。各党派和候选人筹集的"软捐款"高达6.48亿美元，比四年前增加了4倍。企业界为打通美国政界花费大量的游说开支，在截至2000年6月30日的18个月中，仅英国18家公司就花了3000万美元。美国全国步枪协会和枪支制造商花费了数十亿美元打通国会山，说服政治家们反对限制销售和拥有枪支，使得枪支管制立法难以通过。英国《金融时报》2000年10月25日指出，美国政治制度的腐败已经非常严重，连美国选民也注意到了由此产生的"铜臭味"。美国研究金钱与竞选的一位专家道出了其中的秘诀，"只要在联邦大选委员会那里查一下筹集资金的账户，就可以在大选之前知道大选的最终结果"。

中国公民直接选举村长和居委会主任，通过人大代表选举更高层次的政府领导人。选举过程中虽有少数贿选行为，但总体说，目前还是私下的而不是公开的，个别的而不是普遍的，小规模的而不是数额巨大的，是违法的而不是合法的。金钱对政治的影响甚微。

再次，人民行使权力的方式不同。通过参加选举，选择自己满意的领导人，是公民当家作主行使管理国家的权利的重要形式之一。美国是全国范围内公民直接选举，包括国家总统和国会议员，以及州市县镇议员和行政领导。中国公民直接选举基层的村长和居委会主任，更高层次实行间接选举，先选举各级人大代表，然后由人大代表选举各级政府和国家领导人。

资料1

中国"议行合一"的人大制度与美国"三权分立"的代议民主共和制（总统制）的区别

首先，就"权源"而言，美国的国会与总统分别由选民以两种并行的选举而产生，分别以"人民"为权源，从而分别只掌管立法权与行政权（分权）。中国是人民选出人大，人大产生政府，人大权源在人民，政府的直接权源在人大（尽管政府的权源归根结蒂也在人民）。人大统一掌管全部国家权力（议行合一），不仅是立法机关，而且是国家权力机关，政府只能行使人大所委托的国家行政权，是国家行政机关。

第二，就"地位"而言，美国的总统（行政权）既然与国会（立法权）一样并行地产生于选民的选举，既然不是从国会获得权力委托，自然可以与国会地位相当，平起平坐，谁也不对谁负责。（美国不存在立法机关与行政机关之间孰高孰低的问题。要说"最高"，国会、总统、联邦法院都是"最高"，分别是立法、行政、司法方面的"最高"。）中国的政府由人大产生，政府的权力来自人大，因此，人大的地位高于政府，政府只是人大的执行机关，对人大负责，是顺理成章的。

第三，就"制约"而言，美国的国会与总统既然各有"人民"的权力委托，既然平起平坐，那么，你可以制约我，我也可以制约你，构成"互相制约"。按照他们的理论，"互相制约"可以达到权力之间的平衡，即"制衡"。在中国，政府的权力来自人大，人大的地位高于政府，那么，政府就应当接受人大监督，而不能反过来监督人大。监督也是一种制约。我们是"议行合一，单向制约"，而不是美国那样"三权分立，互相制衡"。

资料2

资本主义民主共和制

根据立法机关与行政机关关系的不同，可分为议会制共和制和总统制共和制。在议会制共和制国家中，议会拥有立法、组织和监督政府（内阁）等权力；政府（内阁）由占议会多数席位的政党或政党联盟来组织，政府对议会负责，当议会通过对政府不信任案时，政府就得辞职或呈请国家元首解散议会，重新选举；作为国家元首的总统只拥有虚位，没有实权。实行议会制共和制的国家有意大利、德国、奥地利、印度等。而在总统制共和制国家中，总统既是国家元首又是政府首脑，总揽行政权力，统率陆、海、空三军，行政机关（政府）和立法机关（议会）相互独立；由当选的总统组织政府。美国是历史上最早实行总统制共和制的典型国家。墨西哥、巴西、阿根廷、埃及、印度尼西亚等国也实行总统制共和制。

第二节　政权管理体制

改革开放以来，美中之间的交流越来越多。许多人对美中两国的政权管理体制（权力运行机制）比以往多了一些了解，大体知道美国是分权制，中国是集权制。然而，这种不同的表现是什么，美国是怎样分权制衡的，它有没有集权？中国强调中央集权，有没有分权呢？

1. 集权与分权

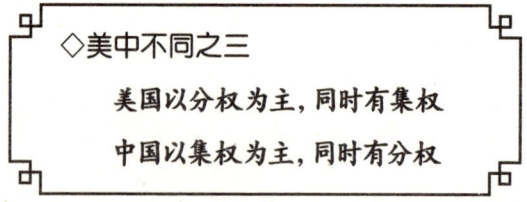

◇美中不同之三

美国以分权为主，同时有集权

中国以集权为主，同时有分权

美国：分权为主，分权的同时有集权。

美国人把处理国家事务的权力一分为三，立法权赋予国会，行政权赋予总统，司法权赋予最高法院。三权之间有明确的界限。他们之间没有哪一个最大，相互是平等的，涉及哪方面问题谁主要负责，是"铁路巡警——各管一段"。具体而言，三个部门的人员由独立而不同的方式在不同的时间和不同的范围内产生，具有不同功能，任何人只能在其中一个部门任职，任何一个部门只能在有限的时间内控制政府的某个部分，而不可能同时控制全部权力。权力划分后，各部门都具有宪法和政治上的独立性。

三权分立，并不等于任何一权可以不受制约，专权独行、恣意妄为，相互间还有相互制约的关系。这种权力分立与制衡机制主要表现为：国会的任命批准权和弹劾权，总统的立法否决权和建议权，法院的宪法解释权和司法审查权，等等。它们构成相互依存又相互制衡的分权制衡机制，限制了政府权力、保障了人民的权利和自由，同时又使得政府变得更睿智，更负责，更为人民的长远利益考虑。

比如，当选总统提名自己的新内阁成员、需要增补的联邦大法官候选人等，必须经国会批准才能生效。总统对他国宣战，比如2001年9·11之后对阿富汗和2003年对伊拉克，须由国会批准。国会议员们（参议员和众议员各自代表不同党派，各为本党的利益说话）达不成一致意见，不同意开战，作为三军总司令的总统，也不能宣战。国会对总统不信任，认为总统有负众望，可以弹劾，把总统赶下台。比如尼克松，因为"水门事件"被弹劾，克林顿因"莱温斯基性丑闻"差点丢失总统宝座。

国会的立法权要受到总统的制约。一部法律出台，参众两院都讨论通过后，须经总统签字才能生效。总统认为不符合自己的意见，不签字，再好的法律也不能生效。美国总统可以否决国会通过的法案，退还国会复议，如该法案经国会两院以2/3的多数通过，则即行生效；在法案送交总统签署的10天内（不包括星期天）未被退回国会，就被认为总统已经批准；如国会在规定期限届满之前休会，总统就可以把法案搁置不理，装进自己的口袋，使法案自行无效，这就是所谓的口袋否决权。如：2006年7月18日，美参议院以63对37票通过了关于扩大联邦政府对干细胞研究资助的议案。然而一天之后，布什总统对此予以否决，致使该议案"胎死腹中"。据统计，从1789年到1988年，美国历届总统共行使立法否决权2469次，其中正式否决1419次，口袋否决1050次，否决被国会推翻103次。曾执政12年的小罗斯福是使用否决权最多的总统，共有635次，有9项被国会推翻。老布什任内，44次动用了否决权，1次被推翻。克林顿执政时期共行使37次否决权，两次被推翻。

最高法院拥有对宪法解释权和司法审查权。1996年2月1日，美国国会通过了《1996年电信法》，8日由克林顿总统签署生效。在克林顿签署该法案的当天，美国公民自由联盟即向联邦法院起诉美国政府，认为此法案的第五部分《通信规范法》的有关内容违反宪法第一修正案，剥夺了公民的言论自由，要求法院宣布此法案违宪无效。1997年6月22日，联邦最高法院9名大法官一致裁决维持初审法院判决，美国政府败诉，并宣布《通信规范法》违宪，不得执行。此外，在总统选举过程中，如果出现争议，最高法院可以判决谁当选。最近的事件是2000年美国大选。民主党总统候选人戈尔获得的全国选票领先，但共和党候选人小布什在选举人票中领先，而佛罗里达州统计票数出现混乱，一时无法搞清。关键时刻，最高法院在布什诉戈尔一案中5：4的判决起到了决定性的作用，判决小布什胜利。作为总统候选人的戈尔尽管心中仍然不服，也只有向布什祝贺。当然，美国最高法院的判决，毫无疑问会受到政治、社会、党派甚至大法官们宗教信仰的影响（如堕胎问题），也会受到总统任命、国会通过等条件的制约。

美国的权力不仅横向分立，纵向也分立，联邦和各州根据宪法享有和行使各自的权力。各州有自己的"三驾马车"机构，还享有自己的立法权。美国在从联邦到州地方各级政府都实行三权分立和制衡的基础上，同时实行国家和州两个层次之间的纵向分权。宪法规定，联邦的权力是各州赋予的；而各州的权力是保留的。但是联邦的地位高于州的地位，并采用"列举权力"的形式规定了联邦的一系列权力：征税借款权；管理外贸和州际商业权；发行公债及货币权；设立联邦法院权；宣战、缔约和对外关系权；建立维持陆海军权等，从而加强了中央政府的权力。同时宪法又以"保留权力"的形式，规定一切未经列举的权力均属于州，州保留权力主要指处理本州范围内部事务的权力，如州内工业、商业、交通、卫生、文教及一般民事、刑事案件等。按照宪法规定联邦权力列举和州权力的保留的分权方式，联邦与州的权力有专有权和共有权的区别。如军事、外交是联邦专有权；教育和治安是州专有权；征税是联邦与州共有的权力。宪法同时规定：州与州的关系是平等合作的关系，联邦宪法是全国最高的法律，任何州的宪法和法律都必须服从联邦宪法，不得与联邦宪法和法律相抵触。

在美国，总统与州长，州长与市长、镇长，不是领导与被领导的关系，大家都是被选举出来的, 大家都对自己的选民负责, 不同的只是工作的内容。总统无权罢免州长。罢免州长是州议会的权力, 不是总统的权力。总统提名任命的只是联邦层面的官员。州长称职不称职本州选民说了算。比如, 2003年10月7日加利福尼亚州举行了历史性的州长罢免选举。时任州长戴维斯 (Gray Davis, 民主党人) 被罢免, 而共和党的候选人施瓦辛格则轻松地击败了134名对手, 当选新州长。州长戴维斯工作勤勤恳恳, 既没有玩女人, 也没有贪污。被弹劾是因为财政赤字问题, 诸多积弊一时无法解决。是加州的民众, 而不是美国总统, 对州长戴维斯不满意, 他们等不及了, 没有等到他任期届满, 就把他赶了下台。

美国的分权制不等于没有中央集权, 联邦宪法规定了国家的大权集中在中央。当然, 与中国相比, 它与各州的分权成分比较多。

中国: 以集权为主, 集权的同时有分权。

中国曾有很长时间的封建社会, 实行的是君主专制的封建统治, 中央集权是中国的传统。自秦始皇开始 (公元前221年), 到最后一个封建王朝清朝被推翻 (1911年), 实行中央集权制长达2000多年。

1949年10月1日, 中华人民共和国成立。中华人民共和国建立的是一个新兴的社会制度。中国不再是封建专制政府, 不再是君主专制统治, 而是实行民主集中制的人民代表大会制。这种制度的特点是, 中央集权和地方分权相结合, 既保证中央统一领导, 集中处理国家事务, 同时又充分发挥地方的主动性和积极性, 使地方享有一定的自主权。中国的中央集权和地方分权, 在分权方式和明晰程度上有自己的特色, 但总体上看, 中央集权制成分比较多。

选择什么制度, 集权和分权的成分是多些还是少些, 这是美中两国国情决定的, 是两国人民自己选择的。

新中国建国以来, 中央集权和地方分权的程度也经常有所改变。建国后到1980年之前, 新中国经历了新民主主义到社会主义的过渡, 长期处于计划经济状态, 这一时期政治经济高度计划, 中央集权, 大小事务统一调配, 各级人民地方政府在中央授权下工作, 没有什么自治权 (几个少数民族自治区稍有不同), 可以称之为中央政府的代理人。改革开放后,1982年宪法出台,宪法文本第3条对中央与地方关系作了原则性规定:"中央和地方的国家机构的职权划分,在中央的统一领导下,充分发挥地方的主动性、积极性原则";第4条规定:"少数民族聚居的地方实行区域自治,设立自治机关,行使自治权";第31条规定:"国家在必要时得设立特别行政区,在特别行政区内实行的制度按照具体情况由全国人民代表大会以法律规定"。除此三条之外,再无其他较为具体的涉及中央地方权限划分的条文了,而在权力运行实践中,中央与地方几乎没有权限划分,授什么权,授多少权,什么时候将权力收回,全部由中央决定。

一是在党与政府的关系上,强调党的集权。党的"一元化"领导要求,不但在总体工作和人事安排上要接受党的领导,而且在机构内部具体业务开展中,也要接受本机构党的组织的领导。毛泽东对此毫不隐讳,他说:"党政军民学,东西南北中,党是领导一切的。"

1979年3月30日,邓小平在党的理论工作务虚会上明确指出:在中国实现四个现代化,必须在思想政治上坚持四项基本原则,这是实现四个现代化的根本前提。四项基本原则之一就是必须坚持共产党的领导。

二是在中央与地方的关系上,强调中央和中央政府对地方的集中领导。党章规定,党员个人服从党的组织,少数服从多数,下级组织服从上级组织,全党各个组织和全体党员服从党的全国代表大会和中央委员会。"四个服从"最重要的是全党服从中央。

第一,中央和地方政府不分权。权力集中在中央,各级地方政府和党组织的任务和职责只是执行党中央的决定,把党中央的方针政策在各地贯彻落实。对一般地方政府,中央没有明确授予地方的分权。对于少数民族地区,有民族区域自治法,但不是政治和法律上的与中央分权。中央授予民族自治区域的权力是:在不违背宪法和法律的原则下,有权采取特殊政策和灵活措施,加速民族自治地方经济、文化建设事业的发展。

第二,大政方针出自中央。中央政府负责统一制定各种方针政策,地方政府统一执行,所谓"政出一门"。地方政府可以制定落实和实施中央政策的具体办法,但不能违背中央政策另搞一套，要保证中央政策的实施。

第三，地方最高官员由中央委派。为保证中央政令的畅通，省级重要地方官员由中央直接选派和任命。所以，在中国，党中央的总书记与省市委书记，中国的总理与省长，是上级与下级，是领导与被领导的关系，上级可以决定下级的官位（当然，还要研究讨论和组织审批程序）。

为了充分发挥地方的主动性、积极性，根据中国的国情，中国也进行了中央集权和地方分权方面的探索，经过改革开放30年，已有若干方面比较明确：

其一，中央和地方的国家机构的职权划分，在民族区域自治问题上有明确表述。按照民族区域自治法给与实行少数民族自治的地方政府最大的权力是，在不违背宪法和法律的原则下，有权采取特殊政策和灵活措施，加速民族自治地方经济、文化建设事业的发展。对于其他非自治的省级地方政府，则没有这种权利。

其二，在财政管理体制上有明确体现。1994年中国实行了分税制改革。这是根据建立社会主义市场经济体制的基本要求，借鉴国外的成功做法，为理顺中央与地方的分配关系制定的。分税制实质上就是为了有效的处理中央政府和地方政府之间的事权和财权关系。

其三，赋予地方一定的立法权力。宪法第一百条规定：省、直辖市的人民代表大会和它们的常务委员会，在不同宪法、法律、行政法规相抵触的前提下，可以制定地方性法规，报全国人民代表大会常务委员会备案。多数情况下，依据中央的政策和法规，地方制定的多是一些实施国家法规的具体条例。

2. 国会（参众两院）与人大政协

美国人，特别是美国媒体，因为对中国的国情知之不多不甚了了，写文章或谈话中常常把中国的人大比作西方的议会（NPC, China's parliament），或者"中国的立法机构"（NPC, the Chinese law-making body），把中国的人大委员长简称为"最高立法官"（Top Chinese legislator）。这种比喻不恰当，美国国会和中国人大，相差甚远。

我们有的人，因为对美国的情况了解不多，常常认为美国政府，尤其是总统，具有非常大的权力，国会也得听他的，国会通过的一些提案，他说推翻就能推翻，而不知道美国行政当局和国会是平行的，总统对国会可以施加影响或者干预，但他领导不了国会，国会可以不听他的。再比如，有人认为中国的政协相当于美国的众议院，如果众议院有亲台的议员，支持台湾加入世界卫生组织或者通过类似《加强台湾安全法》法案等，于是让全国政协外事委员会负责人就此发表谈话表示不满。实际上，中国政协与美国的众议院风马牛不相及。

美国的国会不同于中国的人大。

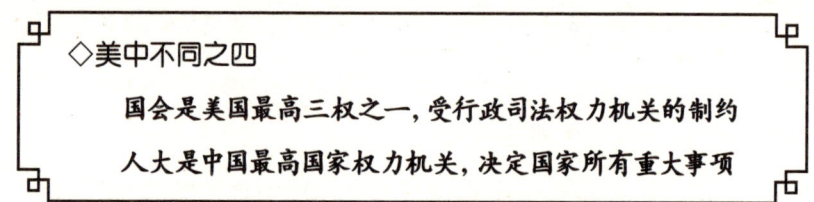

◇美中不同之四

国会是美国最高三权之一，受行政司法权力机关的制约

人大是中国最高国家权力机关，决定国家所有重大事项

美国国会为最高立法机构，由参议院和众议院联合组成。国会的主要职权有：

(1) 立法权。

(2) 宪法修改权。

(3) 行政权（条约签署、行政官员任命的审批）。行政当局代表国家与别国签订的条约，需要经过国会批准。总统对所有重要政府官员的任命都须得到参议院的审批。

(4) 管理监督权。（它可以用立法手段制衡总统；同时也能对行政部门的日常行为进行监督，有权裁减、合并行政机构。有权增减行政预算，具有"掌握钱袋的权力"，即财政拨款权。它掌握着美国的钱袋子，你这个钱该怎么花？国家的预算怎么花？国防、外交预算到底应该花多少？需要国会表决通过，否则，总统不能花。）

(5) 选举权（总统、副总统的复选权）。在总统候选人中，如果没有人获得过半数的总统选举人票，则由众议院选举总统，参议院选举副总统。

(6) 调查权。有权调查、听证某项事件。调查可涉及任何人、任何事件（如尼克松总统的水门事件）。抗命不受调查，可以下令拘捕、审判。审判一般交给法院。

(7) 司法权。有权通过议案判定某方对或者不对。弹劾含有司法的性质。国会对总统、副总统及官员有弹劾权。提出弹劾之权属于众议院，在拥有简单多数票的情况下，众议院可弹劾政府官员。参议院负责审讯被弹劾的官员，但对其定罪须得到三分之二议员的支持。有权审查两院议员的资格。总统任命的联邦法官也需要国会批准。

（8）对外宣布战争的权力。如果要打一场战争，总统也受制于美国国会。最后的宣战权是在国会。征兵权也在国会。

此外，国会可通过不需要总统签署的决议案。它们虽无法律作用，但可以表示国会的态度。

两院议员由各州选民直接选举产生。参议员每州2名，共100名，任期6年，每两年改选1/3。众议员按各州的人口比例分配名额选出，共435名，任期两年，期满全部改选。两院议员均可连任，任期不限。参众议员均系专职，不得兼任政府职务。

中国的全国人民代表大会行使下列职权：

（1）修改宪法；宪法的修改，由全国人民代表大会常务委员会或者五分之一以上的全国人民代表大会代表提议，并由全国人民代表大会以全体代表的三分之二以上的多数通过。

（2）监督宪法的实施；

（3）制定和修改刑事、民事、国家机构的和其他的基本法律；

（4）选举中华人民共和国主席、副主席；

（5）根据中华人民共和国主席的提名，决定国务院总理的人选；根据国务院总理的提名，决定国务院副总理、国务委员、各部部长、各委员会主任、审计长、秘书长的人选；

（6）选举中央军事委员会主席；根据中央军事委员会主席的提名，决定中央军事委员会其他组成人员的人选；

（7）选举最高人民法院院长；

（8）选举最高人民检察院检察长；

（9）审查和批准国民经济和社会发展计划和计划执行情况的报告；

（10）审查和批准国家的预算和预算执行情况的报告；

（11）改变或者撤销全国人民代表大会常务委员会不适当的决定；

(12) 批准省、自治区和直辖市的建制；

(13) 决定特别行政区的设立及其制度；

(14) 决定战争和和平的问题；

(15) 应当由最高国家权力机关行使的其他职权。

(16) 全国人民代表大会有权罢免下列人员：

   ① 中华人民共和国主席、副主席；

   ② 国务院总理、副总理、国务委员、各部部长、各委员会主任、审计长、秘书长；

   ③ 中央军事委员会主席和中央军事委员会其他组成人员；

   ④ 最高人民法院院长；

   ⑤ 最高人民检察院检察长。

尽管美国国会和中国人大在履行的职责方面有许多相同之处，但它们之间却有本质不同：

第一，美国国会是最高立法机关，仅是三大"最高"权力之一，中国人大是中国唯一的最高权力机关。第二，美国的总统和军队首脑不是国会产生的，是由人民选举的。国会和行政、司法的地位是平等的。中国的国家主席、国务院总理、中央军委主席、最高人民法院院长和最高人民检察院检察长是人大选举产生的，这些权力机关的工作接受人大的管理监督。人大高于其他权力机关。第三，美国国会的权力受行政权力的制约（总统对国会的立法有否决权）。中国人大的权力不受其他国家权力机关监督、制约。第四，美国的参议员是官职，都是由纳税人供养的。中国的人大有常设机构，常设机构的工作人员参照国家公务员待遇，而人大代表不一定都是国家干部，拿国家俸禄。第五，任期不同。美国参议院任期6年，中国人大代表任期5年。

美国的众议院与中国的政协风马牛不相及。

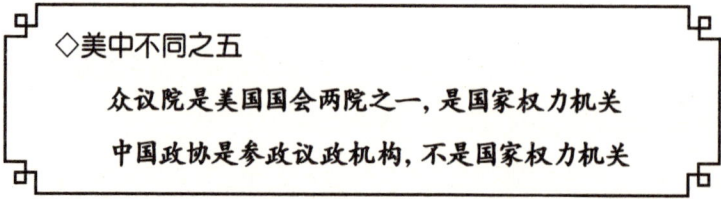

◇美中不同之五

众议院是美国国会两院之一，是国家权力机关

中国政协是参政议政机构，不是国家权力机关

美国的众议院是组成美国国会的两院之一。是负责立法的国家权力机构。在履行国会的职责权力方面,与参议院相互衔接、各有分工。美国的众议员是官职,是由纳税人供养的。众议院每届任期2年,可连选连任,没有任期限制。

中国人民政治协商会议是中国人民爱国统一战线的组织,是中国共产党领导的多党合作和政治协商的重要机构;由中国共产党、各民主党派、无党派民主人士、人民团体、各民族和各界的代表,台湾同胞、港澳同胞和归国侨胞的代表以及特别邀请的人士组成。人民政协的主要职能是政治协商、民主监督、参政议政。但它不是国家的权力机构,与美国的众议院没有共同之处。主要职能是:

(一) 参政议政

即在中国共产党的领导下,各民主党派成员参与国家重大方针、政策、法律、法规的制定和执行;参与国家重大政治问题和国家机构领导人选的协商;参与国家事务的管理。

(二) 民主监督

民主监督是在多党合作和政治协商的框架下,由民主党派对中国共产党及中国共产党领导下的国家机关工作的监督。

(三) 民主党派的成员被举荐担任各级政府和司法机关的一定职务

各个民主党派一般均有少数成员被中国共产党举荐担任各级政府和司法机关的领导职务。

中国的政协委员由社会各界人士组成,不一定是官员。政协委员每届任期5年,可连任。

第三节　政党性质、作用与地位

自幼生活在中国,从懂事起就知道新中国是中国共产党领导的国家。随着年龄的增长和生活阅历的增加,对于党的历史、作用、组织结构、入党程序、领导人的产生以及党在国家政治生活中的重要地位等都知道得清清楚楚明明白白。到了美国,发现美国政党的情况与中国非常不同, 差别之大, 匪夷所思。

1. 性质、组织形式及作用

◇美中不同之六

美国政党为选举存在, 内部松散, 入党不办手续, 赞同谁就属于谁

中国政党组织严密, 从上到下都有常设机构, 入党须履行严格手续

首先, 党的产生不同。中国共产党是在中国的革命斗争中产生的, 目的是推翻反动的黑暗统治, 建立社会主义的新中国。革命的手段是武装夺取政权。中国共产党1921年7月1日成立, 当时是国民党领导的中华民国时期。最初, 共产党是秘密组织。后来, 遭到蒋介石领导的国民党的残酷屠杀和迫害, 在与帝国主义和国民党反动派的长期斗争中逐步成长壮大, 1949年最终打败国民党反动武装, 取得了在大陆的胜利。

美国的政党不是在武装革命斗争中产生的, 而是在为争取总统选举中获胜形成的。1787年, 美利坚合众国的开国元勋们起草了《合众国宪法》。当时, 没有预设政党在政府管理制度中的作用, 而是想通过三权分立、制约与平衡、联邦主义, 以及选举人团间接选举总统等各项宪法规定, 力图将政党及政治派别排除在新生的共和国之外。尽管开国元勋们用心良苦, 但1800年开始了将政党发展为全国性组织, 并通过选举将行政权力自一个党派转移给另一个党派。政党的发展与选举权的扩展密切相关。19世纪初, 选民必须有一定财产才能参加选举的规定被取消, 选民人数剧增。为赢得选举, 需要一种动员广大选民的手段。政党为完成此项至关重要的任务而应运而生。

美国有多个党派, 但在国内政治及社会生活中起重大作用的只有共和党和民主党。民主党1791年成立, 当时称共和党。1794年改称民主共和党, 1828年改为民主党。1861年南北战争前夕, 民主党内部分裂, 该党的南方奴隶主策划叛乱。南北战争结束后, 民主党在野24年。1885年克利夫兰当选总统执政。此后该党又大部分时间在野。1933年开始, 民主党人罗斯福、杜鲁门、肯尼迪、约翰逊、卡特、克林顿、奥巴马先后当选总统执政。民主党党员是大选中投其候选人票的选民。共和党成立于1854年。1861年林肯就任总统，共和党首次执政。此后至1933年的70多年中，除16年外，共和党一直主政白宫。1933年以后，曾有艾森豪威尔、尼克松、福特、里根、老布什、小布什执政。第三党有绿党和改革党等。

如今，共和党和民主党完全渗透在美国的政治进程中。约60%的美国人自认为是共和党人或民主党人，即使那些自称为中间选民的人通常也具有政党倾向，并表现出高度的政党忠诚。譬如，在1980年至1996年的5次总统选举中，75%倾向共和党或民主党的选民都投了他们所"倾向"的政党总统候选人的票。在2000年，79%倾向共和党的中间选民投票选举共和党的乔治·W·布什，而72%倾向民主党的中间选民投票选举民主党的阿尔·戈尔。

中国也有多个党派。中国共产党是执政党，其他民主党派属参政党。中国共产党是中华人民共和国各项事业的领导核心。

其次，入党程序不同。在中国，加入党组织要个人申请，经过考察并履行相应的组织审批手续。中国共产党的党章规定：申请入党的人，要填写入党志愿书，要有两名正式党员作介绍人，要经过支部大会通过和上级党组织批准，并且经过预备期的考察，才能成为正式党员。预备党员必须面向党旗进行入党宣誓。

在美国，成为一个党的党员，不需要履行什么手续，赞成哪个党的主张，在总统大选中投票给哪个党的候选人，就是那个党的党员。所以，一般人的党员身份是模糊的，随着政治倾向的转变随时变更。当然，一些政治人物的政治倾向是不会轻易改变的。偶尔，也有大人物改变政治立场的情况。如2001年参议员詹姆斯·杰福兹倒戈，使民主党夺回参议院控制权。杰福兹是一位温和派资深参议员。他表示反对布什总统提出的在10年中减税1.6万亿美元的大幅减税计划，主张减税对象侧重于中低收入阶层，并要求联邦政府在教育上增加投入。5月24日杰福兹在其家乡佛蒙特州宣布，他已经决定退出共和党，成为一名参议院的独立人士。此举改变了两党在参议院的席位对比，使民主党重新夺回了1994年失去的参议院控制权。杰福兹表示，他做出这一"非常艰难的"决定是从自己的"良心和原则"出发，并为了"更好地代表佛蒙特州"。参议院政治格局的改变会对国会批准布什政府的政策造成困难。因此，布什总统对杰福兹离开共和党的决定表示不满和失望。

再次，组织结构不同。美国政党的组织结构松散。美国的政党有全国委员会，但没有类似中国常设的党中央机构，且内部联系松散。美国的政党组织是一架选举机器。政党在联邦层面的组织是党的"全国委员会 (National Committee)"，例如民主党全国委员会DNC和共和党全国委员会RNC，它们各由100名委员组成，每州选出男女委员各一人。全国委员会设主席一人，由总统候选人任命。党的全国委员会实际上仅是辅助选举的机构。其功能是宣扬政纲，协调政纲、募捐，和决定下届党代表大会的时间、地点。但是对于日常党务，全国委员会完全不能置喙。

虽说党组织在联邦层面没有"中央委员会"，但地方却设置中央委员会，一副"党中央"在地方的架势。地方的党领袖又分为两类，都对选举有很大影响。一类叫"党魁 (party boss)"。他们不具进军华盛顿政坛、从事联邦政治的野心，但他们以地方为根据地，以地方利益为重，能影响地方平民，所以具有操纵选举的能力，形同地方的土皇帝。另一类是由党基层干部组成的"党机器 (party machine)"。从党街坊干事到州的党委员，他们都是政党的"忠贞之士"，跟地方有千丝万缕的关系，也是地方上操纵选举的人。他们既能操纵党的政治领袖，又能操纵选民。政党地方党部各有其自己的人脉、立场和经费，它们各自独立，大选时为总统提名人大力辅选，选举一结束，他们就汲汲于利益争夺，自求多福。

美国政党没有全国的党领袖。从全国党代表大会召开，提名总统候选人的时候起，两大党就动员自己所能动员的一切资源全力投入大选。大选之后，无论胜负，参加竞选的总统提名人立即成为该党名义上的领袖，但是他们通常在党组织内并没有基础。例如2004年大选结束后，布什总统成为名义上的共和党领袖，能靠声望和行政资源影响共和党，但是一旦他的民调支持度下跌，成为"票房毒药"，该党政界人士就竞相避之犹恐不及，甚至攻击他。落选的联邦级政党领袖，在党内的影响力更是微乎其微。例如2004年的民主党候选人克里就是例子。美国政党没有全国的党领袖，通常所谓的联邦级党领袖仅指国会或白宫的立法或行政领袖。他们无法指挥党。

尽管如此，美国政党的影响无所不在。如今，两大党主导了总统、国会、州长和州立法机构。自1852年以来，历届总统由两大党轮流坐庄。"二战"后，两大党总统候选人得到的选民票平均为94.8%。2002年国会和地方选举后，美国参议院百名议员中只有孤零零一名独立议员，而在众议院435名议员中也仅有两名。在州政府层面上，所有50位州长非共和党即民主党；7300多名州议员中仅有21人既非以共和党人又非以民主党人当选。在联邦和州的层面上，是两大党组织和支配着政府。

中国共产党有完整的组织体系。上至党中央、中央和国家机关，下至工厂、农村、学校到军队的连队，有整套严密的组织和办事机构。

最后，党组织与干部的关系不同。美国党的组织不任命什么官员。美国的重要官员或是百姓选举的，或是经总统、州长提名由议会任命的，不是哪一个党的组织任命的。

中国实行的是党管干部的原则。这项原则的实质是，党统一领导全国的干部工作和直接管理重要干部。具体说，这一原则有四层含义：(1) 党制定干部工作的方针、政策；(2) 由党中央和各级党组织推荐并管理国家和本地区、本部门的重要干部；(3) 党组织负责对干部人事工作的宏观管理和检查督促；(4) 干部人事制度的重要改革，要在党组织的指导下进行。

2. 政党之间的关系

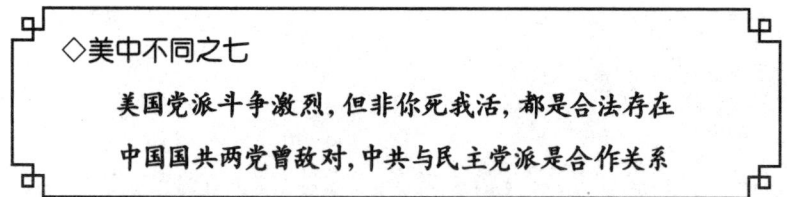

◇美中不同之七
美国党派斗争激烈，但非你死我活，都是合法存在
中国国共两党曾敌对，中共与民主党派是合作关系

美国党派之间的斗争是尖锐的，甚至是对立的，但大家都是合法存在。相互间的矛盾与斗争比较突出地反映在竞选时，平时则体现在参众两院的立法过程中。这种斗争不是你死我活，不是一个要消灭另一个。"水门事件"是一个典型例证，它的起因正是美国的党派斗争。

1972年6月18日凌晨2点半，有五个人因潜入位于华盛顿特区的美国民主党总部
——水门大厦而被捕。两位高官E·霍华德·亨特和G·高登·利迪也因不法行为受到
指控。利迪是共和党"争取尼克松连任"委员会的总指挥，他拒绝回答联邦调查局提
出的有关"水门事件"的问题，并因此被解雇。这七个人被指控有盗窃和安装窃听器
的行为，被判入狱。起初，尼克松似乎没有隐瞒什么。他在电视讲话中说："今晚，在
这间办公室，我向你们保证，我将尽职权所能确保有罪之人受到审判。"然而，事实
上，这一事件的真相是作为共和党主席的理查德·尼克松授权部下，在竞争对手民主
党的总部内安装窃听装置，为的是窃听竞选对手的备战情况，确保自己连任总统。受
到指控并被判入狱的七个人，由于与尼克松有不同寻常的关系，引起了包括民主党总
统候选人麦克文在内的许多人的怀疑，他们认为尼克松有所隐瞒。麦克文希望水门事
件能成为他获胜的筹码，为此他对尼克松提出指控："我指控尼克松政府命令司法
部和大陪审团掩盖民主党被窃听案。我指控……"尼克松继续否认他曾参与这起事

路左侧是华盛顿著名的水门饭店。民主党总部设在这里。这里也是因政府轮番更迭，许多从
外地到首都任职的政府高官或国会议员的临时居所。（供图：东方IC）

件，并且在11月的大选中取得了压倒性的胜利。连任之后，尼克松总统开始麻烦缠身。1973年2月，新闻界开始不厌其烦地将他的丑行公诸于众。水门大厦侵入案被掩盖的真实情况开始浮出水面。共和党竞选连任总统委员会的副指挥开口告诉联邦检察官，尼克松的亲信与此事有关，他说他们毁掉了罪证并做了假口供。1973年初，美国参议院成立了调查委员会。尼克松的前任竞选连任总统委员会指挥约翰·迪恩告诉委员会，尼克松对被掩盖的事件真相十分清楚。1973年7月，一名白宫前官员证实尼克松对他的谈话进行了秘密录音，但尼克松利用行政特权拒绝向法庭交出录音带。1974年3月1日，联邦大陪审团指控了七个人，包括尼克松最亲近的两个顾问海德曼和厄利彻曼，还有前任总代理律师约翰·密歇尔。他们被指控阴谋妨碍司法公正。4月30日，在这些人的指证下，尼克松不得不拿出了编辑过的文字资料。但联邦法官斯利卡传唤附加录音带，尼克松则拒绝交出，案件转到最高法院。最高法院全体通过对尼克松的裁决。众议院司法委员会通过了对尼克松的弹劾：妨碍司法公正、滥用总统职权、试图反抗委员会的传唤以妨碍弹劾程序。尼克松终于在1974年8月5日交出了三盘录音带，其中一盘清晰地记录了尼克松曾经积极参与掩盖事件。面对不可避免的弹劾，尼克松辞去了总统职务。1974年8月8日，尼克松成为美国历史上第一位辞职的总统。"水门事件"因而成为美国历史上最大的政治丑闻，也是美国党派竞争中的不光彩记录。

中国党派之间的关系比较复杂。中国共产党在夺取政权之前，与蒋介石领导的国民党是敌对关系，与其他民主党派是合作关系。蒋介石的国民党曾经大肆屠杀共产党，不让共产党合法存在。国民党是孙中山先生1911年创立的中国最早的资产阶级政党。在孙中山先生领导国民党的时代，与共产党关系并不对立，特别是1924年1月20日至30日，孙中山在广州主持召开中国国民党第一次全国代表大会，确立"联俄、联共、扶助农工"的三大政策。1925年3月孙中山逝世后，国民党内的右翼势力抬头，以蒋介石为首的国民党新右派相继制造打击和排挤共产党的"中山舰事件"和"整理党务案"，使共产党员被迫辞去他们担任的国民党中央部长等职。1927年4月，蒋介石发动了"四一二政变"，镇压共产党人和工农进步力量，打击和排斥国民党左翼，并在南京另立国民政府。此后，国民党在全国建立起一党专政的统治。当日本帝国主义加紧侵略中国的时候，以蒋介石为首的国民党领导集团奉行"攘外必先安内"政策，集中兵力"围剿"红军。以毛泽东为领袖的中国共产党和中国工农红军被迫进行"万里长征"。蒋介石领导的国民党一直企图消灭中国共产党。经过八年抗日战争和三年解放战争（国内战争），共产党取得了在中国大陆的胜利。为了取得中国革命事业的胜利，共产党始终坚持统一战线政策，团结其他各民主党派，与他们保持了良好的关系。

中华人民共和国成立之后，中国共产党与逃亡台湾的蒋介石的国民党一直是敌对关系。共产党试图解放台湾，国民党也企图"光复大陆"，但迄今都未能成功。在中国，合法存在的政治党派包括中国共产党和八个民主党派，各党派以宪法为根本活动准则。宪法阐明了共产党与民主党派的关系，这就是：共产党领导，长期合作。八个民主党派是中国国民党革命委员会、中国民主同盟、中国民主建国会、中国民主促进会、中国农工民主党、中国致公党、九三学社、台湾民主自治同盟。在中国多党合作制度中，中国共产党与各民主党派长期共存、互相监督、肝胆相照、荣辱与共，共同致力于建设中国特色社会主义，形成了"共产党领导、多党派合作，共产党执政、多党派参政"的基本特征。中国多党合作制度在中国的政治和社会生活中显示出独特的政治优势和强大的生命力，发挥了不可替代的重大作用。

3. 政党与议会的关系

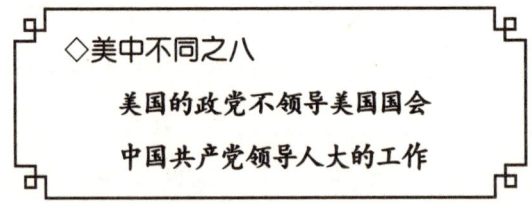

◇美中不同之八

美国的政党不领导美国国会
中国共产党领导人大的工作

美国的政党与国会没有领导关系。国会是美国最高三个国家权力机关之一。国会的参议员和众议员都是各州选民选举的。不论哪个党派获得竞选胜利成为执政党，也不领导国会。但是，每个政党在国会的席位多少对国会影响还是很大的。获得多数席位的党在国会表决时影响力大。国会分参众两院，制定法律，通过法案，须两院都通过, 才能提交总统签署。不管是在参议院还是在众议院, 任何一个党派的议员占据多数席位, 就可以控制该院的表决, 通过与本党有利的法案或者否决与本党不利的法案。执政党不一定在议会是多数。各党派占据席位多少是国会选举 (中期选举) 的结果。众议院每两年选举一次。参议员任期6年, 每2年更换1/3, 众议员任期2年, 每两年全部重选。

以2001年1月3日宣誓就职的美国第107届国会为例, 在参议院100个席位中, 民主党和共和党各占50席; 在众议院435个席位中, 共和党占221席, 民主党为212席, 另两席为独立派人士。本届国会创造了几项纪录: 一是参议院自1881年以来首次出现民主党与共和党两党平分秋色的局面; 二是第一夫人希拉里以纽约州联邦参议员身份成为美国历史上第一位登上国会议席的总统夫人; 三是由于共和党候选人布什在大选中获胜, 副总统切尼将兼任参议院议长, 这是自1955年以来, 共和党首次同时掌握白宫及国会两院多数党地位, 对执政的共和党极为有利。

此后两届国会的党派比例显然对执政的共和党有利, 对民主党不利。第108届 (2003—2004) 美国国会的参议院100个席位和众议院435个席位中, 共和党和民主党的席位对比分别为51:48和229:205 (参众两院中各有一席为独立人士)。第109届国会 (2005—2006) 参议院中共和党55人, 民主党44人, 独立人士1人; 众议院中共和党232人, 民主党201人, 独立人士1人, 空缺1人。

两院议员任职没有时间和最高年龄限制, 长期连任现象极为普遍。2002年12月5日, 联邦参议员瑟蒙德在任上庆祝了自己的百岁大寿。这位百岁议员创造了多个美国和世界纪录:担任参议员48年, 成为美国历史上任职时间最长的参议员; 100岁退休, 成为美国历史上年龄最大的参议员。2006年初, 88岁高龄的美国民主党人罗伯特·卡莱尔·伯德已经连任联邦参议员近48年。他在89岁生日前两周, 竞选参议员获得成功。到6年任期结束时, 他将是95岁高龄, 成为美国连任时间最长 (54年) 的联邦参议员。

国会议员不得兼任其他政府职务。

中国的人大与美国国会有许多不同, 本章第二节已作论述。中国共产党与人大、政协的关系是怎样的呢?

党与人大。党领导人大的工作，但不是人大组织的领导。人大是中国最高国家权力机构。党不代行人大的职权，党也在宪法和法律的范围内活动，保证人大依法积极主动地、独立负责地工作。党对人大工作的领导，主要是政治领导和向国家政权机关推荐重要干部。其主要方式，是使党的主张经过法定程序变成国家意志，以便动员全体人民去遵守和执行。

第一，党对人大工作的领导，主要是政治领导，即政治原则、政治方向、重大决策的领导。人大、政府的立法立规工作，是在党中央的领导下进行的。宪法修改草案和各项重要的政治立法和经济立法，一般都要由全国人大和政府中的党组事先报党中央审查，然后才由人大、国家机关经过立法程序，制定为法律。重要的地方性法规的制定，一般事先也要经过省级党委审查（这种做法属于党内程序，非国家立法程序）。所以，宪法和法律一般是党的主张和人民的意志的统一。

第二，党对人大工作的领导，包括向国家政权机关推荐重要干部。在中国，拥有党内职务的党员同时可以担任国家政权机关的职务。全国人大、政协、国务院领导的人选，是党中央提名推荐的。在现阶段的中国，人大主任、政协主席、国务院总理通常是中央政治局常委担任的。

顺便谈及中国共产党与人民政协的关系。毫无疑问，人民政协是中国共产党领导的。政协不是宪法规定的国家机构，是共产党领导的多党合作和政治协商制度。中国共产党支持政协围绕团结和民主两大主题履行职能，共同致力于中国民主政治建设和社会主义现代化建设。

4. 政党与军队的关系

◇美中不同之九

美国的军队属于国家，不属于党派，总统代表国家，是军队最高统帅

中国共产党是解放军的缔造者和指挥者，党的领袖也是军队最高统帅

关于政党与军队的关系，我头脑中根深蒂固的是毛泽东主席的话"我们的原则

是党指挥枪",还有"人民的军队党指挥"这样的铁律。我们接受的教育是这样,而且中国的事实也是这样。我本以为美国可能也是如此。赴美后,我才明白,在政党与军队的关系方面,美国与中国根本不同。

中国共产党是中国军队的缔造者和指挥者。中国的军队,现称中国人民解放军,诞生于1927年8月1日。土地革命战争时期称中国工农红军,抗日战争时期称八路军和新四军,内战时期起改称中国人民解放军。中国共产党在创立之初并没有自己的军队。在与国民党第一次合作失败之后,共产党认识到没有军队的被动之处。八一南昌起义,打响了武装反抗国民党的第一枪,也是中国共产党创建自己军队的开始。在后来的三湾改编中,毛泽东提出了"枪杆子里出政权"的论断,并对初创时期的中国红军进行了改编,确立了中国共产党对军队的绝对领导。

始终坚持党对军队的领导。这项原则,无论在革命战争年代还是在社会主义建设时期,都始终坚持,决不动摇。

中国共产党很早就成立中央军事委员会,负责领导和指挥人民军队。中华人民共和国成立以后,党的中央军事委员会继续履行武装力量的最高统帅权。党的中央军事委员会同时也逐步演进为中国共产党和中华人民共和国共同的军事统帅机构。中国特色的国防领导体制——中共中央军委和国家中央军委是"两个牌子,一套班子"。尽管如此,党对军队的领导并没有削弱。

建国之后,党的最高领袖一般同时也是军队的最高统帅。军队中党的组织根据党中央的指示工作。党中央有权向全国人大推荐国家中央军委的领导人。这种体制不但能够保证党对军队的绝对领导,而且更有利于运用国家机器,加强军队和国防建设。

美国的军队与中国不同:

第一,美国的军队不是政党缔造的。美国的军队最早产生于独立战争,与美国的政党无关。在独立战争的初期,第二次大陆会议(1775年10月)把已经开始武装对抗英军的大陆民兵编成大陆军,任命华盛顿上校为总司令。独立战争胜利后,华盛顿向国会交出了军权。现在的美国主要政党成立较晚,军队不是它们缔造的。

第二,美国的军队属于国家,政党与军队没有隶属关系。美国宪法明文规定"总统是武警部队总司令和最高统帅"。总统代表国家，总统是军队最高统帅。军队不是由哪一个党派一直领导的，而是谁当选总统，谁就是法定总司令。哪一个党派的候选人当选总统，哪个人就是三军最高统帅。

第三，美国军队内没有常设的党组织。中国军队一个优良传统就是"支部建在连上"，设有专职支部书记和指导员，保证了党对军队的领导和指挥。美国军队没有党组织这个系统，因此，也不存在军队内部的军政关系。

第四节　政府和政府官员的产生

2000年4月刚到使馆工作不久，就赶上美国大选年的开始。最初看到，沿街的电线杆和街区墙上贴有许多海报，内容是本区民主党候选人或者共和党候选人的名字以及选举时间。当然，都是一些不知名的小人物。那时，我还没有概念，不知道大选先从基层开始。到后来，陆续有了各党派候选人在电视上辩论，产生本党的总统候选人。各候选人发表自己的竞选演说，各抒己见。又过一阵，在国会山前边的大街两侧，出现了驴子和大象雕塑，鲜艳夺目。在庄严的国会山前搞几个动物塑像蹲在那儿，我觉得甚是奇怪：不伦不类，搞什么名堂？再后来，许多条街道两旁都有了这种驴子和大象。我愈是纳闷，索性向老馆员请教，原来这驴子和大象分别是民主党和共和党的标志。驴子和大象越来越多，说明选情越来越热。10月左右，两党候选人开始电视辩论，经过一轮又一轮，互相攻击、嘲弄，互相揭短、指责，毫不客气。在国内哪见过这阵势，有点让人看得眼花缭乱。11月，选战进入高潮，报纸、电台、电视台关于大选的内容铺天盖地。当然，我们更多关注的是他们的竞选纲领，特别是他们提出的对华政策。

美国是多党制的国家，每个党都可以参加选举，推选自己的候选人，但事实上因为其他党力量很小，多年来政权一直在民主党和共和党手中交替。资料显示，美国现有民主党、共和党、自由党、美国独立党、绿党、改革党、美国民主社会党、美国社会民主党、美国社会主义党、共产党、自然法律党、宪法党、新党等13个政党。在大选中，势单力薄的"第三党"——那些小党,只能是强大的共和、民主两党竞争总统宝座的陪衬。2000年的大选,共和、民主两党候选人打得难解难分,正好使小打小闹的"第三党"有了用武之地。比如绿党的目标:抢戈尔的票,拆布什的台。绿党是美国一个全国性的环保组织,以支持环境保护和消费者利益为宗旨,其成员以民主党人和独立人士居多。该党领导人纳德声称,民主党已和共和党同流合污,不能代表广大民众利益。可以说,绿党多一个支持者,戈尔就少掉一票。这些小党在大选中是被拉拢的对象。另外,根据"多数者通吃"的原则,小党候选人的票数最终还是要给大党作"贡献"。

总统选举的程序大致分四个阶段,分别是:预选、党代表大会、总统候选人竞选和全国选民投票。预选通常在大选年的2月开始,6月份结束。所谓预选,就是登记参加总统竞选的人竞争各党党内总统候选人的提名,具体任务是推选各州出席本党全国代表大会的代表。党的全国代表大会一般在七、八月份举行,任务是确定该党的总统、副总统候选人,并通过党的竞选纲领。代表大会之后,总统竞选便正式拉开帷幕。两党总统候选人不惜耗费巨资,穿梭于全国各地,发表竞选演说,会见选民,召开记者招待会,阐述其国内外政策主张,笼络人心,争取选票。选举年11月份的第一个星期二为全国选民投票日。

那一年的大选,还出现了美国历史上仅有的第二次富有戏剧性的选票争议。民主党候选人戈尔在全国大选中领先布什50多万票,但最终结果却要等佛罗里达州艰苦漫长的人工点票决定。布什在佛州600多万张选票中仅领先戈尔537票。大选投票结束四周以后最高法院以5:4决定停止佛州人工点票,将该州25张总统选举人票判给小布什。这样,小布什获胜,成为继1888年本杰明·哈里森之后,第一位以少数选民票当选的总统。2000年大选作为美国历史上最接近、最有争议和最奇特的选举而载入史册。

美国的大选之年,不仅总统换届、国会换届,州市县等地方政府和议会也要换届,可以说是美国官员大换班之年。举国上下,热闹非凡。

经历了整个大选过程,对美国的选举制度基本有所了解。同时,对他们与我们的不同也逐步明晰。

1. 政府的产生

政府的产生，主要是国家最高领导人的产生。至少有四方面不同：

首先，国家最高领导人的概念和职位设置不同。

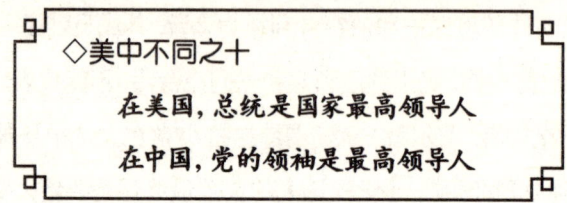

◇美中不同之十

在美国，总统是国家最高领导人

在中国，党的领袖是最高领导人

在美国，总统是国家最高领导人。总统是国家元首、政府行政首脑，也是三军总司令。美国虽然为分权制，国家权力一分为三，但是，国会和最高法院的领导人按照宪法排定的位置，都在总统之后。根据1947年通过的"美国总统继任法案"，美国总统一旦离开其职务，将由副总统、参众议会议长及内阁成员，依序递补，而内阁的排名基本上以内阁职务的成立时间为序。第一，美国副总统；第二，众议院议长；第三，参议院临时议长；其后是国务卿、财政部长、国防部长、司法部长、内政部长、农业部长、商务部长、劳工部长、卫生与公众服务部长、住房与城市发展部长、交通部长、能源部长、教育部长、退伍军人事务部长。"9·11"事件后成立的国土安全部成立最晚，按顺序排在最后。美国200多年来的历史上，因为意外事故，仅发生过副总统接替总统的事，没有其他人依次接替总统的。

中国的情况变化较多。一般情况，党的领袖是国家最高领导人。国家主席是国家元首，国务院总理是行政首脑，分别由二人担任。执政党中国共产党的总书记同时担任国家主席、中央军委主席，是一人三职。因为共产党是执政党，是国家各项事业的领导核心，党的最高领导人是国家的最高领导人。如，1949年建国以后，毛泽东一直是党中央的主席和中央军委主席，也曾经任国家主席（1954年—1959年），他作为中国最高领导人，直到1976年去世。周恩来总理作为行政首脑，一直到1976年1月去世。那时候，中国还没有废除领导干部终身制，没有固定任期限制。

中国没有法定的最高领导人接替顺序。最初，新一代最高领导人由老一代最高领导人选定。比如，华国锋作为毛泽东选定的接班人，先接替周恩来的国务院总理一职，后又接替毛泽东的党和军队两个主席职务。毛泽东主席也选定过其他人为接班人，比如林彪、王洪文，特别是林彪，中国共产党第九次全国代表大会讨论并通过的《中国共产党章程》把林彪作为"毛泽东同志的亲密战友和接班人"写入总纲，但没有成功。1980年2月胡耀邦接替华国锋任中共中央总书记，邓小平接替他任中央军委主席（1981年—1989年），赵紫阳则接任国务院总理。胡耀邦是党的总书记，但没有兼任中央军委主席。邓小平任中央军委主席，没有任党的总书记，是中顾委的主任。邓是当时的国家最高领导人。1989年后，江泽民被选定，先后接任中央总书记和军委主席，成为最高领导人。国务院总理是李鹏（1988年4月9日—1998年3月17日）、朱镕基（1998年3月17日—2003年3月16日）。

国家主席一职变化也很大，毛泽东、刘少奇、董必武、宋庆龄、李先念、杨尚昆等先后任国家主席或者代主席。"文革"期间一度不设国家主席一职。

邓小平倡导并身体力行废除领导干部终身制以后，中国最高领导人开始有固定任期，正常交替。从江泽民开始，到现在的胡锦涛，都是将中共中央总书记、国家主席、中央军委主席三个职务集于一身。

其次，候选人产生方式不同。

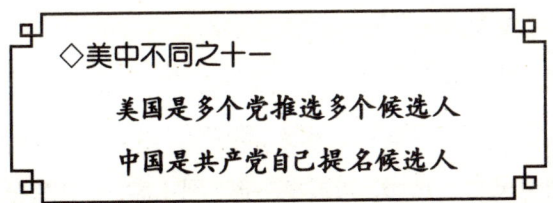

◇美中不同之十一

美国是多个党推选多个候选人
中国是共产党自己提名候选人

国家最高领导人的产生，关键是候选人的产生。

美国政府的换届选举是从各党推选自己的候选人开始竞选，到最后，只剩下两党的两个候选人，再从中选举一位。

中国是在共产党一个党提名的候选人中选举。因为共产党是执政党。党章规定，中央委员会总书记必须从中央政治局常务委员会委员中产生。具体说来，党的中央政治局委员、候补委员，中央政治局常务委员会委员，中央委员会总书记，由上一届中央政治局提出建议名单，提交新选出的中央委员会全体会议酝酿，并根据多数委员的意见，确定正式候选人名单, 然后由中央委员会全体会议以无记名投票的方式选举产生。

党中央的书记同时担任国家主席。国家主席经全国人民代表大会选举产生。全国人民代表大会进行选举时, 由主席团提名推荐候选人。实践中, 主席团都是根据中共中央的建议提出候选人名单的。

再次, 选举方式有不同。

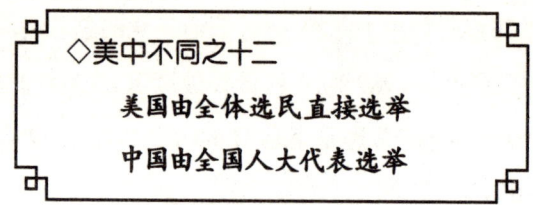

◇美中不同之十二

美国由全体选民直接选举

中国由全国人大代表选举

在最高领导人选举方式上, 美国先进行竞选, 然后再实行直选。在本党竞选成为候选人后, 再在全国范围内由全体选民投票直接选举。总统每4年选举一次。选举年的11月第一个星期二举行全民投票。

中国是代表选举。党的领导人由党内选举。党代会的代表选举出中央委员会, 由中央委员会全体会议选举党的总书记。党章规定, 党的中央政治局、中央政治局常务委员会和中央委员会总书记, 由中央委员会全体会议选举。中央委员会总书记必须从中央政治局常务委员会委员中产生。

自中共十二大以来, 历届党代会代表数量皆呈逐年递增趋势。从十二大到十七大, 代表人数分别为1545人、1936人、2035人、2048人、2120人、2220人。

国家领导人由全国人大选举。如国家主席、副主席, 中央军委主席, 最高法院院长和最高检察院检察长, 由全国人大会议代表选举。中国第9届全国人大代表人数为2981人, 第10届2985人, 第11届2987人。他们代表全国选民选举。

最后, 任期长短不同。

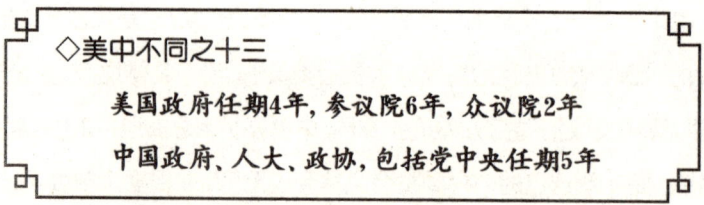

◇美中不同之十三

美国政府任期4年, 参议院6年, 众议院2年

中国政府、人大、政协, 包括党中央任期5年

美国联邦政府4年一届，总统连任不超过2届。建国200年来，基本如此。作为特例，罗斯福总统是美国历史上唯一连任4届（第四任开始不久病逝）总统的人，从1933年3月起，直到1945年4月去世时，任职长达12年。他的超常任期是特殊年代——大萧条和"二战"的缘故。众议院任期2年，参议院6年，没有任期限制。

中国政府每届任期5年，比美国长一年。党章规定，中央委员会的任期5年。党的文件规定，同一职位**连续任职**不超过两任期。因此，中央委员会、人大、国务院等领导人的任期也为5年，连续任职不得超过两届。

中华人民共和国是一个新生政权，政府更替和最高领导人的选举也有一个变化过程。在毛泽东时代，党和国家的领导虽然也经过选举程序，但最高领导基本是终身制。毛泽东任党中央主席27年，周恩来任国务院总理27年，直到他们去世。那时没有连续任期的限制。1978年十一届三中全会后，邓小平在改革和健全党的组织制度方面，着重抓了干部制度的改革和完善。他提出建立退休制度，废除领导干部职务终身制。邓小平身体力行，为废除领导干部终身制做出榜样，使中国政治体制改革走出重要的一步。此后，中国的党和国家领导人开始正常交接，实行固定任期制度，5年一届，连续任期不超过两届。

2. 重要官员的产生

在国家层面，随着最高领导人的更替，政府换届。随之而来，除国家最高领导人之外的国家重要官员和地方重要官员的产生与更替方面，两国有哪些不同呢？

第一，大家都有选举，但选举方式不同。

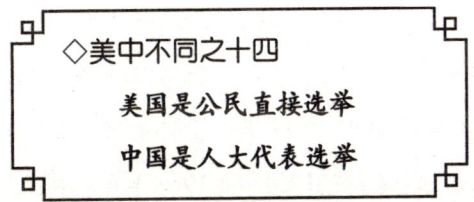

◇美中不同之十四

美国是公民直接选举

中国是人大代表选举

美国的重要官员，包括总统、州长、市长、县长、镇长等，都是辖区的老百姓直接选举的。美国国会（联邦议会）、州议会、市镇议会的参议员、众议员等，他们是专职的重要官员,也由选民直接选举。

中国的重要官员,包括国家领导人,还有省长、市长、县长、镇长等,都通过选举产生,但由同级党委提名,同级人大代表分别选举。

这些年,中国在广大农村实行村民委员会主任的直接选举,在城市实行居民委员主任直接选举,这是扩大基层民主的一种方式。

乡以上各级党政领导都不是公民直接选举。现有试点(在乡镇一级)推进直选,拟经过试行,逐步铺开,在全国范围实行。

第二,重要官员都有进出,但官员身份长短不同。

◇美中不同之十五

美国官员离任后成为普通公民

中国官员离任后仍是官员身份

美国总统换届,如果不是连任,则内阁成员随同总统一起离任。离任后,他们成为普通公民,或重新找工作,或原来做什么还做什么,如教书、在企业任职。比如,赖斯与基辛格,两人都是世界上大名鼎鼎的人物。二人有不少相似之处,入阁之前已是知名学者,专长都是国际政治。赖斯1981年26岁时成为斯坦福大学教授。1985年至1986年任胡佛研究院研究员。1989年1月开始从政,出任老布什总统的国家安全事务特别助理。4年期满卸任后,回到胡佛研究院任高级研究员。1993年,任斯坦福大学教务长,是该校历史上最年轻的教务长,也是该校第一位黑人教务长。在2000年美国大选时,赖斯作为首席对外政策顾问,又为小布什出谋划策。小布什当选总统后任命赖斯为总统国家安全事务助理。2005年1月出任国务卿,是继克林顿政府的马德琳·奥尔布赖特之后美国历史上第二位女国务卿。2009年初,赖斯卸任后重返斯坦福大学教书。基辛格1969年至1973年任尼克松总统国家安全事务助理。1973年至1977年任国务卿。从政之前的1951年到1969年在哈佛大学工作,做讲师、副教授和教授,担任国际关系研究班执行主任、国际问题研究中心负责人。国务卿任期届满后,在乔治敦大学任客座教授,兼任全国广播公司顾问、大通曼哈顿银行国际咨询委员会主席、阿斯彭学会高级研究员等职。1982年开办基辛格"国际咨询"公司并担任董事长。再看人们非常熟悉的美国前副总统戈尔。戈尔1976年当选国会众议员，并三次连任。1984年当选参议员，1990年连任。1993年1月任克林顿政府的副总统，1997年1月连任。2000年8月被民主党正式提名为总统候选人。在2000年11月举行的大选中，与共和党候选人布什得票不相上下，经过一个月的法律诉讼，戈尔宣布竞选失败。离开白宫后，他回归了普通生活，成为哥伦比亚大学的普通教授。他积极投入环保，成为一个气候革命者，敦促各国政府开征碳税，迫使业界减少温室气体排放量。

中国的情况则不同。中国总理任期届满离任后，上一届政府的部长们并不一定一起更换，新一届政府内阁成员中，部长有新的，也可有上一届的成员。除非年龄超过65岁或本人犯错误不被提名，上一届内阁部长有的继续留任，不留任的变换岗位，超过年龄的，有的到人大、政协任职，不到退休年限的，有的到省市或其他岗位担任领导，但还是国家的官员。如十一届全国人大一次会议第七次全体会议（2008年3月17日），根据国务院总理温家宝的提名，经过投票表决，通过了各部部长、中国人民银行行长、审计长的人选。与5年前部委负责人名单对比，4人获连任。他们分别是教育部部长周济、民政部部长李学举、铁道部部长刘志军、中国人民银行行长周小川。离开部长职位后到人大政协任职的也很多。以吴基传为例，他1998年3月至2003年3月任中国人民共和国信息产业部部长。此后任全国人大常委会委员、全国人大教育科学文化卫生委员会副主任委员。原经贸部部长石广生、原国务院新闻办主任曾建徽等都到人大或者政协工作。李肇星2003年3月接替唐家璇出任外交部长。2007年4月27日，在其超过退休年龄一年多后被免去外长职务。一年后，在十一届全国人大一次会议上，他当选为第十一届全国人大常委会委员、全国人大外事委员会主任委员。

中国官员（干部）的职务和级别是变动的，干部身份是终身的，一旦入仕，终身为官，不到退休年龄，一直是干部，即便退休，也是退休干部，待遇与其他人不同，除非个人出了问题被清理出干部队伍。

第三，产生的途径不同。

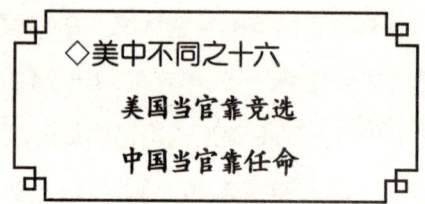

◇美中不同之十六

美国当官靠竞选

中国当官靠任命

美国重要官员（主要是政务官）的产生不仅由选民直选，而且要经过竞选。在国家层面，总统经过层层竞选；国会的参议员、众议员（共535人）也要经过竞选；在州及以一下层级，州长、市长、县长和镇长，州议会、市议会议员等，都是经过竞选的。竞选是重要途径。美国已经实现城镇化，农村人口很少，现阶段农业人口只占总人口的2%，农民也是农业工人，经营农场、养殖场，基本没有类似中国的乡村，不存在农村基层村委会的选举，也无所谓这个层次的基层政权选举。

中国当官靠任命，党组织任命或提名。中国是党管干部，所有重要干部都是党委任命或推荐提名的。基本方式是：党的系统的干部，党组织直接任命，政府系统的干部，党的组织部门提名，经人大讨论通过。

中国是党政两套系统。所以，从中央到地方都有两个"一把手"。

中国有一个庞大的党的组织，截至2007年底，全国党员总数为7415.3万名，党委系统干部是任命制为主。除党的中央政治局委员、候补委员，中央政治局常务委员会委员，中央委员会总书记，由中央委员会全体会议选举外，省和省以下基本是中央和地方党委直接任命。比如，省委书记的任免，中央直接任命一次到位。

政府部门重要官员的产生，必须经过法定选举程序，不似党的系统，直接任命。虽有选举过程，但不是直选或层层竞选。如国家层面的领导人，如国家主席、总理、国家中央军委主席采用等额选举，不存在竞选。地方行政官员如省长、市长等也是等额选举，差额选举较少先例，更无层层竞选。

地方（省和省以下）政府的"一把手"产生，要履行法定选举程序，但候选人也是党的组织推荐或提名的。比如省长，中组部考察好合适人选后，通常先由中央任命为省委副书记，副书记是党内职务，可以直接任命，省长是政府职务，要经过人大选举。

所以，新领导人的正式职务是省委副书记，到任后挂"代省长"头衔，经过人大选举后再去掉"代"字。市县乡的"一把手"的产生也是同一模式。

第四，候选人产生的方式不同。

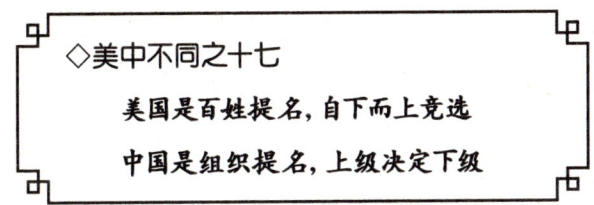

◇美中不同之十七

美国是百姓提名，自下而上竞选

中国是组织提名，上级决定下级

中美两国都有选举这种形式，除直选与代选的差别外，还有候选人产生方式的差别。

美是百姓提名。每个公民，只要愿意为公众服务，符合规定的条件（年龄、在本州居住时间和一定数量居民的签名支持），不管从事什么职业，都可以成为候选人，参加竞选。比如加州法律规定：居住在加州的任何一位公民只要争取到65人签名支持和交纳3500美元手续费就可作为州长候选人。如果能够获得10000名选民的提名，则可免去登记费用。加州是美国最富裕、人口最多的州。2003年加州州长罢免风潮时，有135位候选人竞争州长位置，好莱坞动作片巨星施瓦辛格是其中之一。在10月7日举行的历史性的罢免选举中，州长戴维斯被罢免，施瓦辛格轻松地击败了民主党候选人副州长巴斯特曼特，当选为新州长。美国的候选人，不需要事先具备公务员身份。里根当选总统前也是好莱坞著名演员，1966年当选加州州长，1970年再次当选。1968年和1976年两次争取共和党总统候选人的提名，均未成功。1980年在党内选举中获胜，并最终击败吉米·卡特，当选总统。

中国是党组织提名，上级决定下级。党中央集体产生后，各省市区委召开全会，选举产生新的省市区委。一般情况是，省级党代会召开之前中央已经选定省级的一把手，省级全会再选举一次。

因为是换届之年，省委对市级班子在省党代会之前开始调整。

从省委书记一直到乡党委书记的产生，都是上一级组织部门提出名单，上级党委任命。没有自下而上的竞选，也没有非组织部门产生的候选人。以上是党的部门的情况。

政府的官员，党委提出候选人或推荐人选，通过人大选举。各层皆如此，不赘述。

在中国，各重要官员大多数都是从公务员队伍中产生的。只有民主党派和无党派人士担任非主要领导职务的，是从学校老师、医院医生或者科研院所研究人员中公开选拔，但数量很少。普通百姓认为自己行，毛遂自荐当候选人，竞选乡及乡以上主要官员，目前尚无通道，也少先例。

事实上，候选人由谁提名很重要。选民提出的，自然对选民负责，上级组织提出的，自然对上级组织负责。

官员的罢免也是由任命官员的上级组织（人大、政府常务会、党委常委会）决定的。普通百姓对某些官员不满意，不能直接罢免，要等人大会召开，由人大代表提出才有可能。

第二章　在经济、科技、军事及外交方面的不同

第一节　经济发展领域

1999年，我在国务院新闻办公室学习培训。对GDP和人均GDP这两个反映国家经济实力的重要指标，那时还没有多少认知，但常听赵启正主任会见外宾时讲起。他说，美国的GDP大约是中国的10倍，人均GDP大约是中国的40倍。他还说到一个概念，美国经济年增长1%相当于中国增长5%，因为美国的基数大，我们基数小。因为不懂经济，对这些抽象的数字没有直观具体的概念，但听起来仍感惊奇。到了美国，实地一看，这种巨大不同才变得直观、具体、丰满起来——满大街跑的是汽车，自行车只是他们周末的运动工具之一；美国人在超市购物时购物车装得满满的，毛巾衬衣等都成打儿买；有大城市鳞次栉比的摩天大楼，更有远离城市喧嚣纷繁的小镇，漂亮、休闲而恬静……谁都明白，只有经济发展了，有了经济实力，人们的物质生活才能富裕。GDP——不仅是抽象数字，更是物质现实。

1. 经济实力

美中两国在经济实力上的不同，可从三个角度说明，一是现今经济总量和人均水平，二是所处的生产力发展阶段——国家工业化水平，三是经济现代化水平相差的时间。当然他人可选另外的角度，参照的q数据也许不尽一致，但结论应是一致的：现阶段美中两国经济实力确实不同。

首先，经济总量和人均水平。

◇美中不同之十八

2000年美国GDP约是中国的10倍，10年后约为2.5倍

2000年美国人均GDP约是中国的37倍，10年后约为11倍

统计资料显示，2000年美国GDP约是中国的10倍，10年后约为2.5倍。

2000年美国GDP为99631亿美元，中国为10800亿美元，相当于美国的1/10。

2006年美国GDP为131947亿美元，中国为210871亿元，折合2.5万亿美元，相当于美国的1/5。

2007年美国GDP为13.8万亿美元，中国为257306亿元，折合36189亿美元，相当于美国的1/4弱。

2008年美国GDP为14.2万亿美元，中国为300670亿元，按中国银行年末发布的汇率，折合43996.2亿美元，是美国的1/3弱。

2010年美国GDP为14.66万亿美元，中国为5.88万亿美元，美国是中国的2.5倍。

中国经济总量增长很快，从2000年相当于美国的1/10，增长到2010年相当于美国的40%。中国GDP总量2010年超过日本，在全球排位升为第二，美国依旧排全球第一。

人均国民收入：美国处于高收入的高层，中国处于中低收入的中层。

世界银行对全球经济发达程度有一个分级标准，根据这个标准，每年7月都会发布全球各个国家的人均国民收入，作为向发展中国家提供低息贷款、无息贷款和赠款等援助的依据。这个标准每年都会进行修正，例如1997年785美元及其以下为低收入；786美元至3125美元为中等偏下收入；3126美元至9655美元为中等偏上收入；9656美元及以上为高收入国家和地区。而2007年人均国民收入在935美元以下者为低收入国家，人均在936至3505美元区间为中低收入，人均在3706至11455美元区间为中高收入，在11455美元以上为高收入国家和地区。

按照这个标准，2007年中国人均国民收入由1978年190美元上升至2741.599美元，接近3000美元，2008年实现3313美元，已经由世界低收入国家跃升至中低收入国家行列。美国2007年人均国民收入为45540美元，是高收入国家标准的4倍，处于高收入的高层。美国人均国民收入仍是中国的16.6倍。中国人均国民收入在世界160多个国家排名中处于100名之后。

国际货币基金组织的统计数字显示，2010年中国人均GDP是4283美元，是美国的1/11，排在全球第95位，仍然远远落后于美国的47123美元、日本的42325美元、韩国的20165美元。

其次，国家工业化水平。

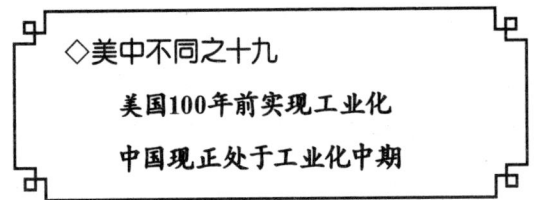

◇美中不同之十九

美国100年前实现工业化

中国现正处于工业化中期

工业化水平是一个国家所处的生产力发展阶段的标志。国际上衡量工业化程度，主要依据的经济指标有四项：一是人均生产总值，人均GDP达到1000美元为工业化初期阶段，人均3000美元为中期，人均5000美元为后期。二是工业化率，即工业增加值占全部生产总值的比重。工业化率达到20%—40%，为工业化初期；达到40%—60%，为半工业化国家，达到60%以上，为工业化国家。三是三次产业结构和就业结构，一般工业化初期，三次产业结构为12.7%:37.8%:49.5%；就业结构为15.9%:36.8%:47.3%。四是城市化率，即为城镇常住人口占总人口的比重，一般工业化初期为37%以上，工业化国家则达到65%以上。

美国完成工业化后已经进入信息化社会。

1890年，美国工业在工农业总产值中的比重达到80%，重工业的产值已与轻工业相当。所以，一般认为，美国工业化是在1890—1920年间完成的。如果从1816年算起，美国实现工业化花了约100年的时间。

美国在100多年前实现工业化后，进一步向后工业化和信息化发展。欧美及发达国家是从公元1969年进入信息时代，中国及部分发展中国家是从公元1984年进入信息时代，起步比欧美晚了15年。

人类社会进入信息时代以来，欧美始终处于领先地位，以美国为首，还有日本、加拿大、欧盟等，占世界信息产品贸易量80%以上。主要关键技术和高精尖技术基本由发达国家主宰，所以信息技术产品的主要利润归于发达国家。如果把信息技术分为核心技术、高新技术和制造技术，在计算机尖端核心技术方面，美国居全球第一，日本其次。在高新技术和制造技术方面，亚洲国家和地区占有一席之地。美国的IT产业约占世界IT产业总量的28%，占世界信息技术产品市场的34%。中国IT产业的总体规模相当弱小，只是美国的8%、日本的10%。

到1997年，美国计算机和电子制造业已成为主流产业之一。电子邮件数量已经超过普通邮件，电脑销量已超过汽车，并且新增加了358种新的服务行业，美国经济确实已进入名副其实的信息时代。

中国整体上处于工业化中期。

2007年，国家统计局发布《从十六大到十七大经济社会发展回顾系列报告之八：工业经济在改革与调整中持续快速稳定发展》。报告指出，"目前，我国总体上正处于工业化的中期阶段。"

数据显示：中国工业化率2006年达到43.1%；2007年人均生产总值接近3000美元；2008年三次产业结构为11.3%:48.6%:40.1%，就业结构为15.9:36.8:47.3；2008年中国城市化率已达到45.86%，依据国际上衡量工业化程度的指标，中国符合工业化中期阶段的标准。

尽管整体上处于工业化中期，但中国工业化发展不平衡，地区之间差别较大。北京和上海已经实现工业化，长三角和珠三角地区同处工业化后期的后半阶段，大西南、大西北、中部6省尚处于工业化初期的后半阶段。

再次，经济现代化水平。

◇美中不同之二十

美国经济现代化100年前即达中国目前水平

中国经济现代化重要指标赶上美国尚需时日

中国社科院专家分析认为，中国经济现代化水平与美国相差约100年。《北京青年报》2005年2月19日报道说：《中国现代化报告2005》昨天披露，中国经济现代化水平与美国相差100年。该报记者就此采访中国科学院中国现代化研究中心主任、中国现代化战略研究课题组组长何传启研究员。其中两段对话如下：

记者：为什么说中国的经济现代化水平比美国要差100年，课题组计算的主要依据是什么？

何传启：我们在进行国际间经济现代化的比较时主要用了三个数据：2001年中国人均GDP为3583美元，美国达到这一水平的年代为1892年，相差109年；2001年中国农业劳动力比重为50%，美国同比例的年份为1870年，相差131年；2001年中国农业增加值占GDP的比重为15%，美国同一比例的年份为1914年，相差87年。我们把三个数据的相差年份一平均，得出与美国的差距为109年。

记者：您认为中国在经济现代化方面要赶上美国需要多长的时间？

何传启：我们认为至少需要100年的时间。美国2002年的人均GNP为35400美元，根据其4%的经济增长速度计算，一年增长1416美元。而中国2002年的人均GNP为960元，按照8%的增速计算，每年增长仅为77美元左右。

专家学者的判断，由于掌握的材料不同，加之客观上一些不可预知因素，比如2008年美国爆发的金融危机，对两国经济产生不同程度的影响，导致结论可能不一定十分准确，但基本判断应该还是可靠的。

2. 企业管理

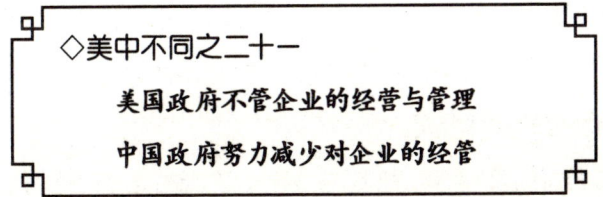

◇美中不同之二十一

美国政府不管企业的经营与管理

中国政府努力减少对企业的经管

如何对待经济生产中最活跃的主体——企业，两国差别还是很大的：美国绝大部分生产型企业都是私有的，企业与政府的关系就是企业依法纳税，政府合理使用纳税人的钱，为纳税人服务，为社会服务。政府不管企业的经营与管理。中国是公有制为主体，在计划经济时代，企业绝大部分都是国有的，靠政府管理，管理和指挥企业生产是政府的重要工作。实行市场经济以后，政府管理的企业数量少了，企业自主的成分多了。但总体上，中国刚刚向"服务型政府"过渡，基本还属"管理型政府"。

在政府与企业的关系方面，作为市场经济国家，美国企业的发展主要受市场规律的驱动，政府很少直接干预企业经营活动。但是，为了弥补市场的不足，协调企业之间的经济联系，美国政府往往对不同类型的企业采取不同的宏观管理措施。

在美国国民经济的主要部门中，国有经济只在邮电、电力、航空、供水、铁路等少数部门占较大比重，而在其他许多部门，都是私人资本居统治地位。私营优胜于公营，在美国文化中已成为根深蒂固的、似乎无可怀疑的观念。美国的国有企业很少，它从来就不像英国、法国等实行国有化的国家的国有企业，具有盈利性的经济意义，更不像社会主义公有制国家的国有企业，在国民经济中占主导地位。美国的大部分国有企业归州和地方政府所有，地方政府拥有约75%的国有民用企业财产。尽管国有企业在国民经济中所占的比重不高，但在国民经济中，尤其是在公共部门发挥着特殊的重要作用。美国的国有企业控制着对国家极其重要的产业，如航天、核工业等。

美国的国有企业或称联邦公司数量不多，经营范围亦限于少数行业。但尽管如此，由于经营规模较大、经营内容特殊，在社会经济生活中，尤其是对联邦政府稳定社会经济并对其进行宏观管理，仍有着重要的地位和影响。比如联邦储蓄保险公司就是对稳定和管理金融秩序起着重要作用的联邦公司。据1982年的统计，当时联邦公司大约有30—50家，业务活动主要分布在信用证和金融、保险、公用服务、通讯卫星、交通运输和传播媒介等领域。人们熟知的全国铁路旅客公司、商业信贷公司、通讯卫星公司、公共广播公司、海外私人投资公司、田纳西运河管理局等都是在各个领域居于举足轻重地位的联邦公司。

政府对联邦公司的管理有三种形式：第一，政府成立专门机构（或部门）管理。一般通过各个部门或者按国会的决定而成立的专门委员会来管辖国有企业。例如：国有原子能工业企业由联邦原子能委员会管辖，国有采矿工业企业由美国矿务局管辖等。第二，对相当部分的国有企业实行租赁经营。第三，对公私合营企业主要采取承包经营的方式。除极少数国有全资公司实行独任制领导，直接服从于政府部长外，绝大多数实行董事会决策、总裁执行的管理体制，不同的是它们的董事会的性质和作用、选任程序及其构成以及与政府的关系与一般商业公司明显不同。

董事会的任命和构成因联邦公司的类型不同而有所不同。在国有全资公司中，一般60%以上的董事会成员是由总统任命的，其余的则按法定要求由联邦有关方面的代表组成。突出特点是其领导权与行政机关的密切联系。在混合拥有股权的公司中，联邦政府对其董事会的组成仍起着主要的作用。有40%的董事是由总统任命的，另外的40%也是由联邦雇员担任。其他股东选任的董事只占20%左右。在私人控制公司或所谓的区域模糊公司中，由于资本构成的明显变化，联邦政府对董事会组成的影响大大减少。由总统任命的董事一般不超过25%，并且也只有很少的联邦官员或代表担任董事，董事会成员主要由公司的股东选任，其董事长和总裁亦由股东选举的董事会任命。实际上，在现有的联邦公司中，由总统任命和联邦官员担任的董事，构成了董事会的多数。

美国绝大部分生产型企业都是私有的，对这些私有的企业，政府不直接干预他们的经营与管理。企业与政府的关系就是：企业依法纳税，政府合理使用纳税人的钱，为纳税人服务。

中国的情况很不同。中国是社会主义国家，以公有制为主体，在计划经济时代，企业绝大部分都是公有的，靠政府管理。管理和指挥企业生产是政府重要职责。在经济的宏观管理上，政府混合使用市场经济机制和计划经济两种手段。随着市场经济体制的逐步完善和国企改革的不断深入，政府直接管理和经营的企业数量较以前大大减少，企业自主的成分多了，靠市场调控的成分加大了。

总体而言，在政府与企业的关系上，中国政府部门管理的多而且直接，特别是对国有企业。用一个形象比喻，美国政府部门是体育运动的规则制订者和裁判员，企业是运动员，而中国政府部门既是规则制定者和裁判员，又是运动员。以工业和信息化部为例，它既提出国家的重大项目规划，制订行业标准，又负责监督实施。看一看它的职责便一目了然。作为国家最大的经济管理部门之一，按照全国人大批准的国务院机构改革方案的规定，其职责是："研究提出工业发展战略，拟订工业行业规划和产业政策并组织实施；指导工业行业技术法规和行业标准的拟订；按国务院规定权限，审批、核准国家规划内和年度计划规模内工业、通信业和信息化固定资产投资项目；

高技术产业中涉及生物医药、新材料等的规划、政策和标准的拟订及组织实施；组织领导和协调振兴装备制造业，组织编制国家重大技术装备规划，协调相关政策；工业日常运行监测；工业、通信业的节能、资源综合利用和清洁生产促进工作；对中小企业的指导和扶持；国务院减轻企业负担部际联席会议的日常工作；国家履行《禁止化学武器公约》、稀土行业发展、盐业行政管理、国家医药储备管理的工作，管理国家烟草专卖局的职责。"从研究提出国家工业发展战略，到拟定工业行业规划和产业政策，再到组织实施，这其中，规则制定者的功能有，"裁判员"的功能也有，"运动员"的职责还有。

顺便谈及两国政府抓经济工作方面的不同。

中国政府重视经济工作，尤其是从1979年党和国家的工作中心转向经济工作后，各级政府抓经济更是不遗余力，创办经济技术开发区，招商引资，兴办各种类型的合资企业，成为发展地方经济的重要手段，也成为各级官员"政绩"大小的标准。从上世纪80年代中期开始，我经常参加地方政府主办（有关部门承办）的企业招商项目洽谈会。这种洽谈会每年一届，政府有关厅局（最早是省计、经委，后来合并为发改委，以及商务厅和各市政府等）每次都准备大量的招商项目，向邀请来的中外客商发布，希望与他们洽谈签约。这种招商洽谈会到我赴美时已经连续举办20多届。我还曾几次随同省领导到港澳和西欧招商。中国有中国的国情，中国这样做有我们的道理。到美国后，我自然也关注美国政府是否也这样对经济工作上心，对企业的发展上心。

2000—2003年适逢共和党人小布什任总统，布什政府对经济事务直接插手很少，主要精力是处理"9·11"事件、炭疽热，攻打阿富汗、伊拉克，经济方面所做的有限的重要事情之一是处理连续爆发的安然（Enron）、世通（Worldcom）等多家美国大型上市公司财务造假弊案。给我留下美国政府不怎么关心经济、关心企业发展的印象。

其实不然，对本国宏观经济的运行、税收、金融政策制定等大政方针方面，中美两国政府都在管。管是应该的，不管是不负责的。不同在于管多少，怎么管。

政府对经济的干预多一些还是少一些，历来也是美国两大政党最有争议的问题之一。共和党力主政府的参与要少，民主党则坚信政府应该发挥更大的作用。但是从整个美国历史来看,政府对经济的干预和监管常常被限制在最小程度,而且即使要干预也经常是在其它措施未能奏效而采取的"最后一步棋"(如大萧条时罗斯福的"新政")。

大萧条时,罗斯福总统实施新政,采用加强政府对市场的监管、高度重视保民生保就业、改善国民收入分配格局、完善社会保障制度等改革措施,促使美国经济缓慢恢复,开创了政府大规模干预经济的先例。新政之后,许多有益的措施得以保留。

美国政府的经济职能大致有下列10个方面,由此可见一斑:

(1) 首要职责是为丧失劳动力者和失业者提供安全保障,为老年人和穷人提供医疗照顾,为穷人提供简易住房和适当的食物。美国政府在社会保险、福利和与此有关的社会事业上花的钱也是最多的。政府的第二大开销是国防经费,第三是教育经费。

(2) 为小学、中学、大学、研究生等提供各级教育。

(3) 为医学和科技研究提供经费。

(4) 调整公路、水路、铁路和空中运输的计划。

(5) 提供卫生设施和污水处理。

(6) 管理邮政事业。

(7) 建设中心城市,建设公园,净化空气,提供净水。

(8) 制定职业训练和劳动力安排规划,尽量提高就业率。

(9) 稳定货币供应。

(10) 调整购销企业和劳资关系。

可以看出,其职能主要用在提供公共服务和制定规划政策上。在公共服务方面,政府除了提供强有力的社会保障外,更多地是在为经济、教育、文化、科技、国防发展提供服务。在政策规划方面,主要是保证企业在市场中能公平、公正地竞争,防止垄断。

美国各级政府在国家和社会生活中的存在都是极其有限的。按照美国人自己的说法就是,当公民需要政府存在的时候,政府才能出现。而当市场可以调节、社会可以自治、公民可以自主的情况下,政府就没有出现的必要。但是这并不表明,历届美国政府对经济活动完全采用"自由放任主义"。美国最有影响的对经济的监管机构之一是它的中央银行即联邦储备系统,它负责制定、实施和监督美国政府的财政政策,其中包括制定货币政策、监管金融机构和保持支付系统的运行。美国是全世界工业最发达的国家,但是在各级政府中却没有工业部,每个月的工业生产的指数是由联邦储备委员会公布的,全国工业生产的走势也是它监管的。

美国政府的行政部门现有15个,每个部门都是宽职能的。如美国农业部,下设19个局,大体涵盖了中国的农业部、水利部、国家林业局的职能,还包括食品安全和检验,动植物卫生检验等职能,体现出"大农业"的管理理念。政府行政部门拥有的权力主要有三项:制定政策权、解释法律和政策、行政裁决权。

美国还设有将近60个独立的政府机构和公司。这些独立的政府机构和公司是行政管理机构,主要行使行政执行权,即办理行政事务,它们不隶属于行政部门。

新中国成立以来,国家的工作中心经历了"以阶级斗争为纲"向"以经济建设为中心"的转移。在过去相当长时期,政府基本上是"经济建设型"政府,主要精力用在了参与或干预经济活动而不是公共服务上。党的十六大对政府职能作了四项界定:经济调节,市场监管,社会管理,公共服务。党的十七大要求"强化社会管理和公共服务"。中央强调,各级政府抓经济发展,主要是为市场主体服务和创造良好发展环境,不能包办企业投资决策,不能代替企业招商引资,不能直接干预企业生产经营活动。特别是在中国目前市场经济和法律保障体系尚不完善的情况下,努力提供保障人民群众消费、食品和药品安全等公共服务,政府责无旁贷。但时至今日,有的地方和部门还热衷于包办企业投资决策,代替企业招商引资,直接干预企业生产经营活动,政府的职能还没有转到公共服务上来。

3. 社会发展

经济实力强必然带来各项社会事业发展水平高。美中两国在社会发展的许多方面存在不同。显而易见的是公民受教育水平,教育基础设施和公民享受公共文化设施的水平。

首先，公民受教育水平不同。

◇美中不同之二十二

　　美国全民义务教育水平是12年，中国是9年

　　美国大学以上文化程度人数约占总人口27.5%，中国占5.5%

全民义务教育年限。

众所周知，美国全民义务教育水平是高中，也就是说，国家免费让每一个公民学习到高中毕业，总共12年，中国普及的是9年义务教育，相差3年。中国要赶上这三年的差别，需要增加多少所高中，增加多少高中的老师，需要多少年时间，未见信息披露。

人均受教育年限。

美国人均受教育年限为13.4年。国务委员陈至立2003年9月15日在题为《科教兴国战略与全面建设小康社会》的文章中说，"2000年，我国从业人口中，具有高中及以上学历的比例为18%，具有大专及以上学历的比例仅为5%，而1998年经济合作与发展组织（OECD）国家对应指标的平均值分别为80%和26%。我国人均受教育年限约为8年，而世界许多国家人均受教育年限为12年左右，如，美国13.4年、爱尔兰11.7年、韩国12.3年。"

到2007年10月16日，中国教育部部长周济在十七大新闻中心记者招待会上说，过去五年中，中国教育持续协调健康发展。各级各类教育入学率进一步提高，国民受教育机会扩大，受教育水平进一步提高。目前中国国民人均受教育年限超过了8.5年。

美国的历史发展经验证明：20世纪上半叶，美国将25岁以上人口人均受教育年限从8年提高到9年用了大约40年的时间！2003年—2007年，中国人均受教育年从8年增长为8.5年，4年增长0.5，按此高速度，我们需要40年才能达到美国13.4的水平。

接受大学教育的比例。

美国大学以上学历的人数占总人口27.5%。中国侨网2008年9月26日文章《美国华人过半受过高等教育　远高于平均水平》说，"华裔人口的受教育程度明显高于美国平均水平。在25岁以上人群中，华裔获得本科学历的占25.9%，硕士或以上学历占

25.7%，接受过高等教育的人口比例超过50%；而美国全国人口中具有本科学历的只有17.4%，硕士以上学历仅有10.1%，接受高等教育比例不到总人口的三分之一。"据此，本科和硕士以上学历共计占27.5%。

中国的数字是多少呢？根据周济部长的说法，中国13亿人口中有大学以上文化程度的已达7000多万人，那么，中国大学以上文化程度的人数约占总人口的5.5%。

美国占27.5%，中国5.5%，相差很多。这就是说，美国平均约3人中有一位大学以上学历的人，中国约19人中一个。

其次，教育基础设施和教育经费投入不同。

◇美中不同之二十三

美国教育经费占GDP达到7%，教育设施现代化程度高

中国教育经费占GDP不足4%，教育基础设施落后

对两国教育基础设施之间的不同，我深有感触。1985年，我随河北省玉米深加工考察团到美国依阿华州考察。依阿华盛产谷物，尤其是玉米，素有"美国粮仓"美誉。我们考察了若干家农场，其中一家夫妇二人，三个孩子，老大上大学走了，老二读高中，每周回来一次，老三上小学高年级，每天往返。美国农场面积很大，一般有上千公顷的土地。农场距城镇很远。我们问主人孩子上学怎么办，是否家长每天接送。主人说不用，有校车每天定点接送。时间是排好的，先到一家，再到另一家，一路接送到镇里，天天如此，而且是免费的。那天还真巧，当我们下午离开时，一辆黄色的校车开过来送孩子。校车不大，普通卡车那样的车头，车头车厢均为黄色，车身上写有School Bus。这是我平生第一次看到校车。

到驻美使馆工作，住在大城市。大城市公共交通自然很方便，但朋友的孩子读初中每天也有校车接送。有时外出公干，路过中小学校，常看到停车场上数量不少的校车。为什么对校车这样敏感？因为在国内，无论农村还是城市，现阶段由校车专门免费接送所有孩子上学的很少。回想上世纪50年代末60年代初，自己在本村读小学，每天都是步行。读中学到外村，单程七八里路，每天往返，不论刮风下雨，也全凭两只

脚。不若现在,中学生可以骑自行车。那年代,一个村子连一辆自行车也没有。至今还记得,冬天放学路上,大雪茫茫,北风怒吼,大风卷起雪糁儿无情地抽打在脸上,那种滋味,刻骨铭心。到了城里,条件好多了,但据我所知,国内不用说六七十年代,即便今天,即便像北京这样的大城市,也没有多少中小学每天有校车接送所有孩子。我们从电视常看到的却是山区的孩子们翻山越岭,有的甚至靠索道吊绳翻越山涧急流,徒步前往学校读书。我们怎不期盼,在不太久的未来,中国一个又一个乡村能开出一辆又一辆黄色的校车!美国的校车制度实行了近百年,共接送美国孩子近五亿,成为美国义务教育的标志。中国的父母在城市平均每天花费两小时接送孩子,而这项工作在美国由国家承担了,美国的家长也因此每天比中国的家长在时间上多两个小时。学校的校车,充其量是学校的一项辅助设施,还不能算是必备。仅校车一项,要达到美国的水平,国家要投入多少,谁能估计?

再说学校每个班学生的数量,美国是十几个人,最多不超过二十,叫做小班制。在美几年,大中小学校都去看过,的确如此。我们是大班制,五六十人一个班,有的可达七十人。中国教育与人力资源报告说,受办学条件影响,2001年全国初中超大班额比例比上年增长了5.3个百分点。超过66人的超大班共有24.5万个,占初中班额总数的21.3%;在读学生约1619.0万人,约占初中在校生总数的1/4左右。谁不知小班制的好处?中国不是不想搞小班制,而是中国经济基础差,财力有限,刚刚解决温饱,国家投入不了那么多,既建不了那么多学校,也配不了那么多老师!

现阶段的中小学,还有许多危房。中国教育与人力资源报告说,危房问题十分突出。2001年全国普通中小学共有危房5917.1万平方米,校舍危房率分别达4.9%和6.7%。其中,农村初中、小学校舍危房率分别达8.1%和6.0%。

教学设施中网络化、信息化程度不同。2001年,全国小学和初中已建立校园网的分别为7266所和3714所,仅占小学校数和初中校数的1.5%和5.7%;全国中小学生平均51人拥有一台计算机。而一些边远地区和山区学校尚未通电,根本谈不上计算机的使用。1998年,美国小学连接因特网的比例超过了80%,中学比例超过90%,小学平均8人拥有一台计算机,中学平均6至7人拥有一台计算机。

教育经费总投入占GDP的比例不同。2001年, 美国教育经费总投入占GDP的比例达到7%, 中国只有4.83%。由于中国GDP的总量与美国差距悬殊、人口又接近美国的5倍, 所以人均教育经费的差距就更为明显。粗略地计算, 2001年中国国内生产总值为97314.8亿元, 按当时汇率1:8.27和人口12.76亿计算, 中国人均教育经费为44.54美元。2001年美国国内生产总值为193, 338亿美元, 人口2.7亿, 人均教育经费5012.5美元, 是中国的112.6倍。

将近10年过去, 中国教育经费总投入情况没有太大变化。2008年全国国内生产总值为300670亿元, 国家财政性教育经费占国内生产总值比例为3.48%, 比上年的3.22%增加了0.26个百分点, 同比高于去年0.22%的增幅。

再次, 公民享受公共文化设施的水平不同。

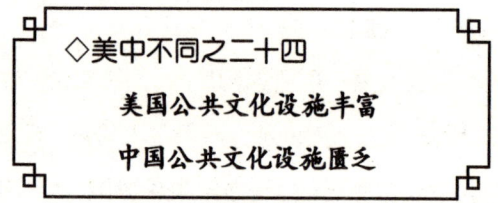

◇美中不同之二十四

美国公共文化设施丰富

中国公共文化设施匮乏

一个国家所拥有的公共文化服务设施多少和普通百姓可享受这些公共文化服务的程度, 是一个社会经济发展水平、富裕程度、文明程度的重要标准。人不仅需要物质生活的富足, 还需要精神文化生活的富足。看一看美国和中国在公共文化设施数量上的不同, 就可对两国人民的文化生活状况窥见一二。

凡到过华盛顿的人都会为华盛顿拥有的众多文化设施所惊叹。作为一个人口不足60万 (2009年) 的美国政治中心, 华盛顿有15座大型博物馆, 包括美国历史博物馆、自然历史博物馆、国家艺术博物馆、国家航空航天博物馆、新闻博物馆、间谍博物馆等, 是世界上拥有博物馆最多而且收藏展品最丰富的城市之一。此外还有为数众多的纪念馆 (如大屠杀纪念馆、林肯纪念馆、杰斐逊纪念堂、罗斯福纪念馆)、图书馆 (国会图书馆、华盛顿市图书馆)、电影院、体育馆等文化休闲设施。这些博物馆、纪念馆、图书馆一律免费开放, 所以逛博物馆、纪念馆成为人们在华盛顿参观游览的好去处。每到节假日, 来自美国各地和世界各国的游客纷纷来到华盛顿, 国会山附近的各大博物馆游人如织，热闹非凡。

那些建筑宏伟、吸引人眼球的大型博物馆、纪念馆，固然令人感叹，但令我更加感叹的是那些不引人注目的，设在街道旁和僻静社区内，方便普通百姓的众多公益性图书馆。这些东西只有在那里生活时间长了才会发现。因为中国使馆的家属和子女要看书，她们就到使馆附近的图书馆去借，免费办张借书卡即可，这样我们才知道仅一条路上相隔不远就有几家小图书馆。还有，我的朋友一家三口从佛罗里达州来到华盛顿工作，住在阿灵顿，孩子上小学高年级，放假时要求读一些课外书，就到当地区图书馆去借，一次可借若干本，读完再换。据有关资料介绍，华盛顿市有250所规模大小不等的图书馆。全国平均每万人一座图书馆。普通百姓可以比较方便地享受这些公益文化服务。

美国图书馆星罗棋布，几乎遍及每个社区、学校、政府部门和单位。资料显示，2002年美国共有各种图书馆129436座，其中公共图书馆16114座，学术图书馆（高等院校和研究单位的图书馆）3658座，军队图书馆341座，政府图书馆1411座，专业图书馆9993座，中小学图书馆98169座。95.7%的公共图书馆提供上网服务。每年美国人使用图书馆35亿次。每年美国人到公共图书馆借书、杂志、录音录像带等16亿件（册）。

根据中国国家统计局的数字，2003年中国有博物馆1514个，公共图书馆2709个，文化馆2846个。2007年末的数字是：博物馆1634个，公共图书馆2791个，文化馆2921个。可以看出，美国博物馆数量是中国的10倍，图书馆是中国的50倍。如果按人均计算，我们少得更加可怜。文化部部长蔡武2009年8月29日在人民日报发表文章说，截至2008年底，全国共有公共图书馆2819个，文化馆（含群艺馆）3217个，文化站37938个，村（区）文化室247332个，公共博物馆1893座。比较可知，中国的公共文化设施近些年数量虽有增加，但没有根本的变化。

目前中国的公共文化设施大都集中在城市，就城市人口而言，公共文化服务设施距离美国的水平还差较远，而对广大农村人口而言，公共文化服务设施更是匮乏，除电视和广播之外，农民所能享受到的现代文化生活可谓稀少。

第二节 科技领域

2003年2月1日,美国"哥伦比亚"号航天飞机爆炸。对美国人来说,这是一个黑暗、悲痛的日子。"哥伦比亚"号航天飞机爆炸的画面反复出现在千家万户的电视屏幕上,人们止不住流泪、悲恸……这一天被称为"黑色2月1日"。

这不仅是美国,同时也是全世界令人难忘的日子。对于我们使馆工作人员来说,电视屏幕上那一幕幕爆炸的画面,一次又一次播出的机上搭载的美国、日本、印度、以色列等国壮烈殉身的7名宇航员的照片,同样让我们感到痛心,毕竟这是世界载人航天史上最大的损失之一。人类征服太空的脚步不会停止,但是谁会知道,在这漫漫长路上,人类还会付出多少巨大牺牲。

火箭是现代航天的工具。早在宋朝,中国就制成了用火药推进的世界上最早的火箭。我们曾经有过令世人赞叹的四大发明(指南针、造纸术、印刷术、火药)。我们为曾经有过的辉煌骄傲。然而,到近代,中国的科学技术落后了,发明创造力下降了。美国走在了世界科技进步的前列。

中美两国在科技方面的不同,主要体现在:科技进步水平、科技投入和超前研究。

1. 科技进步水平

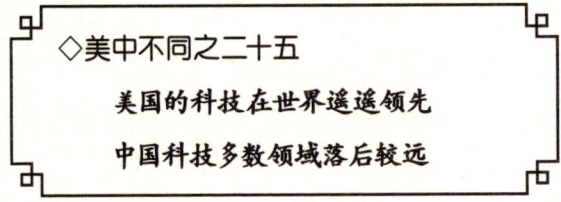

◇美中不同之二十五
美国的科技在世界遥遥领先
中国科技多数领域落后较远

选择若干重要行业作一对照:

航天事业。1957年10月4日,原苏联把人类历史上第一颗人造地球卫星送入太空,在不到4个月后的1958年1月31日,美国成功发射了自己的第一颗卫星"探险者"1号。1970年4月24日,中国第一颗人造地球卫星"东方红一号"发射成功,这在中国航天史上具有划时代的意义，中国成为继苏联、美国、法国、日本之后第五个能够独立发射卫星的国家。中国比美国晚了11年。1969年7月21日，美国发射的"阿波罗"11号飞船完成了第一次登月，宇航员阿姆斯特朗走出飞船的登月舱，在月球表面停留了21小时18分钟，成为人类踏上月球的第一人。此后，"阿波罗"12、14、15、16、17号相继登月成功，并对月球进行广泛考察。2007年10月24日18时05分和2010年10月1日18时59分57秒，中国两次成功发射了"嫦娥一号"和"嫦娥二号"月球探测器。载人登月将在2017年后实现。中国人登月至少落后美国40年。

汽车制造业。1893年，杜里埃研制出美国历史上的第一辆汽油发动机汽车。中国国产第一辆汽车是1931年5月31日制造的民生牌75型载货汽车。新中国第一辆汽车的诞生是1956年7月14日早8时。在汽车制造业方面，中国落后30年到50年。

核武器。1945年7月16日凌晨5时30分，美国在本土新墨西哥州阿拉莫果尔多试验场，引爆了第一颗原子弹。1964年10月16日，中国第一颗原子弹在新疆罗布泊爆炸成功。这是中国成功进行的第一次核试验。中国落后美国将近20年。

电子计算机。1946年2月14日美国的第一台计算机ENIAC在美国宾夕法尼亚大学诞生。1958年8月1日中国第一台数字电子计算机——103机诞生，平均运算速度为每秒30次。中国落后12年。

2. 科技投入

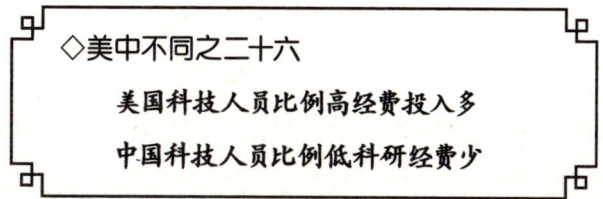

◇美中不同之二十六

美国科技人员比例高经费投入多
中国科技人员比例低科研经费少

人力资源和经费投入。中国在研究开发（R&D）的人力资源绝对数值上，居于世界前列，但在相对量的比较上，与美国相差甚远。1987—1997年，中国每十万人口中R&D科学家和工程师人数为454人，美国为3676人，相差80倍。从R&D科学家和工程师人均占有经费看，中国远远落后于其它国家。按当年汇率折算，2000年中国从事研究与开发人员的年平均经费为1.2万美元，而韩国是8.9万美元，日本是15.8万美元，刚刚达到韩国的1/7和日本的1/13。到2007年，每人年的经费上升到21.18万，七年增长一倍，按汇率折算为3.42万美元，而同期美国为24.77万，日本20.93万，德国26.17万。

研究开发投入规模。2001年，中国研究开发投入总额为125.6亿美元，不及韩国的一半，是同年美国的（约4%）二十五分之一。美国把科技投资作为战略性投资。2003财年美国联邦科技预算为1180亿美元，是历史上最大规模的联邦政府研究开发支出。近年来，中国科学研究与发展经费投入不断增加。在"十五"期间，年均增长率为22.2%，2005年全社会R&D经费总支出达到2450亿元，占当年国内生产总值（GDP）的1.34%。早在1995年中央《关于加速科学技术进步的决定》就提出，到2000年全国科研经费投入达到国民生产总值的1.5%，这一目标仍未实现。美国在上个世纪60年代研究开发投入就超过国内生产总值的2%。2006年，达到2.8%。

3. 科技创新能力

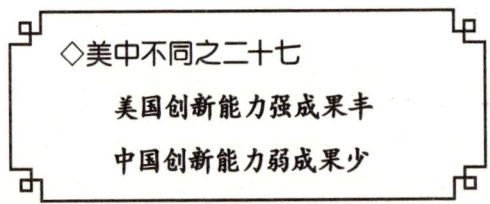

◇美中不同之二十七

美国创新能力强成果丰

中国创新能力弱成果少

说一说科技创新能力和成果。以专利申请数量为例，根据世界知识产权组织的统计报告说，2007年全世界向该组织的专利申请数量高达15.6万件，其中美国人占了三分之一，26%来自日本、韩国和中国。日本和韩国排在中国前面，中国排在第7位。在过去的三年中，中国申请专利的数目一直大幅增加，头一年增长了43%，第二年增长了58%，第三年增长了38%。报告没有说中国的准确数字。据日韩中三国占26%的总比例数和中国排在第7位的位次推断，中国向世界知识产权组织的专利申请大约为7000—8000件，而去年，美国个人和企业总共申请了52000个专利，中国与美国相差7至8倍。如果按人均，相差几十倍。

据英国最近公布的全球"技术创新效率指数排名"：2008年美国居第4位，中国仅列第54位。

美国政府把保持美国在科学知识最前沿领先地位作为国家战略目标。目前，对空间资源、海洋资源和生物资源等战略资源的争夺已成为各国竞争的焦点。美国加大了在这些领域的超前研究，联邦政府将50%用于基础研究的科技支出投向了生命科学和生物技术领域。

科技创新能力取决于创新型人才。在当前全球范围内新一轮高科技人才争夺上，美国更是不遗余力。据了解，全世界科技移民的40%被吸引到了美国，在全美从事科学和工程项目工作的人员中，有72%出生在发展中国家，目前仅在硅谷地区供职的中国科技人才就已超过10万人。人才流向发达国家的趋势增强了发达国家的竞争力，也严重削弱了发展中国家的发展潜力，成为南北差距进一步拉大的重要因素。近年，中国开始实施引进海外高层次人才的"千人计划"。

第三节　军事领域

在美期间，不幸遇上美国发动的两次"反恐"战争，一次对阿富汗，一次对伊拉克。作为近距离感受者，我对美国当时的战争气氛或许比国内同胞感受更为强烈。

对美军攻打阿富汗，可用两个成语概括："同仇敌忾"、"风卷残云"。同仇敌忾，指国民的情绪，当时举国上下一片支持声。风卷残云，指战争进展，其神速如风卷残云，一扫而过。

9·11恐怖袭击的发生，对于美国人，可谓蒙受了奇耻大辱。历史上，他们与别人打过上百次战争，多数是他们主动发动，且战场都在远离美国本土的其他国家。他们遭受外人的主动攻击只有两次，一次是1941年12月7日在珍珠港，再就是"9·11"。珍珠港虽说是美国国土，但与主体相隔万里。这一次是在美国经济中心纽约和政治中心华盛顿。那一次是针对美国海军，这一次针对美国具有标志意义的双子塔（世贸中心）和国防部。美国人哪里受过这样的欺负哇，美国人一定要反击要报复。

（左图）这是恐怖袭击发生时纽约世贸大厦的场景，它已经成为那场灾难的代表。对于美国人，可谓蒙受了奇耻大辱。历史上他们与别人打过上百次战争，多数是他们主动发动且战场都在别国，遭受他人主动攻击只有两次，上一次是在珍珠港。（供图：东方IC）

（右图）相比之下，人们不常看到这幅图片，华盛顿的五角大楼被炸。从中国大使馆到五角大楼，沿着河边路只有十多分钟的车程。9·11当天，华盛顿市内乱作一团，美国的许多重要机关开始紧急疏散，我们始终坚守自己的工作岗位。（供图：东方IC）

2001年10月7日12:30（北京时间8日0:30），美国正式对阿富汗开战。当布什总统发表电视讲话宣布，"我下令：美国军队开始对塔利班政权的军事基地和盖达尔训练营实施军事打击，"全国一片沸腾。那段时间，美国人的爱国激情空前高涨。机关、商店、学校、住宅上、私家车上到处都飘扬着美国国旗，数量之多，甚为罕见。可谓"群情激昂"、"同仇敌忾"。美国的军事打击，如同"风卷残云"，仅三轮轰炸，被锁定的58个目标就被扫荡殆尽。一周之后，塔利班已现崩溃之势。一个月之内，塔利班政权垮台了。当然，布什开战时所说对本·拉登"活要见人死要见尸"的目标直到10年后才实现。究竟是不是拉登策划的9·11，布什政府说有证据，于是从国会到民间，举国一致，支持开战。至于成千上万无辜的阿富汗人民死于美军的炮火之中，美国也顾不得那么多了。

对于攻打伊拉克，情况复杂一些，但战场上依然可以用"节节胜利"、"进展神速"形容。

首先，美国的对伊战争在国际上遭到反对。俄罗斯、德国、意大利、伊朗、沙特等国政府明确表示，反对美国的"武力倒萨"计划。英国《卫报》2003年2月13日报道，反战人士称他们计划15日在世界各地举行反对伊拉克战争的大规模游行活动，预计届时将有1000万人参加，成为有史以来规模最大、参加人数最多的反战和平游行。抗议游行将在60多个国家的400多个城市展开。美、英提出对伊动武的决议遭到联合国安理会否决。其次，在国内也遇到强力反对，反战人士在各大城市组织了一系列游行示威。面对如此强烈的反对，布什表示，他不会受到国内和全世界反战示威的影响。

美国东部时间2003年3月19日晚10时15分，对伊战争开始。美英联军凭借空中优势和机械化部队，先后攻陷伊南部巴士拉等重要城市和战略要地，并对巴格达形成合围，战事呈现一边倒的态势。4月9日，美军的坦克和装甲车几乎没有遇到什么抵抗，轻松地开过底格里斯河，占领了巴格达市中心，中心广场的萨达姆巨型雕像被推到。这是一个极具象征意义的场景。我记得，那天的美国报纸、电视都是美军坦克拉倒萨达姆铜像的场面。4月15日，美军宣布，伊拉克战争的主要军事行动已结束。

众所周知，美英等国是以伊位克藏有大规模杀伤性武器并暗中支持恐怖主义为借口，不顾联合国安理会反对，单方决定对伊拉克动武的。那么，伊拉克究竟有没有大规模杀伤性武器呢？美国先后派出1200多名武器专家，经过近两年的搜索，一无所获。2004年10月负责搜寻伊拉克大规模杀伤性武器的首席武器检察官迪尔费尔向国会提交报告称，伊拉克在去年美国发动战争之前并没有生化武器和核武器。10月7日，布什总统承认，报告的结论是正确的，但是他依然坚持说，发动伊拉克战争也是正确的。一场至今让美国数千亿美元付诸一炬，4000多名美国士兵命丧他乡，更有难以计数的伊拉克平民生灵涂炭的战争，其根据竟如肥皂泡般破灭。战争对美国简直就是一场儿戏。人们不仅要问：正义在哪里？国际社会还有无正义可言？究竟谁是"邪恶势力"？

冷静下来之后，人们不得不转而思考：是什么原因促使美国敢冒天下之大不韪，在国际社会多数国家的反对下去对别国发动一场战争？美国为什么对一个主权国家想打就打，而且还能速战速决？答案只有：美国的对外战略使然，美国的强大军事实力使然。

冷酷的现实使我不由得思考：美国和中国在军事领域是怎样不同呢？

我使用公开的资料，这些资料或许陈旧，或许不完全准确，但足以看出如下一些重大不同。

1.军队数量和军费开支

◇美中不同之二十八

美国军队军费多，整体文化水平较高，现代战争经验丰富

中国军队人数多，军费只有美国的6%，缺乏现代战争经验

首先，军队数量。美国军队140万人，中国军队230万人。

据新华社报道，目前美军现役部队人数约140万人，其中陆军50万人，海军和空军各35万人，海军陆战队18万人。

根据《2006年中国的国防》白皮书，中国人民解放军现保持230万人。中国于1985年、1997年和2003年，分别宣布裁减军队员额100万、50万和20万。2005年底，中国完成裁军20万任务，军队规模现保持230万人。

中国军队数量上占优势，但由于中国整体受教育水平远低于美国，中国军人的整体文化水平低于美国军人。中国军队没有美国那么多现代化武器装备（见此后武器装备一节），所以，中国军人掌握和使用现代高科技军事装备的技能也无法和美国军人匹敌。半个世纪以来，美国对外发动了数十次战争，打赢现代高科技战争的能力强，经验丰富。中国军队只是在自己领土遭受侵略时，才有过有限的几次对外作战经验（抗美援朝，中印、中苏和中越边境自卫反击）。

其次，军费开支。美国的军费是中国的十多倍。以2004年度为例：（1）军费总额。美国2004财年国防预算为4017亿美元，加上追加的伊拉克战争和阿富汗战争费用870亿美元，总额高达4887亿美元。2004年，中国的国防费为2199.86亿元人民币。中国的

国防费仅相当于美国的5.77%、英国的41.03%、法国的75.65%、日本的63.97%。(2)占GDP百分比。美国2004年GDP为117,343亿美元，国防开支占当年国内生产总值的4.18%。2004年，中国GDP为1.6万亿美元，国防开支占当年国内生产总值的1.61%。(3)占全球军费总开支的百分比。2004年美国的军费总开支占全球军费总开支的47%，日本占4.1%，中国仅占2.4%。

　　根据中国的统计数字，2004年美国军费总开支占全球军费总开支的47%，是中国军费的17.3倍。根据瑞典斯德哥尔摩国际和平研究所的报告，2006年，中国国防开支为495亿美元，而美国同期为5287亿美元，将近中国的11倍。不管按照哪里的数字，美国的军费都是中国的十多倍，而中国的人口是美国的4.5倍，按人均计算，美国则是中国的近50倍。

2. 武器装备

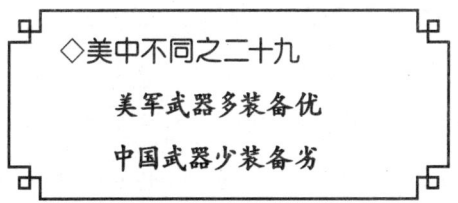

◇美中不同之二十九

美军武器多装备优

中国武器少装备劣

　　首先，核武器。当今世界上，大规模杀伤性武器最厉害的当属核武器。冷战时期，美国和前苏联核武器数量最多。据统计，苏联曾经有8万枚核弹头，美国有6万枚，经过冷战后多年的裁军，目前两国的核弹头数量已经减少。据新华社2005年2月9日的消息说，美国拥有1.06万件核武器，是世界上拥有核武器数量最多的国家，平均每年要花费大约46亿美元来维持其核武库。美国的核武器有7000至8000件处于实战部署状态，其中有6480枚战略核弹头。美国在550枚洲际导弹上安装了1700枚核弹头，在18艘核潜艇上部署了432枚潜射弹道导弹，并在这些导弹上安装了3120枚核弹头。此外，美国的B-52、B-2远程战略轰炸机还携带有1660枚核炸弹。另据推算，美国的核炸弹和"战斧"式巡航导弹上安装的非战略核弹头有1670枚。仅按处于实战部署的核武器计算，美国核武器的爆炸总当量为1.8万亿吨。2010年4月8日美俄签署新的《削减和限制进攻性战略武器条约》。新条约规定,双方须各自满足:"部署的核弹头数量不得超过1550枚。"新华社2010年5月4日消息说,美国防部3日首次正式公布美国核武库储备情况,截至去年9月30日,美国的核弹头储量为5113枚。美国的核弹头储备较1967年时的31225枚消减了84%。另据美国科学家联盟估计,美国退役或待销毁核弹头数量约为4600枚。如此计算,实际尚有近万枚核弹头。

中国有多少核弹头呢?2004年外交部公布的一份报告说,在世界上少数拥有核武器的国家中,中国是核武器数量最少的国家。据此,美国国防部分析,美、俄、法数量都比较多,中国排在英之后,英国拥有将近200枚核武器,中国250—296座发射架佩带七种类型约793—916枚导弹,其中约105枚导弹被认为装配核弹头。外界的估计与实际数目可能差距很大,但有一点可以肯定,美国有上万件,中国仅有上百件,相差百倍。

其次,空军。美国空军兵力为37.03万人,主要装备:远程轰炸机206架,侦察机61架,中预警/指挥机48架,战术飞机2398架,特种作战和气象侦察等任务飞机205架,运输机990架,加油机608架,教练机1381架,直升机226架。总数为6120架。中国空军有战斗机1550架,轰炸机775架,运输机450架。总数为2775架。

再次,海军。美国海军兵力为38.06万人,编有5个舰队。主要装备:潜艇86艘,主要水面舰只138艘(其中航空母舰12艘、巡洋舰29艘、驱逐舰57艘、护卫舰40艘;其中每艘航母配备一个舰载机联队,每个联队一般配备3个F/A-18战斗攻击机中队、1个F-14战斗机中队、1个S-3B和EP-3反潜飞机中队、1个SH-60反潜直升机中队、1个EA-6B电子战飞机中队、1个E-2C预警机中队和1个C-2支援飞机中队)。另有扫雷舰艇25艘、两栖舰43艘、支援及杂务舰船99艘(其中补给舰39艘)。军事运输司令部辖船只123艘,可调用商船303艘。

海军航空兵兵力为6.32万人,装备飞机2732架,其中作战飞机1598架;直升机1361架,其中反潜直升机321架、攻击直升机180架。

美国海军陆战队兵力为17.13万人。装备主战坦克(M1A1)403辆、轻装甲车735辆、两栖装甲车1322辆、牵引火炮954门、反坦克导弹2373具、火箭筒2959具,迫击炮600门。

中国海军装备有72艘战舰，58艘潜艇，50艘中型和重型两栖登陆艇和41艘海岸导弹巡逻艇。中国的第一艘航母"辽宁"号2012年9月25日刚刚入列服役。

这艘退役的"无畏"号（Intrepid）航母静静停歇在哈德逊河边供人们游览，甲板上展示着多种类型的军用机。它建成于1943年，曾战功卓著亦战伤累累。在它出生近70年、退役40年后，中国的第一艘航母才入列服役。美国正在服役的航母有12艘。

最后，陆军。美国陆军兵力47.94万人。装备主战坦克7836辆，装甲侦察车113辆，步兵战车6720辆，装甲输送车17800辆，各类火炮5680门，反坦克导弹33357具，高炮329门，防空导弹："复仇者"式767部，"爱国者"式485部，各种用途飞机269架，直升机约4990架，各型地面监视雷达312部，两栖舰艇58艘。

有资料说，中国陆军数量是世界第一，人数达100多万。拥有1万多辆坦克，1万多门大口径火炮，1万辆左右的装甲战车和装甲运兵车等。但处于半机械化的水平，还没有达到全机械化水平。

3. 国防政策

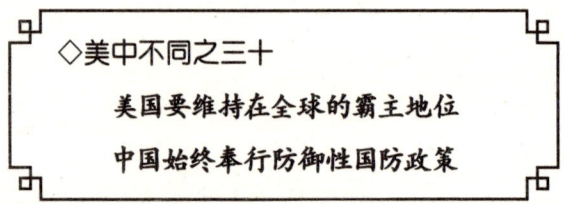

◇美中不同之三十

美国要维持在全球的霸主地位

中国始终奉行防御性国防政策

美国的国防政策。美国的战略思想、战略目标、战略原则都植根于它的历史、文化、社会和政治制度，具有很强的内在延续性。同时，随着国内和国际形势的变化，其国家安全战略目标不断调整，国防政策和军事战略也随之调整。

美国早期的国防政策服务于从孤立主义到大陆扩张，从大陆扩张向海外扩张的对外战略。一次世界大战，美国走向"全球主义"，战后积极介入国际事务；"二战"起，开始争夺世界霸权，战后确立美苏主宰世界的基本格局。冷战时期，美国对外战略的主要目标是阻止苏联扩张，削弱苏联实力。主要手段是军事上的对抗与遏制。

冷战结束后，美国明确提出其全球战略目标：美国必须发挥在全世界的"领导作用"，建立以美国为主导的"世界秩序"；20世纪90年代美国国防战略是基于能够打赢几乎同时发生的两场大规模地区战争。其军事战略把目光从欧洲和大西洋地区转向亚太地区；进入21世纪，美国的战略是必须确保美国在21世纪仍将是全世界最强大的国家。

"9·11"事件发生后，布什政府认为，随着美国面临的威胁从明确和单一变为模糊和多元，主导美防务战略近半个世纪的针对明确威胁的旧战略已经不能适应新形势，必须改变过去重兵集结的驻军结构，依靠武器与技术的优势使军队在保持原有战斗力的同时实现轻型化，以快速应对各种难以预料的紧急事态，灵活机动地实施威慑、遏制和作战等任务。以"9·11"事件为契机，布什政府开始实施了"先发制人"的本土防卫政策。

奥巴马上台后，放弃小布什政府奉行的单边主义，奉行多边主义。美国最近公布新的国家安全战略文件说，奥巴马总统对美国的战略定位是"维持美国在全球的领导地位"。这与美国的全球战略目标没有大的变化。冷战结束后，美国历届政府不管其战略的话语表述是什么，实质都是维持美国在全球的霸主地位。

中国的国防政策。《2006年中国的国防》白皮书这样说："中国始终奉行防御性的国防政策。"白皮书还说，新世纪新阶段中国的国防政策，主要包括以下内容：

——维护国家安全统一，保障国家发展利益。防备和抵抗侵略，确保国家领海、领空和边境不受侵犯。反对和遏制"台独"分裂势力及其活动，防范和打击一切形式的恐怖主义、分裂主义和极端主义。

——实现国防和军队建设全面协调可持续发展。坚持国防建设与经济建设协调发展的方针，把国防和军队现代化建设融入经济社会发展体系之中，使国防和军队现代化进程与国家现代化进程相一致。

——加强以信息化为主要标志的军队质量建设。坚持以机械化为基础，以信息化为主导，推进信息化机械化复合发展，实现军队火力、突击力、机动能力、防护能力和信息能力整体提高。实施科技强军战略，依靠科技进步加快战斗力生成模式的转变。

——贯彻积极防御的军事战略方针。立足于打赢信息化条件下的局部战争，着眼维护国家主权、安全和发展利益的需要，作好军事斗争准备。

——坚持自卫防御的核战略。中国的核战略贯彻国家的核政策和军事战略，根本目标是遏制他国对中国使用或威胁使用核武器。中国始终奉行在任何时候、任何情况下都不首先使用核武器的政策，无条件地承诺不对无核武器国家和无核武器区使用或威胁使用核武器，主张全面禁止和彻底销毁核武器。

——营造有利于国家和平发展的安全环境。按照和平共处五项原则开展对外军事交往，发展不结盟、不对抗、不针对第三方的军事合作关系。参与国际安全合作，加强与主要大国和周边国家的战略协作和磋商，开展双边或多边联合军事演习，推动建立公平、有效的集体安全机制和军事互信机制，共同防止冲突和战争。

国防政策的不同，美中双方在军事战略、战术和战法等方面则表现出许多异常鲜明的不同特点。第一，为了本国利益，美国从来都是主动进攻。从历史上每一次领土扩张、数百次对外军事干预到武力输出意识形态，从冷战时期的"遏制"战略到"9·11"之后的"先发制人"，这种主动攻击式的特点都可得到印证。中国则是：战略防御、后发制人。中国一贯主张用非军事手段解决争端、慎重对待战争和战略上后发制人。毛泽东明确说：中国的战略方针是积极防御，决不先发制人。邓小平也强调：我们的战略始终是防御性的，就是将来现代化了也还是战略防御。第二，美国无止扩张。早期，搞领土扩张，从本土向整个大陆扩张，从大陆向海上扩张，后来，为扩大势力范围，远征他国"争夺霸权"，还派兵常驻，固守势力范围。争夺了陆地争海洋，争夺了海洋争太空。中国不搞领土扩张。因为国势衰微，近代以来，中国只有失去国土的屈辱，没有任何领土扩张。现代以来进行的有限几次对外战争，也只是在自己的领土遭受侵略时，才奋起自卫。即使打入了对方国土，也及时撤出，没有任何占领意图（对印度、越南的边境反击即是如此）。第三，美国强加于人。为了本国利益，实现"领导"世界，以自己的标准要求他国，以别国"不民主"、"种族灭绝"为由，对主权国家狂轰滥炸；为消灭所谓"潜在威胁"，污蔑别国为"邪恶轴心"，实行封锁制裁；信口雌黄，诬称他国有"大规模杀伤武器"，实行"先发制人"打击。建国以后，美国对外（出兵）军事干预数百次，近20年大规模军事干预超过10次。美国本土防御力量薄弱，但是在海外拥有大量军事基地。截至1998年2月，在世界数十（32）个国家和地区设有数百处（203）军事基地和设施，海外驻军总数约为37万人。中国立足本土。对本土以外的外国、外海、外空作战，既无实力又无经验。中国在海外没有驻扎一兵一卒。

资料3

美军兵力部署

2000财年，美军驻美国大陆93.08万人。驻欧洲约11.8万人，其中驻德国5.75万、意大利1.05万人，英国1.25万人，西班牙2130人，土耳其2040人，另在地中海部署1.4万人；太平洋总部约26.5万人，其中驻阿拉斯加1.61万人、夏威夷3.45万人、日本3.98万人、韩国3.66万人。关岛3700万人、迪戈加西亚670人、新加坡150人、泰国120人、太平洋舰队13.23万人；中央总部驻中东地区约1.5万人，其中驻科威特6000人、沙特阿拉伯5700人、巴林900人、安曼690人；南方总部驻洪都拉斯410人；联合部队司令部驻百慕大800人、古巴1100人、海地230人、冰岛2000人、英国1200人；在世界各地参与维和等行动1.2万人。

第四节　外交领域

对于中国外交，普通百姓了解得少，有时难免产生误解。2007年12月18日，中国外交学院院长吴建民在其新著《外交案例》出版发布会上表示，给外交披上神秘面纱不符合时代潮流和百姓的需要，应该让公众更多地了解外交事务。他举例说，前些年，曾有人因为不了解情况，给中国外交部寄来钙片，说中国外交太软了，需要补钙。"就是因为外交在普通老百姓看来太神秘了，老百姓对外交的了解太少，才会产生这样的误解。"

关于给外交部寄钙片之事，前国务委员唐家璇曾坦言：外交部确曾收到钙片。那是2001年9月，时任外长唐家璇访美，为小布什总统访华作前期准备。20日晚，接见使馆工作人员并作报告。我有幸在场。他在报告中说到，美炸我前南大使馆后，国内百姓群情激愤，我们冷静理性地处理炸馆事件，一些人不理解，误认为我外交太软弱，说我们"缺钙"，给外交部寄来钙片，我们真的收到了，而且，不止一次。我当时听了，甚觉无奈。

外交关乎国家的长远和根本利益。外交的软与硬，与国家实力有关，与执行什么样的外交方针也有关。重大的外交行动，特别是应对重大外交事件，外交授权有限，基本的方针和原则，是根据国家的长远和根本利益，由中央和国家最高领导层决定，在中央直接领导指挥下行事，不是外交部自己可以决定，更不是凭外交官个人性情所至，随意挥洒的。

美国外交亦是如此。奥巴马当总统了，是否因为自己是黑人，对中国或有好感，他的对华政策就会有本质改变，对中国就亲近，不再攻击中国的人权状况，不再玩弄"一中一台"的把戏？那是不可能的。他是美国人的总统，要按照美国的原则行事，执行什么样的对华政策，要符合美国的利益，由不得他个人。

外交的宗旨是以和平方式，通过对外活动实现对外政策的目标，维护国家的利益，扩大国际影响和发展同各国的关系。各国外交，受本国政治、经济制度及国内政策和需要的制约，在实践中差别很大。美中两国即是如此。

我经历了李肇星和杨洁篪两位大使，他们先后成为中国的外交部长。两位的性格确有不同，但他们的工作绝不是西方媒体炒作的那样。中国的外交官都是按照党和国家的要求工作，不是凭个人性情。生活中的李大使侠骨柔肠，为人随和，常与馆员一起打篮球，每月亲自切蛋糕，给大家过集体生日，至今令人难忘。

1. 根本方针和原则

◇美中不同之三十一

美国外交为美国的对外战略服务，在国际事务中实行强权政治

中国外交为国家现代化营造良好外部环境，推动建设和谐世界

美中两国，由于政治制度、经济制度、历史文化以及宗教传统等众多不同，外交有着本质的不同。虽然在外交礼仪、礼节等方面双方都遵从共同的国际惯例，但为了维护本国的利益，外交工作采用的方针、方法、原则和手段等却相去甚远。

美国外交紧密地服务于美国的对外扩张。美国的历史是一部对外扩张的历史。

建国200多年来，曾有四次大规模战略扩张：门罗主义时期——全力在西半球扩张；"门户开放政策"时期——向东半球、太平洋扩张；"马歇尔计划"时期——控制西德和日本，控制欧亚；"新干涉主义"时期——安排世界新秩序。美国外交密切配合其对外战略。在国际事务中，他们实行强权政治，把自己的意识形态和价值观强加给别人；把战争打在别人的国土上，对可能构成的威胁主动进攻，不管有无确凿证据，就先发制人。

中国的情况根本不同。中国近代史是一部屈辱挨打的历史。自1840年鸦片战争以来，旧中国积弱积贫，备受列强凌辱。那时的中国外交，也是备受屈辱的外交。新中国成立后，中国的外交强调大小国家一律平等；我们没有强大的海空实力，走不出去，总体对外战略只能是自主防御；我们的文化是儒家传统，讲究"先礼后兵"，遇到冲突主张后发制人；近些年经济发展了，但依然强调走和平发展道路，推动建设和谐世界。

中国高举和平、发展、合作旗帜，坚持奉行独立自主的和平外交政策，坚持走和平发展道路，坚持互利共赢的对外开放战略，既通过争取和平的国际环境来发展自己，又通过自身的发展促进和平。

2. 对外政策的演变

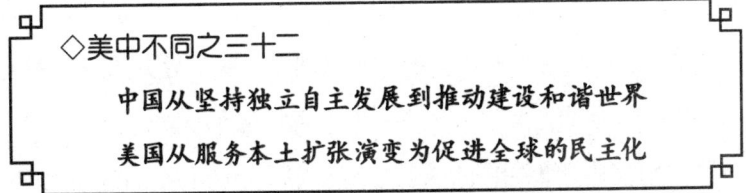

◇美中不同之三十二

中国从坚持独立自主发展到推动建设和谐世界
美国从服务本土扩张演变为促进全球的民主化

中国外交政策的演变。新中国成立以后，确立了独立自主的外交方针，结束了旧中国屈辱的外交。毛泽东在1949年提出了"三大外交方针"："另起炉灶"、"打扫干净屋子再请客"、"一边倒"。

1979年党的十一届三中全会以后，中国的外交进入一个崭新的时期，邓小平提出，中国坚持奉行独立自主的外交路线和政策，对于一切国际事务和国际问题都从中国人民和世界人民的根本利益出发，根据事情本身的是非曲直，独立自主地决定自己的立场和政策，并提出"韬光养晦，有所作为"的方针。

进入新世纪后，中国外交确立了新的目标：本世纪头二十年内，中国将集中力量，全面建设惠及十几亿人口的更高水平的小康社会。中国外交的主要任务是维护国家的主权、安全和发展利益，为全面建设小康社会、加快社会主义现代化营造良好的外部环境，积极推进世界的和平与发展事业。

2005年9月在联合国成立60周年首脑会议上的讲话中，胡锦涛提出了"努力建立持久和平、共同繁荣的和谐世界"的新主张。这一主张，是对和平与发展时代主题论述的新发展，是中国新安全观等重大理念的继续和深化。推动建设和谐世界，成为中国外交的新理念。

美国对外政策的演变。美国的对外政策服从于和服务于美国参与国际斗争，维护和增强本国利益，实现国家根本政治目的的全球战略，也反映了美国在国内政治经济形势的驱使下，从本土扩张到海外扩张、从海外扩张到全球扩张的历史进程。

美国的早期外交，经过孤立主义到大陆扩张。1898年美西战争以前，美国处于"大陆扩张"阶段，主要在美洲(特别是北美)大陆进行势力扩展，这是第一阶段。

美西战争与"门户开放"政策提出，标志着美国大举向海外扩张。此为第二阶段，属于"海洋扩张"阶段，主要标志是夺占了原为西班牙殖民地的菲律宾和古巴等地。

威尔逊曾提出，只有一个民主世界才是安全的世界，他并想运用美国的武力来建造这样一个世界。威尔逊主义导致美国积极参加第一次世界大战战，战后积极介入国际事务。美国走向"全球主义"，建立并领导战时反法西斯联盟。

第二次世界大战则促使美国的对外关系进入第三个阶段，即争夺世界霸权的阶段。美国不仅全面卷入"二战"，成为战争进程的决定性因素，而且积极参与甚至主导战后的世界秩序安排。

"二战"后，罗斯福总统提出世界蓝图的筹划，通过大国间的合作来确立美国在世界上的领导地位，确立了美苏主宰世界的基本格局。

冷战时期，遏制共产主义以及与苏争霸成了美国对外政策的核心。美国把前苏联视为其国家安全最主要的威胁，以它为主要对手，在世界范围内进行了争夺霸权的较量。从杜鲁门政府提出的"遏制战略"直到老布什政府的"超越遏制"战略，矛头对准的主要都是前苏联。

苏联解体、冷战结束后，美国成为世界唯一的超级大国，美国的对外关系进入第四个阶段。面对变化了的安全环境，美国开始酝酿其国家安全战略的大调整，导致美国外交有了变化调整：提升经济在外交中的作用，既关注传统安全又重视非传统安全，强化人权外交与"扩展民主"的使命。

20世纪90年代，美国国家安全战略虽然进行了某些调整或修改，但新的国家安全战略还没有真正形成。其主要原因在于美国对谁是其最主要威胁模糊不清，以及缺乏对非敌非友的俄罗斯和中国的明确和成熟的政策。

进入21世纪，随着国内以及国际政治的变化，美国新国家安全战略逐渐形成。"9·11"事件后，"恐怖分子和无赖国家"构成了对美国安全最大的威胁，而"威慑"、"遏制"战略已无法应付这一威胁，对这种威胁必须采取"先发制人"战略，即以"先发制人"的军事打击为中心，在"恐怖分子所构成的威胁还没有完全形成前"予以摧毁。"先发制人"被提升到美国国家安全战略的高度。尽管美国把"恐怖分子和无赖国家"看作主要现实对手，并把反恐和防扩散作为第一要务，但它并没有忽略对长期潜在威胁的防范。在以"先发制人"战略为核心的美国新国家安全战略中，打击"恐怖分子和无赖国家"和防止崛起大国挑战美国霸权两个目标被巧妙地统一在一起，"先发制人"既是目的也是手段。布什总统在他第二任就职演说中说："美国的政策是寻求和支持民主运动和制度在每个国家和每种文化背景中的发展，最终在全球结束暴政。"这标志着美国的对外政策从布什主义调整为新布什主义，即在对国际恐怖主义等先发制人、主动进攻取得显著成就的基础上转向在全球推广美国式的民主自由价值观，要"促进全球民主化"。时任国务卿赖斯说，为迎接21世纪的特殊挑战，国务院正在推行"变革外交"。"变革外交"的目的是与其他国家一道，建立和维持实行良好治国方式的民主国家；它们对内响应人民需要，对外按国际秩序行事。我们力求用美国的外交力量帮助其他人改善生活、转变未来。

3. 对外政策和主张

使馆处在外交工作的最前沿。在一线工作的实践中, 个人观察, 两国在具体的对外政策和主张方面至少有下述不同:

第一, 平等与不平等。

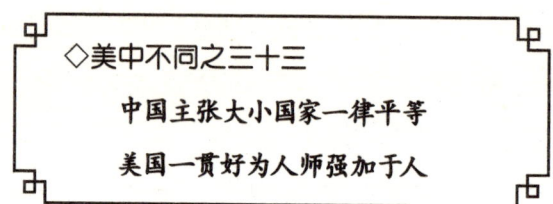

◇美中不同之三十三

中国主张大小国家一律平等

美国一贯好为人师强加于人

在处理国与国关系方面, 中国一贯强调, 国家不分大小、强弱、贫富, 一律平等。中国的和平共处五原则、中国政府对外经济技术援助的八项原则, 都是建立在平等、互利、互相尊重基础之上的。中国政府对外提供援助, 从来不把这种援助看作是单方面的赐予, 而认为援助是相互的, 严格尊重受援国的主权, 绝不附带任何条件, 绝不要求任何特权。中国是这样说的, 也是这样做的。自上世纪五六十年代起中国对非洲国家的援助就是明显例证。据初步统计, 中国先后向53个非洲国家提供各类援助。在援款项下帮助非洲国家建成近900个项目, 涉及社会经济建设的多个领域。其中, 坦赞铁路是中国援非项目典范, 是中非友谊的丰碑。中国还向47个国家派出医疗队。中国平等地对待那些中小国家, 援助别国不附加任何条件, 更没有把自己的价值观强加于人。

美国不是这样。只要看看美国"二战"后在日本、韩国、原西德干了些什么, 在现在的阿富汗、伊拉克又干了些什么, 就一清二楚了。

因为是占领者, 美国要按照自己的方式改变占领国家的制度。1945年日本战败之后, 美国随即以联合国的名义占领日本。美国采取一系列措施, 推行所谓"战后日本民主改革", 诸如抢占占领者主导地位, 进行"间接统治"、推动"民主化"等, 按照美国的方式, 通过民主化使日本成为自由世界国家中的一员。占领军最高统帅麦克阿瑟命令自己的参谋班子, 根据美国的自由体制, 以英国议会政治为蓝本, 为日本起草了新宪法, 以1889年宪法修正案的名义公布, 并于1947年5月3日生效, 从根本大法方面改变了日本。在韩国，1945年9月，美军占领朝鲜半岛南部，美国极力向韩国民众灌输西方民主自由思想，传授参与选举活动的基本知识，支持韩国建立"三权分立"制度，并在某些情况下逼迫韩国政府依照民主原则行事；反对共产主义，排斥民族主义，促使反共主义成为韩国主导的国家意识形态。

2003年3月，美国不顾全球的反对之声，绕过联合国，借口伊拉克拥有大规模杀伤性武器，以莫须有的名义入侵伊拉克，凭借强大的武力，一举推翻美曾长期支持的萨达姆政权。布什称，"只有我们坚定不移的信念才能够帮助伊拉克建立一个团结的、稳定的、自由的国家"。事实上，获得"自由"和"民主"的伊拉克失去了和平与发展，成为全球最不安全的国家，人民生活水平急剧下降。而美国也为此付出数万亿美元和4000多条美国士兵生命的代价。

第二，结盟与不结盟。

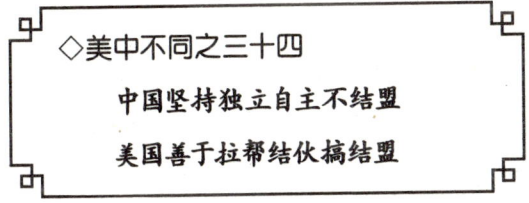

◇美中不同之三十四

中国坚持独立自主不结盟

美国善于拉帮结伙搞结盟

不结盟的原则是中国在处理同各种类型国家的关系，包括社会主义国家之间的关系时，所坚持的重要原则之一。独立自主是中国外交政策和处理国际问题的核心。邓小平说："中国的对外政策是独立自主的，是真正的不结盟。"

新中国成立初期以及整个20世纪50年代，由于特殊的国际因素及必要的战略考量，中国曾在坚持独立自主的外交政策的前提下，采取"一边倒"和"一条线"的外交战略。进入80年代以后，国际局势发生了新的变化，中国及时调整外交战略，确立不结盟外交原则。邓小平明确宣布："独立自主，自力更生，无论过去、现在和将来，都是我们的立足点。中国人民珍惜同其他国家和人民的友谊和合作，更加珍惜自己经过长期奋斗而得来的独立自主权利。"中国绝不依附于任何一个超级大国，也不同他们任何一方结盟或建立战略联系。

对"一边倒"的决策，不能离开当时两大阵营严重对立的客观现实，也不能离开新中国成立后面临的现实威胁来理解。周恩来当时就指出，"一边倒"并非倒向某一国，也不是依赖人家，而是指外交上采取的基本立场，赞成什么，反对什么。"一边倒"与独立自主的对外政策并不矛盾，当时周恩来主持下签订的《中苏友好同盟互助条约》就明文规定"互相尊重国家主权与领土完整及不干涉对方内政的原则"。新中国的外交从"一边倒"、反对美苏两霸，到执行全方位外交，是一个适应不同形势的变化发展过程。

在新的形势下，中国的独立自主外交政策已经不再受结盟或者不结盟表现形式的约束，趋向灵活务实。如近年来中国与俄罗斯以及中亚国家组成的上海合作组织，是一种打击恐怖主义、极端宗教主义和分裂主义的政治安全联盟；中国与东南亚国家正在致力建设的中国-东盟自由贸易区，是一种经济关税同盟；中国在"9·11"事件后与美国进行合作，反对国际恐怖主义。尽管如此，中国的外交还是不结盟外交。

作为外交重要原则的实践和体现，中国人民解放军在为营造有利于国家和平发展的安全环境过程中，积极贯彻国家和平发展战略和对外政策，发展不结盟、不对抗、不针对第三方的军事合作关系，反对霸权主义和强权政治。

美国外交的结盟特点十分明显。它是实用主义外交，一切以美国的利益为标准。20世纪30年代，美国推行"中立"政策，避免卷入非美洲战争。"二战"中，美国与英法等大国结盟，共同反对法西斯侵略。"二战"后，美国拉帮结伙结盟外交的特点尤为突出。当时西欧各国普遍衰落，美国成为超级大国，为了联合对抗前苏联，美国通过实施马歇尔计划和建立北约组织，加强了与欧洲国家的联盟关系。1949年4月4日，美国、加拿大、英国、法国、比利时、荷兰、卢森堡、丹麦、挪威、冰岛、葡萄牙和意大利等12国在美国首都华盛顿签订了北大西洋公约，宣布成立北大西洋公约组织（NATO）。其宗旨是缔约国实行"集体防御"，任何缔约国同他国发生战争时，成员国必须给予帮助，包括使用武力。在美国控制下，北约不断扩大自己的实力和势力范围，希腊和土耳其于1952年、联邦德国和西班牙分别于1955年和1982年加入该组织。前苏联解体、华沙条约组织解散后，北约进一步东扩。1997年7月马德里首脑会议决定首批接纳波兰、捷克和匈牙利加入北约。2002年11月，北约布拉格首脑会议决定接纳爱沙尼亚、拉脱维亚、立陶宛、斯洛伐克、斯洛文尼亚、罗马尼亚和保加利亚7个国家加入北约。截至2004年3月29日，北约成员国达26个之多。

在亚洲，美国和日本、韩国结成军事同盟。美日之间有《美日安全保障条约》，美国与韩国有《美韩共同防御条约》。美国的"与台湾关系法"，保证了与台湾事实上的军事同盟。美国与泰国、菲律宾、印度尼西亚以及老挝、柬埔寨都是同盟关系。

在大洋洲，美国与澳大利亚、新西兰之间也是同盟关系。美澳之间签订有《太平洋共同防卫组织条约》。

在拉美，美国通过美洲国家组织保持与这些传统的盟友国家的关系，使其成为美国安全的"后院"。

第三，先发制人与后发制人。

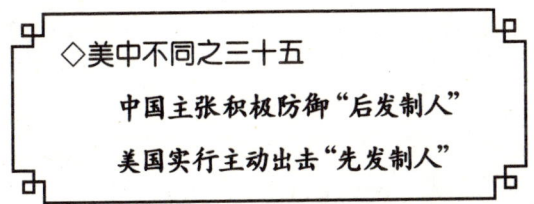

◇美中不同之三十五

中国主张积极防御"后发制人"

美国实行主动出击"先发制人"

"后发制人"是中国传统文化的精华与智慧的具体体现。中国传统文化包括亲仁善邻、单纯防御、后发制人的安全外交传统。著名的万里长城即是中国历史上传统安全外交的有力见证。毛泽东时期，由于特殊的国内外环境，中国主要考虑的是国土安全和政治安全。自卫和后发制人是中国当时安全战略在军事上的特点。后发制人也是周恩来总理主持新中国外交工作中奉行的外交策略和原则之一。钱其琛在纪念周恩来诞辰100周年之际举行的周恩来生平和思想研讨会上说，周恩来善于从中国的传统哲学和中华民族数千年的文明智慧中吸取营养，并根据他自己的外交实践和工作经验，加以总结、提高，形成了一整套充满辩证法的独特的外交艺术和外交风格。外交行动要"后发制人"，"决不开第一枪"，但又要"见机而动"，"来而不往非礼也"，是他众多的有益教诲之一。

美国实行"先发制人"打击他国。"9·11"事件后，美国总统布什于2002年6月抛出"先发制人"战略，并在美对外关系中付诸实施。2003年3月美国对伊拉克发动了首场"先发制人"战争。美发动伊拉克战争的所谓理由是：伊拉克拥有大规模杀伤性武器，且与"基地"组织有密切关系。人们至今还记忆犹新，为配合这场战争，2003年2月5日，国务卿鲍威尔在联合国安理会就伊拉克问题举行的公开会议上，向安理会发表了长篇讲话，并通报有关伊拉克藏匿大规模杀伤性武器的所谓"证据"。但最终连美国的调查机构都证明，伊拉克既没有大规模杀伤性武器，也与"基地"组织无关。通过伊拉克战争，国际社会看清了美国"先发制人"战略的"庐山真面目"：为了本国利益和安全，美可以"莫须有"的罪名对他国进行"先发制人"的打击。正所谓"欲加之罪，何患无辞"。

正在施工的世贸遗址。这里要修建9·11纪念馆，要重建世贸大厦，美国人心灵的创伤会逐渐抚平。本·拉登"最终被击毙了，美军也从伊拉克撤出了。然而，美国与穆斯林世界的裂痕却依然难以愈合。

第三章　在意识形态方面的不同

第一节　意识形态领域

在美国几年，让我深有感触的是，在意识形态上我们不那么跟美国人较劲了，而美国与我们的较量却一刻也没有放松，美国人太"讲政治"了。邓小平讲，为了给我国的现代化建设争取一个较长时期的和平稳定的国际环境，中国在坚持反对霸权主义的同时，也非常注重改善同包括美国、苏联在内的一些国家的关系。他认为中美两国在考虑相互关系时，"主要应该从国家自身的战略利益出发。着眼于自身长远的战略利益，同时也尊重对方的利益，而不去计较历史的恩怨，不去计较社会制度和意识形态的差别。"这些年，为了促进中国的发展，特别是经济的发展，我们强调对外开放，鼓励学习西方先进的科技、教育、管理和一切我们认为好的东西，不太过于强调意识形态，强调抵制西方的渗透，至少在我们的媒体上这样的字眼很少了。按照邓小平的指示，中国在处理与包括美国在内的西方国家关系时，"求同存异"，不去计较他们与我们在社会制度和意识形态领域的不同。但是，美国不一样，他们在处理同中国的关系时，既着眼现实政治利益的需要，更有长远的意识形态考量。他们丝毫没有放松同我进行意识形态的较量。从2000年到2003年，我在第一线经历了太多的这样的事情。比如，在讨论给与中国最惠国待遇上，在谈判中国加入世贸组织问题上，在向中国出口高科技技术上，在中美贸易顺差上，美国国会和政府中总有一些人以意识形态划线，总爱拿中国的民主、人权、宗教、法轮功、西藏、台湾等问题说事儿，向中国政府施压。攻击和诋毁共产党中国一点也不手软。

1. 意识形态

◇美中不同之三十六

美国奉行自由主义，主流意识形态是基督教有神论

中国以马克思主义为指导，坚持社会主义和无神论

美中之间的不同，现阶段最根本最主要的是意识形态的不同与对立。我们两个国家，由于历史和文化的原因，彼此选择的不是相同或相近，而是根本对立的意识形态。经济发展有差距、科技教育有差距、生活水平有差距等等，不管差距有多大，都可以追赶，可以改变，这如同在同一条路上向同一方向跑的车，只要努力，就可以追上。但在意识形态领域，双方根本对立，且都坚持自己的选择。这恰似迎面行驶的车，如果把握不好、互不相让，碰撞随时可能发生。

美中意识形态间的不同与对立表现为：

美国是自由主义，中国以马克思主义为指导。

美国社会主流意识是基督教有神论，中国现阶段是社会主义无神论。

美国试图将世界纳入基督教价值体系，中国坚守马克思主义、社会主义核心价值观和传统的价值观。

美国人选择了资本主义、多党制、三权分立和个人自由等。美国人认为，美国的制度是最好的，中国等共产党领导的国家是专制社会，专制社会是不可预测的，因而也是不可控制的。他们仇视社会主义，视共产党为洪水猛兽。他们千方百计搞垮前苏联，对社会主义中国视为"潜在威胁"。美国希望中国是一个适度强大又能够接受美国价值观和领导的中国，一个所谓"负责任的大国"。

中国人选择了社会主义，以马克思主义为指导。中国共产党人坚持马克思主义的观点，认为社会主义一定要战胜资本主义，人类最终要实现共产主义。现阶段，中国要搞中国特色的社会主义。中国认为，美国的社会制度不适用于中国，所以抵制美国的意识形态渗透。

美国的政治文化价值观属于西方资本主义体系，与中国的社会主义兼具东方儒家文明特点的价值观截然不同，美国上层以及普通民众对中国的政治文化价值观缺乏了解，在处理有关中国的事务时，往往用自己的标准和观念套在中国身上，从而产生矛盾、分歧和冲突。比如，美国对华不遗余力推广其自身的民主和人权观念，遭到中国强烈抵制就属此类情况。美国在维护国家利益的同时，不会淡化或放弃意识形态立场。政治制度和意识形态问题是长期影响美中关系的结构性障碍。

美国人反共、反社会主义是他们的文化传统和社会制度决定的，也可以说是与生俱来的。美国人对中国这种意识形态的敌意，我们按照传统看法，很容易与美国的大资产阶级联系起来，认为只有大资产阶级才在意识形态上与我们作对。而事实上，美国的普通民众，对社会主义和共产主义的抵触心态一点也不逊色。美国也曾经有过共产党组织，但共产党的理念从未在美国的土壤上扎下根来。上世纪30—40年代曾经有过共产主义意识形态在西方的传播，包括像后来成为死硬反共分子的麦克阿瑟、里根，都曾经表示过对社会主义的兴趣，但是当他们了解到社会主义的真正含义之后，他们都成了坚定的反对者。奉行平等主义和个人主义的美国人，对社会主义所必然蕴含的精英体制和集体主义原则不感兴趣。虽然美国共产党现在还公开存在，但经过上世纪50年代麦卡锡运动的清洗和打压，本来就不多的人数仅剩万余，他们在美国社会中的影响，就现实来看，几乎是微乎其微。

美国的意识形态起源于美国人信奉的基督新教。美国人对民主自由的执著和美国人所具有的强烈的选民意识及天命意识，与美国人的基督新教信仰息息相关。美国政治学家威廉姆斯说，"美国人把民主的理想视为上帝的意志"。美国人认为，基督的原则体现在宪政当中，并且，美国人被上帝选中，是将全世界引向正确的宗教和自由的灯塔。美国人执著于意识形态外交，是因为他们对基督新教有着固执的信仰，美国人执行意识形态外交，实际是传播基督教文明的行为，其目标，是建立一个世界范围的基督教文明秩序。这个基督教文明秩序，是创建美国的清教徒们梦寐以求的基督教中的千禧王国，是美国人一直力图实现的目标，美国人在这个目标中，看到了自己的天命。

美国的利益与他们的意识形态是捆绑在一起的。美国的国家理念和民族认同，是建立在美国价值观和生活方式基础之上的，威胁到美国的价值观和生活方式就是威胁到美国的核心利益，输出美国的价值观就是促进美国的国家利益。输出民主，在世界实现民主化就是他们追求的利益。美国始终认为，只有美国的价值观成为世界的普世价值，世界才会更加美好和安全。

在实现其国家利益过程中，他们也会表现出一定的灵活性，比如与苏联联手打击希特勒和日本法西斯等。但这并不意味着美国可以放弃意识形态主导的原则。美国人善于联合次要的敌人打击主要的敌人，然后再打击次要的敌人。与苏联联手消灭纳粹和法西斯日本之后，美国人就开始了对苏联封锁和对抗。谁是主要敌人，主要看谁是当前威胁基督教文明世界的主要势力。这种灵活性也符合基督徒性格。基督教是一个非常重视智慧的宗教，耶稣多次告诉弟子，传教要有智慧，"要像鸽子一样驯良，像蛇一样智慧"。智慧在基督教里甚至有着与上帝一样的高度，《圣经》的一些篇章说耶稣就是智慧，上帝与智慧一起创造了世界。用智慧解决问题是基督徒处世的一个原则，美国人也秉承了这一原则。

美中之间对立的关键，是谁接受谁的价值观的问题。尽管中国已经不再像从前那样高呼"打倒美帝国主义，解放全人类"的口号了，但是，中国选择了社会主义，以马克思主义为指导，要搞中国特色的社会主义。相反，美国一直要建立一个全球范围内的基督教文明体系，并一直在为之努力。可以看出，只要两国坚持现行的体制和价值取向不变，美中之间意识形态的对立关系也不会变。

2. 信仰

信仰是意识形态的重要内容。美中两国人民在信仰方面非常不同。总体上讲，美国人信仰多元化、自由化，但又非常集中。他们对自己信仰的社会制度、价值观念和宗教，极其虔诚且坚定不移。中国主流人群信仰马克思主义、社会主义、共产党，民间虽有多种宗教，但信教人数少而且分散。

首先，政治信仰不同。

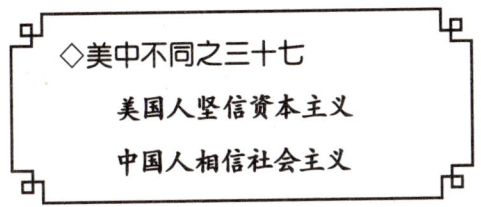

◇美中不同之三十七

美国人坚信资本主义

中国人相信社会主义

美国人坚信资本主义制度，崇尚民主自由。他们对美国的社会制度，包括以私人占有生产资料和剥削雇用劳动为基础的资本主义经济制度，分权制衡的政权组织制度，两党轮流执政的政党制度等，信仰都非常坚定。"9·11"事件虽然在社会上引起一些反思，但至多是检讨自己中东政策上的偏差，很难考虑到政治信仰层面问题。

美国的建国者一开始就致力于建立资本主义世界最好的制度，希望这个制度像高山上的灯塔，世人景仰。美国的建国者们说："我们要创建山巅之城，全世界将瞩目我们！"美国的经济制度建立在私人占有生产资料、发挥个人生产积极性和以市场为主调节的基础之上，其他所有制度与之适应，为之服务。经过200多年的建设与发展，美国成为了当今世界最强大的国家，经济、军事、科技、教育、文化等都走在世界前列，由此，美国人坚信，他们的制度是最好的，并且极力向别国输出。布什总统在清华大学演讲时说，我的国家肯定也有问题与过错……但是，我们的国家像一座希望与机会的灯塔，这一定有理由，世界各地许多人梦想到美国去，这也一定有理由。他还非常自豪地说，我们是一个自由的国度，在那里无论男女都有机会实现他们的梦想。不管你的出身背景和环境，在美国，你可以得到良好教育，开办企业，养育家庭，信仰自由，选举你社区和国家的领导人。你可以支持政府的政策，也可以公开不赞成它们。

美国反对共产主义，凡是带"共"字的词都非常反感，这不但反映在思想文化中，更反映在国家政策中。中国认为的共产主义使每个人都过上美好的生活，是一种人类理想的前景，现阶段美国人大多数是不接受的。

中国人相信自己选择的社会制度是适合自己国情的，是最好的。毛泽东等老一辈领导人告诉中国人民："只有社会主义能够救中国。"中国人民也坚定地相信这个制度。建国以来，中国的社会主义取得了巨大成就，广大劳苦大众政治上翻身，经济上改善。中国的社会主义是学习前苏联的产物，中国人也曾盲目追求"一大二公"，尽快过度到共产主义。但在后来的实践中发现，这个制度还有许多不适合中国国情的内容。1978年，邓小平领导中国搞改革开放，改革了那些与中国现阶段国情不相符合的部分。1989年前苏联解体后，中国更是加快实行市场经济的步伐，坚定地走中国特色的社会主义道路。现在，中国人民越来越坚信"只有社会主义能够救中国，只有改革开放才能发展中国"。

其次，价值信仰不同。

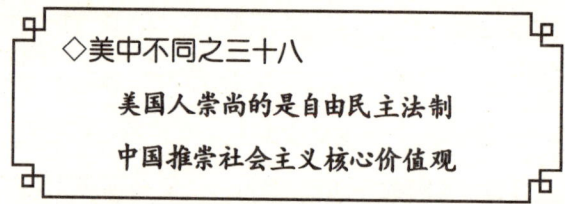

◇美中不同之三十八
美国人崇尚的是自由民主法制
中国推崇社会主义核心价值观

自由、民主、法制是美国人价值观的基石。它以尊重和保护个人权利为核心前提。在现实生活中，美国人追求自由平等，他们坚定相信：人人是天生平等的，这种平等的权利是上帝（造物主）赋予的。天赋人权，生而平等是美国的先哲们的坚定信仰和政治旗帜，并写入了《独立宣言》。从此，这种价值观被美国人民奉为圭臬并始终坚信不移。美国2002年发表的国家安全战略报告称："自由是我们生活的基本要素，表达自由、宗教信仰自由、迁徙的自由、财产权、不受非法歧视，这些权利是作为我们美国人所必须有的，也是我们必须捍卫的，许多人为了建立和保卫这些权利而战斗，甚至牺牲，我们决不能放弃他们。"

中国推崇社会主义核心价值观。它包括四个方面的基本内容，即马克思主义指导思想、中国特色社会主义共同理想、以爱国主义为核心的民族精神和以改革创新为核心的时代精神、社会主义荣辱观。社会主义核心价值体系是社会主义意识形态的本质体现，是国家、社会得以存在和发展的灵魂。

中国重视理想信念建设。毛泽东曾经说过，社会主义国家要有"统一意志"，要"步调一致"。邓小平认为，我们这么大一个国家，要团结起来、组织起来，一靠理想，二靠纪律。江泽民主席明确指出，一个民族，一个国家，如果没有自己的精神支柱，就没有灵魂，就会失去凝聚力和生命力。胡锦涛总书记多次强调"民族精神"、"精神支柱"和"共同理想、信念"的重要性。党的十六届六中全会明确提出建设社会主义核心价值体系的重大任务，这是中国共产党在思想文化建设上的一个重大创新，也是当代中国经济社会又好又快发展的现实需要，更是社会长治久安的战略要求。

再次，宗教信仰不同。

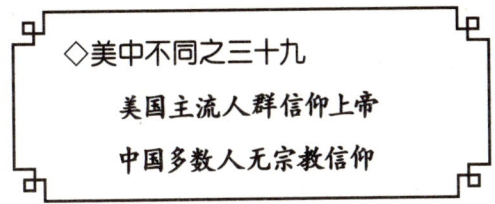

美国是有神论国家。美国人的宗教信仰多元化、自由化，但又非常集中，约占总人口80%的主流人群都信仰上帝（其中基督教新教占52%，罗马天主教占24%，摩门教占2%，犹太教占1%），上帝是他们至高无上的精神主宰。美国有30万个以上的基督教教堂、犹太教会堂、清真寺以及其他一些宗教活动场所。《经济学家》杂志指出，"美国人均拥有的宗教活动场所比世界上任何国家都多，并且新的宗教场所仍在不断地建造。"周日做礼拜是美国人日常生活的一项内容，没有人逼他们，是自觉自愿。到那里去也没有什么功利目的，完全是精神生活的需要。在那里他们的灵魂得到洗礼，他们的心灵与上帝沟通。约1/3的美国人每个礼拜去教堂。日常生活中的许多重要仪式——出生、婚礼、葬礼等都采用宗教仪式。虔诚的教徒，吃饭前要做饭前祷告。危急时刻，首先是求得上帝保佑。他们相信，危难时刻上帝会保佑他们。

宗教是美国文化的基础与核心，也是政治衡量标准之一。宗教状况影响美国人衡量一个人特别是精英人物的道德和价值标准。由于历史的原因，绝大多数美国人信仰上帝，这种情况对总统选举影响非常明显。虽然宗教信仰是自由的，但大多数美国人不会选择一个不信仰上帝的人做总统，因为他们愿意选一个与他们有共同价值观念的人为总统。总统是美国人民的精神领袖，总统的宗教信仰首先要与广大人民群众保持一致。据统计，有史以来44位美国总统（从华盛顿到奥巴马）中有40位是基督教教会的成员，其余4位也与教会有关。

中国是世界上最大的无神论国家。中国主要有佛教、道教、伊斯兰教、天主教和基督教，现有各种宗教信徒1亿多人，占13亿人的不到百分之十。无神论在中国的精英阶层中一直占据主导地位。改革开放后，中国公民可以自由地选择、表达自己的信仰和表明宗教身份，信仰宗教的人数在增加。

中国一般群众，尤其是占总人口91%的汉民族，大多数不信教，少数信教者也不是相对统一地信仰某一种宗教，或佛教，或基督教，或伊斯兰教。事实上，他们信仰的东西很多很杂，很难说他们是无神论者。旧中国，农民对许多神灵都供奉，家中供有的菩萨要烧香，县城的城隍庙要拜，村口的王母娘娘庙也上香。新中国，许多人也是多神崇拜，春节要供奉天地、土地爷、灶王爷，还有谷仓的仓王、水井的龙王等等。山区里，也有山民敬山神。还有的地方，古老的槐树被奉为神灵祭拜。汉民族的这种世俗的信仰，属于原始宗教的自然崇拜和祖先崇拜的遗存。原始的宗教信仰至今还在影响中国人。

相信命运，这是中国人信仰的又一特点。中国人信仰多种神灵只是外在表现，内在的，中国人更多地信奉命运。神灵于他们是外界的，命运则是属于他们自身的。他们信仰宗教、求神拜佛，是祈求外在的神灵保护他们的好运、改变他们的厄运。何时生死、寿命多长，这个东西个人把握不了，现代科学也解释不了，所以相信个人的寿数是一个"定数"，是命运已经决定的。能否富贵，也看你命中有无。是否官运亨通，也由命运决定。命和运有差别，普通百姓认为，命好则好运多，一辈子不走运，是自己的命不好。两千多年前，中国的哲人孔老夫子就说"生死有命，富贵在天"。民间的说法是"人的命天注定"，"命中有时自会有，命中无时莫强求"。相信命运，对中国人的思想影响至深，导致很多中国人处事的原则都是"听天由命"。相信命运是一种非常消极的东西，但在社会生活中却不鲜见。

美国人不太相信"命运"这个词，不认为任何人有固定的命运。基本上，他们认为自己可以创造生活中的一切，而没有觉得自己的生活命中注定会怎样发展。美国人认为，通过自己的努力可以把事情做好，也可能做不好，就是因为这样，生命才是有意义的。如果命运就是这样了，行动没有作用，那么生活有什么意义呢？美国人认为自己能够创造,可以创造自己的运气并左右环境。生活的美丽在于我们不知道会发生什么,但是我们可以去影响。

3. 哲学

◇美中不同之四十

美国人受现代实用主义哲学支配,崇尚丛林法则和社会达尔文主义

马克思主义哲学在中国占主导和统领地位,传统哲学影响人们至深

首先,哲学观点不同。

在美国,占绝对统治地位的哲学思想,是资产阶级的实用主义思想。这种思想是美国土生土长的,是对自然界、社会和思维的观点体系。

实用主义哲学是美国人实用性世界观在哲学上的反映。美国是个务实的民族,实用主义被视为美国的"特产"。美利坚民族坚信"有用、有效、有利就是真理"。在美国人眼里,有用就是真理,成功就是真理。他们立足于现实生活和经验,把确定信念当作出发点,把采取行动当作主要手段,把获得效果当作最高目的,一切为了效益和成功。美国的实用主义哲学观对于美国人的精神影响至深,被认为是美国文化中最能体现美利坚民族特性的"美国精神"。

实用主义的主要论点是:强调知识是控制现实的工具,现实是可以改变的;强调实际经验是最重要的,原则和推理是次要的;信仰和观念是否真实在于它们是否能带来实际效果;真理是思想的有成就的活动;理论只是对行为结果的假定总结,是一种工具,是否有价值取决于是否能使行动成功;人对现实的解释,完全取决于现实对他的利益有什么效果。

实用主义者忠于事实,但不反对神学的观点,如果神学的某些观念证明对具体的生活确有价值,就承认它是真实的。将哲学从抽象的辩论上,降格到更个性主义的地方,但仍然可以保留宗教信仰。承认达尔文,又承认宗教,也不承认自己是二元论的,即既唯物、又唯心,而是认为自己是多元论的。

实用主义认为，当代哲学划分为两种主要分歧，一种是理性主义者，是唯心的、柔性重感情的、理智的、乐观的、有宗教信仰和相信意志自由的；另一种是经验主义者，是唯物的、刚性不动感情的、凭感觉的、悲观的、无宗教信仰和相信因果关系的。实用主义则是要在上述两者之间找出一条中间道路来，是"经验主义思想方法与人类的比较具有宗教性需要的适当的调和者"。

现今的中国人受到中国传统哲学、西方哲学和马克思主义哲学的影响。

中国有5000年文明史，传统哲学思想非常丰富，历朝历代都有许多著名人物和派别。中国传统哲学的部分重要观点包括：(1) 天人合一。天人一致，天人相通。人和自然在本质上一致、相通，故一切人事均应顺乎自然，达到人与自然和谐；同时认为，自然与人互相影响、互相作用。自然变化制约着人的发展。日月正常，说明人世间正常，君明、臣贤、百姓勤耕和睦；人世出了问题，君昏、臣奸、百姓反时，日月也会反常，予以警告。天人合一具有宗教神学的性质。(2) 天命论。信天命，敬鬼神。承认天命，认为天命是个人所无法左右的天道，而对鬼神宗教则敬而远之。(3) 阴阳对立统一，五行相生相克。"无中生有"，"有无相生"，"无极生太极，太极生两仪"。(4) 中庸。主张不偏不倚，无过无不及。在事物的两个极端之间选取或者把握一个中道。中庸作为一种美德，是最高的境界。

中国近代哲学，从1840年的鸦片战争到1894年，是酝酿准备时期，以龚自珍、魏源、洪秀全、郑观应等人的哲学为代表。戊戌变法时期资产阶级改良派康有为、梁启超、谭嗣同、严复等人较为系统地提出了自己的哲学思想，标志着资产阶级哲学的形成，其后资产阶级革命派孙中山、章太炎把资产阶级哲学进一步推向前进。

中国共产党人的哲学思想是马克思主义的辩证唯物主义和历史唯物主义。认为世界是物质的，物质是运动的，运动是有规律的，规律是可以认识的。在物质与精神的关系上，强调物质第一性，精神第二性，同时也承认精神的反作用。在社会领域，坚定地相信：社会存在决定社会意识，社会意识对社会存在有反作用，具有相对独立性；生产力决定生产关系，生产关系要适应生产力；人民群众是历史的创造者，是实践的主体。认为社会主义一定要战胜资本主义，人类最终要实现共产主义。

其次，产生的根源不同。

实用主义成为美国重要的哲学传统有其特定的历史文化根源。在十七八世纪的英国和欧洲大陆的国家，封建专治政体处于统治地位，人的个性受到极大的束缚。被统治阶级包括新兴资产阶级，处于无权无势、受压抑的状况。远涉重洋移至新大陆的早期英国人和欧洲人，大都是被剥削受迫害的、在故土求生无告的人。加尔文教义和清教徒理论，是早期踏上新大陆人们唯一的指导思想。禁欲苦行主义，要求兢兢业业地工作，树立精打细算地治家、理财的作风；追求财富的冲动力，激起挺进新地带征服自然、驱杀印第安人的冒险精神，追求财产与自由，成了他们的理想。在人们结队开辟"新边疆"，向西进发时，虽然是自愿组织，并且签订了协议，但有人为了自身的利益而毁约并加入其他的集体组织。这种追逐个人私利的思想，在美国大陆得到充分的滋养。当美国随着经济的发展，逐步形成资产阶级时，满足个人贪欲，"人不为己，天诛地灭"便成为他们牢不可破的信条。任何法规均视其是否于己有利，或是遵从或是践踏。任何理性都要服从意志和情感，理性成了意志的工具。因此，随心所欲成了他们唯心主义哲学思想产生的基础。

美国建国历史短，早期很长一段时间内，没有自己的哲学家、历史学家、文学家，哲学思想主要受欧洲哲学流派影响。法国著名政论思想家托克维尔经过对美国长期实地考察，在1840年出版的《论美国的民主》一书中说："我认为，在文明世界里没有一个国家像美国那样最不注重哲学了。美国人没有自己的哲学学派，对欧洲的互相对立的一切学派也漠不关心，甚至连它们的名称都几乎一无所知。"托克维尔观察到，美国人虽然从未下过工夫界说他们的准则，但他们却有一个大家共通的确定的哲学方法。几乎所有的美国居民，都在用同样的方法指导他们的头脑，根据同样的准则运用他们的头脑。托克维尔归纳出，"摆脱一统的思想、习惯的束缚，家庭的清规，阶级的观点，甚至在一定程度上摆脱民族的偏见；只把传统视为一种习得的知识，把现存的事实视为创新和改进的有用学习材料；依靠自己的力量并全凭自己的实践去探索事物的原因；不拘手段去获得结果；不管形式去深入本质——这一切就是我以下将要称之为美国人的哲学方法的主要特征。"（《论美国的民主》下卷第一章 关于美国人的哲学方法) 这实际上是美国实用主义哲学的早期萌芽。

随着美国工业化和城市化的飞速发展, 美国的学术界迅速活跃起来, 到19世纪末, 美国人有了第一个产生于本土的哲学——实用主义。实用主义发展的四个主要的背景是: (1) 19世纪中叶, 科学和科学方法享有盛誉; (2) 在随后流行的哲学中经验主义有相当的实力; (3) 生物进化论被接受; (4) 美国民主理念被接受。

中国的传统哲学产生于中国封建社会。在封建时代有比较充分的发展, 属于少数达到较高水平的哲学形态之一。是世界哲学史上独立发展的哲学类型之一。

中国化的马克思主义哲学产生于中国革命的实践。20世纪初, 在俄国十月社会主义革命影响下, 李大钊、陈独秀等人接受了马克思主义哲学。"五四"运动以后马克思主义哲学在中国逐渐传播。中国共产党人把马克思主义与中国革命实践相结合, 形成了中国化的马克思主义哲学, 即毛泽东哲学思想。它的形成在中国哲学的发展史上具有划时代的历史意义。

最后, 发挥的作用不同。

生产力发展阶段、科学技术发展水平等方面的差别, 造成人们对事物的认识和看法差别很大。中国的传统哲学与美国的实用主义哲学各有所长, 又多有不同。从促进生产力发展的角度看, 这两种哲学发挥的作用也非常不同。

产生于中国封建社会的中国传统哲学是5000年中华文明的瑰宝, 是中华民族智慧的结晶, 既有丰富的朴素的唯物主义认识论和辨证思维的方法, 如"天人合一"思想中承认客观世界对人们思想的影响, 要人们顺从自然的规律, 还有"对立统一, 相生相克"中的辨证思维观等, 又有严重束缚生产力发展和人们思想认识的糟粕, 如宿命论的"天命观"和所谓不偏不倚的"中庸"等。

中国传统哲学最大的问题之一是宿命论的"天命观", 对今人影响最消极的莫过于它。它认为人世间一切都是天命, 不可改变, 让人们"听天由命", 不再努力改变现状。人一生下来就进入了"君臣父子"这种不平等的"伦理纲常"等级秩序之中, 而且一切皆是命中注定, 不能乱, 不能改。上天只把权力给帝王一人, 所谓"君权神授"。皇帝自诩"天子", 可与神通, 得到天机。上天什么权力也没给平民百姓, 他们只能安分守己, 任凭奴役、宰割。

产生于资本主义快速发展阶段的美国实用主义哲学, 反映了美国人奋发图强、与自然环境抗争的奋斗精神, 对美国社会的发展和取得今天的成就发挥了重要作用。正是这种世界观指引着美国人在200多年的奋斗史历程中不断取得惊人的成绩。其消极面是相信上帝, 宗教也变成了真理。

美国的实用主义哲学, 在认识领域, 强调实践的作用, 强调经验, 但只相信自己的实验, 否定客观真理的存在; 既接受生物进化论的观点, 同时又相信上帝存在, 认为上帝是造物主, 主宰客观世界, 是有神论。它对整个世界的根本看法是唯心主义的。在社会学领域, 实用主义把所谓智慧的方法、实验的方法与马克思主义变革社会的革命方法对立地提出, 认为在自然与社会的发展中, 只有或然性而无必然性, 资本主义可能但不一定为社会主义所代替, 否定马克思主义关于社会发展的必然趋势。

在中国共产党人掌握的马克思主义哲学思想指引下, 在中国化的马克思主义哲学即毛泽东哲学思想指引下, 当今中国的生产力快速发展, 中华民族正在实现伟大复兴。

第二节　文化领域

一次, 我和爱人请一位朋友到我们在华盛顿的家——使馆为我们在一家公寓租用的两居室宿舍吃饭。朋友名叫黛娜·怀特, 是一位刚毕业不久的大学生, 在某国会议员那里做过实习生, 愿意为我们在华盛顿举办的感知中国活动提供帮助。她学习的是东亚历史专业, 同时学习中文, 能听懂简单慢速的中国话。聊天中, 当我们说到中国的历史非常悠久, 而美国的历史很短时, 她说, "这个我知道, 中国很长, 美国很短, 中国像是grand...grand...grandfather (老···老···老爷爷), 美国像grand...grand...grandson (重···重···重孙子)。"而且还拿着老爷爷教育小孙子的腔调: "哦, 要这样这样这样, 不要那样那样······"她的话着实让我们乐了一阵子, 因为她的比喻很生动、形象。

还有一位70多岁的美国老人, 他是一家非营利教育机构负责人, 为了让美国的中小学生了解世界,特别是与美国交往较多的国家,其中包括中国,编写教学辅助材料。因涉及到中国的历史,一次,他问我:夏先生,我们知道,中国文明是唯一延续了几千年而没有中断的古文明,是什么原因? 当时,我就自己所知,如中华民族强烈的爱国意识、中国文化极强的包容性等尽量给予说明。其实,这是一道关于中国的著名社会学难题,确实值得破解。也是我们这个古老的东方文明所具有的神秘吸引力之一。

历史是文化不可分割的重要组成部分。美中两国在文化领域的不同,首要的是历史不同。

1. 历史

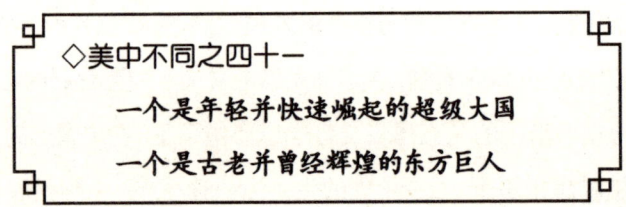

◇美中不同之四十一
一个是年轻并快速崛起的超级大国
一个是古老并曾经辉煌的东方巨人

美国是个年轻的国家,建国仅200多年。但又是一个快速崛起的超级大国。

靠斗争获得了独立。16-18世纪,正在进行资本原始积累的西欧各国相继侵入北美洲。1607年,英国建立了第一个殖民据点——詹姆斯敦,此后在大西洋沿岸陆续建立了13个殖民地。1776年,因不堪忍受英国的殖民统治,13个殖民地经过武装斗争,宣布脱离英国独立。独立后,经过南北战争(1861—1865)战胜了南部奴隶主发动的叛乱,为资本主义在全美国的发展扫清了道路。

靠开拓创新造就了一个经济巨人。南北战争后,资本主义在全国范围快速发展。造船业和机器制造业迅速发展,横贯大陆的4条铁路建成,西部广大土地的垦殖,边疆的消失,促进了国内统一市场的形成和扩大。在中西部、远西部和南部日益开拓进程中,各地区发展了具有本地特点的工业。19世纪后半叶,农业机械化迅速发展。1860—1916年,耕地面积由4.07亿英亩增加到8.79亿英亩,改良的土地面积扩大了3倍多,小麦和玉米的产量约增加了3倍多。在以工业为主的北部,农业日益采用集约耕作,在其他地区,大农场数目逐渐增加,1900年美国农产品总数的一半是由1/6的大农户生产的，形成了美国式农业资本主义发展道路。科学技术领域有重要发明和突破，其中首推电力的应用。1876年贝尔发明电话机；1886年爱迪生制造了电灯；1892年杜里雅兄弟试制成功汽车；1903年莱特兄弟试制飞机航行成功。电力广泛应用于工业，导致美国经济的全面发展。1880年工业在全国生产总值中的比重已超过农业，工业生产总值由1860年的世界第4位，跃居至1894年的首位。美国成为高度发达的资本主义国家。

经济的高速发展离不开丰富的劳动力资源和科学技术的支撑。建国之初，美国总人口仅有390万。从1820年到1920年的100年间，美国一共接纳了大约3350万移民。1920年，人口总数首次超过1亿。移民中，85%的人年龄在14岁到44岁之间，并且以男子居多。他们年富力强，为美国的棉纺织业、采矿业、建筑业等提供了劳动力。更重要的还带来了先进的技术和经验。曾被美国第7任总统杰克逊誉为"美国制造业之父"的塞缪尔·斯莱特移民美国后，凭借其盗取的英国纺织业的秘密，成功复制出了高效棉纺机，并办起棉纺厂，吹响了美国工业革命的号角。电话发明家贝尔和电报之父莫尔斯等人也是移民或移民的后裔。此外，亚洲的中国、日本和菲律宾等国移民带来了农业和园艺技术，意大利移民则在煤气、电力、自来水等市政建设技术方面功不可没。在改变美国早期政治格局和社会面貌的"西进运动"中，中国劳工的作用同样不可小视。中国劳工用血汗和生命为代价，在极其艰苦恶劣的条件下，出色地完成了横贯美国东西的太平洋铁路西段工程的建设。至今，在加利福尼亚州的铁路沿线还可以看到一个中文题字的金属牌匾，上书"加州铁路，南北贯通。华裔精神，血肉献功"。可以毫不夸张地说，是移民造就了美国，是移民发展和改变了美国。移民潮不但对美利坚民族性格的形成产生了深刻影响，而且使得美国在短短一百多年里能够迅速崛起，取代英国成为世界头号经济大国。

靠扩张成就了一个强大帝国。伴随着经济的飞速发展，美国的领土也在迅猛扩张。宣布独立时，美国13个州的领土只有约80万平方公里。1783年，英国把13个州以外大西洋沿岸的大部分土地划归美国，领土达到230万平方公里。1803年，美国趁英法关系紧张，以1500万美元的价格，从拿破仑政府手中获得了（路易斯安那）面积达260

万平方公里的土地,领土扩大了一倍。1814年,美国进军佛罗里达,西班牙对这一区域的统治已力不从心。1819年,花500万美元获得15万多平方公里的佛罗里达。接着,又相继通过策反与威胁的方式从墨西哥和英国手中得到了得克萨斯和俄勒冈地区,领土从大西洋沿岸扩展到太平洋沿岸。1848年,美国与墨西哥签订条约,只象征性地支付1500万美元,就得到了包括加利福尼亚、新墨西哥地区在内的近140万平方公里土地。1853年,以1000万美元购得美墨边境近10万平方公里土地。1867年,又以720万美元从俄国买到了150多万平方公里的阿拉斯加及其周边的阿留申群岛。1897年合并夏威夷。1898到1899年占领了东萨摩亚、中途岛及威克岛等。1917年,用2500万美元从丹麦手中得到维尔京群岛。这样,在100多年中,美国靠战争和为数不多的金钱,获取了相当于独立初期3倍多的领土。国土的扩大对美国的资本主义发展和今天"超级大国"地位的形成起到了重要的作用。

中国是文明古国,有5000多年的历史。历史上,在经济、科技、文化等很多方面,中国曾经领先世界,为世界文明的发展作出过重要贡献。但在近代,中国落后了。

中国是世界文明发达最早的国家之一。中国历史上第一个朝代——夏,约在公元前21世纪出现,开始进入奴隶社会。继夏而兴起商、西周,进一步发展了奴隶制度。春秋和战国,被认为是由奴隶社会向封建社会过渡的阶段。公元前221年,秦始皇建立中国历史上第一个统一的中央集权制国家——秦,是中国封建社会的开始。自秦以后,经汉、三国、晋、南北朝、隋、唐、宋、元、明、清历朝,到1911年孙中山先生领导的资产阶级革命推翻清朝结束封建君主制,长达2122年。

中国是世界上经济发展最早的国家之一。早在五六千年以前,居住在黄河流域一带的人民,就以农业为主,并饲养家畜。3000多年前的商代,已有了冶炼青铜的技术,并知道了使用铁器;在制陶技术方面,有了白陶和釉陶;丝织生产也相当发达,产生了世界上最早的提花丝织技术。春秋时期,制钢技术已经出现;战国时期,修建了都江堰水利工程,堪称古代水利科学技术的辉煌成就。春秋战国时期的思想学术空前活跃,老子、孔子、墨子、孙子等就是这个时期的代表人物。秦始皇统一了中国的文字、度量衡和货币,建立了郡县制度,实行统一的中央集权制,还修建了赫赫有名的万里长城。汉代,农业、手工业、商业都有了极大的发展。张骞出使西域,打开了从长安(今陕西西安)经新疆、中亚直抵地中海东岸的道路,被称为"丝绸之路"。唐朝是中国封建社会的鼎盛时期,有发达的农业、手工业和商业,纺织、染色、陶瓷、冶炼、造船等技术也都有了进一步的发展,与日本、朝鲜、印度、波斯、阿拉伯等许多国家建立了广泛的经济和文化联系。宋、元时期,工商业和对外贸易都很发达,许多外国商人、旅行家纷纷来到中国。威尼斯人马可·波罗曾生动、具体地描述了当时中国的富强和工商业的繁荣。造纸、印刷术、指南针、火药是中国古代科技的"四大发明",到了宋代、元代又有了新的发展,并相继传入世界各地,对世界文明作出了巨大的贡献。明末,中国已出现了资本主义的萌芽。与此同时,同亚非各国的友好往来也日渐频繁。

1840年的鸦片战争,是中国历史上的一个转折点。由于帝国主义的入侵,中国逐渐沦为半殖民半封建社会。

1911年孙中山领导的资产阶级民主革命推翻了清王朝的统治,结束了中国延续两千多年的封建君主制度。由于帝国主义列强加紧对中国侵略,相互争夺,造成军阀之间的连年混战,中国陷入极端混乱的局面。

1919年中国爆发了"五四"运动,马克思列宁主义在中国得到传播。1921年中国共产党成立后,领导中国人民进行了反对国民党反动统治的长达十年的土地革命战争和八年的抗日战争,又经过三年的全国解放战争,推翻了国民党政府,于1949年10月1日宣告成立中华人民共和国。

中华人民共和国成立后,经过经济恢复时期和1953年到1956年大规模的社会主义改造,进入社会主义建设时期。经济获得快速发展。1966年5月至1976年10月的"文化大革命",使国家和人民遭到建国以来最严重的挫折和损失。1978年底召开中国共产党十一届三中全会,实现了伟大转折。邓小平倡导改革开放政策,改革经济体制、政治体制,逐步确立了一条具有中国特色的社会主义现代化建设道路。

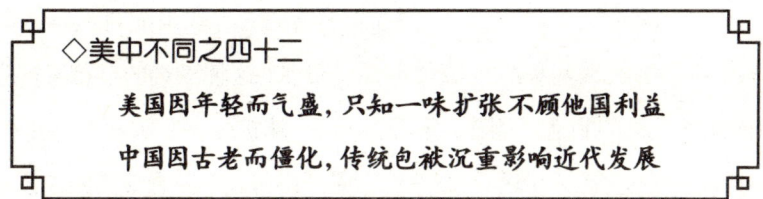

◇美中不同之四十二

美国因年轻而气盛,只知一味扩张不顾他国利益

中国因古老而僵化,传统包袱沉重影响近代发展

综观美中两国的历史，可以看出，两国都是当今世界的大国，两国人民都是伟大的人民，都对人类社会的发展作出过巨大贡献。但美中毕竟是两个地理位置相距甚远、人群构成差别甚大、文明渊源联系甚微的不同国度，因此，两国历史有许多不同特色和特点。而一个民族的过去，对这个民族的今天影响至深，无法割断。尤其是思想文化、经世处事方式等长期积淀形成的东西，影响更是久远。

美中两国，作为国家形态的存在，差别十分显著。美国200多年，中国4000多年。这种不同，恰恰是形成两国国情不同的历史根源。

文化起源和民族形成不同。美国是靠移民产生的一个全新的民族。美国的文明是随移民从欧洲和其他大陆带来的，主根系在欧洲，在新大陆融合成长。中华文明是在东方自己的土壤中产生的。中国有56个民族，汉族是主体，共同组成中华民族大家庭。各民族都有自己的文化和相对固定的祖居地。在长期的发展过程中，汉族的华夏文明与其他各兄弟民族的文化相互交融，共同形成了中华文明。

迄今，美国只经历了一个历史阶段，资本主义发展阶段。美国的先人们是在欧洲资本主义正在完成原始资本积累时期来到北美大陆的，他们一开始建立的就是资产阶级共和国。中国经历了多个历史阶段。首先是奴隶制社会和漫长的封建社会。美国1776年建国时，中国正处于最后一个封建王朝清朝的盛世，即乾隆 (1735—1796年在位) 年间。资本主义在美国的发展早于中国上百年。资本主义在半封建半殖民地的中国艰难发展不足40年。到1949年中华人民共和国成立，经过短暂过渡时期，中国进入社会主义阶段。一个是经过充分发展的资本主义，一个是经过漫长封建社会和短暂资本主义社会进入的处于初级阶段的社会主义。

美国年轻，没有历史包袱和羁绊，但同时也因缺乏丰厚的历史积淀而浅薄。它更注重现实和将来，但同时也更急功近利，以至于把商业、金钱、物质利益放在首位而缺乏细腻、丰富、高质量的文化生活和品位。美国的对外政策配合美国垄断资产阶级，在世界范围内为实现其利益大搞政治经济扩张，这种极端的自私与扩张严重损害了其他国家和人民的利益。美国太年轻，只知一味扩张、掠夺，一味地按照自己的价值观输出民主，改造他国，似乎不懂得也不愿懂得协调与照顾他国的关系和利益，这必然招致他国的不满和抵制。"9·11"事件就是一个明显的例证。殊不知,物极必反,年轻的美国终究要因为年轻而付出代价。今天,美国建立了迄今为止最完善的资本主义制度,但这个制度也有一天会衰老的。可以想见,今天完善了的美国和欧洲国家,未必在几百年之后就一定会占到多大的优势……

中国具有悠久的历史和文化,曾经对世界发展作出积极的贡献,这是一方面。另一方面,因为历史太久,文化积淀太厚,背上了沉重的传统包袱,影响了近代的发展。中国人摆脱封建束缚,接受马克思主义,建立社会主义,实现民族独立,经济快速发展。后来摆脱左的一套教条主义,实行改革开放,生产力高速发展,迅速走向伟大复兴。但中国历史上形成的不利于社会发展的东西很多,对今天的影响依然严重,如产生于封建社会的宗法观念、封建等级制、家长制演化成的干部终身制、一言堂、官本位思想,求稳怕乱、因循守旧、安于现状的保守思想,听天由命、无所作为的消极思想,等等;计划经济条件下所产生的平均主义,与市场经济的分配原则和价值观念不相容,并影响了市场经济中的公平竞争。这些东西,严重地阻碍着中国社会的进步。

2. 文化

中国人对美国文化并不陌生,恐怕当今中国各年龄段的人都能说出来一两件他们印象深刻的东西。儿童喜欢的麦当劳、肯塔基炸鸡、芭比娃娃、卡通片……年轻人喜欢的迪斯科、摇滚舞、NBA职业球赛……老年人则更多地感受到美国电影、电视和广播,特别是好莱坞大片对中国文化的冲击,他们不那么喜欢它的血腥、暴力。

什么最能代表美国文化?有人说"苹果派、棒球、美国国旗"是美国文化的象征,也有人把"自由女神像、芭比娃娃、《美国哥特式》、野牛镍币和山姆大叔"称为美国文化的五大象征。还有其他说法:自由女神——美国民主自由的象征;山姆大叔——美国侵略者的象征;NBA球赛——美国体育的象征;麦当劳——美国食品的象征;牛仔裤——美式服装的象征;可口可乐——美国饮料的象征;好莱坞大片——美国电影的象征。

这些年,随着中国的改革开放,经济飞速发展并与国际接轨,中国文化也越来越多的走向世界，影响力越来越强，逐渐为世人所认同。

中美文化之不同，论述众多，角度各异。我体会，在文化的概念、表现形式、表现手法、功能与特征、属性与特点等方面尤为突出。

第一，文化的概念有不同。

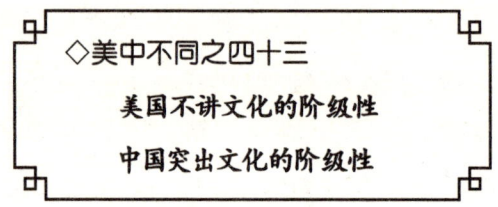

◇美中不同之四十三

美国不讲文化的阶级性

中国突出文化的阶级性

关于文化的概念，两国有明显不同。美国的定义：(1) 艺术和知识行当及产品。(2) 艺术品、文件、行为方式中被认为是最精彩的部分带来的启示。(3) 经过教育或者训练使思想发展与改进。(4) 一群人建立起来的世代相传的生活方式的总和。(5) 文明的特殊形式和进程，如一个国家的或历史阶段的，如希腊文化。(6) 特定社会、民族或年龄群体的行为和信仰特征，如青年文化，滥用药品。(7) 为科学研究、医学用途，对微机体、组织的培养……

中国的定义：(1) 从广义来说，指人类在社会历史实践中所创造的物质财富和精神财富的总和。从狭义来说，指社会的意识形态以及与之相适应的制度和组织机构。文化是一种历史现象，每一社会都有与其相适应的文化，并随着社会物质生产的发展而发展。作为意识形态的文化，是一定社会的政治和经济的反映，又给与巨大的影响和作用于一定社会的政治和经济。在阶级社会中，它具有阶级性。随着民族的产生和发展，文化具有民族性，通过民族形式的发展，形成民族的传统。社会物质生产发展的连续性是文化发展历史连续性的基础。(2) 泛指一般知识，包括语文知识在内。

不同是明显的。比如，美国的定义中没有"在阶级社会中，它具有阶级性"这样的内容，而中国的定义也没有"为科学研究、医学用途，对微机体、组织的培养"的内容。为什么不同呢？很简单，不同文化是不同社会和不同人群的产物。美国文化和中国文化分属两个根不同源相异的思想体系。美国社会和美国人群对事物的认识和理解与中国有差别，包括对一些东西的概念不一样，是自然的。美国社会不接受马克思主义，也不认同马克思的阶级斗争理论，所以他们不认为美国的文化有阶级性。中国不同，中国以马克思主义为指导，一度以阶级斗争为纲。一般说来，这种差别越大，相互理解和交流就越困难。美国文化和中国文化就属于相互差别很大的文化。

第二，表现形式有不同。

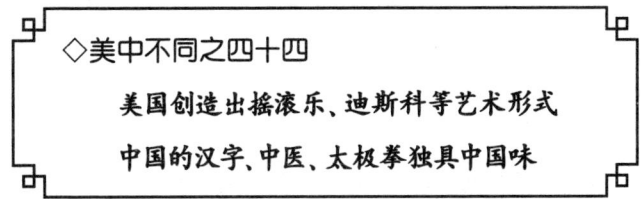

◇美中不同之四十四

美国创造出摇滚乐、迪斯科等艺术形式

中国的汉字、中医、太极拳独具中国味

作为人们精神活动的载体和传承物，两国文化中有很多共同的表现形式和类别，如小说、电影、电视、报纸、广播、报刊、书籍等，但也都有自己独特的文化和艺术形式。这些东西，本国人民喜闻乐见，习以为常，对方则非常陌生。

美国特有的：

美国属移民国家，移民来自世界各地，欧洲为最，其次非洲。文化主根在欧洲，受欧洲文化影响最深，早期各种文化艺术门类均以欧派为正宗、标准。在新大陆的新环境下，一方面继续保留发展，另一方面融和借鉴世界各地的文化，创造产生出新的形态，属于真正意义上美国本土产物，独具美国特色，对世界文化艺术的发展作出卓越贡献。非裔文化是美国文化不可分割的重要组成部分，在美国也发展创造出不少特色鲜明的新形式。

美国的民间舞蹈。至今仍在美国流行的谷仓舞（BARN DANCE）或四方舞（SQUARE DANCE），就是英格兰的旋转舞（REELS）和爱尔兰的快步舞（JIGS）以及其他欧洲国家舞蹈的混合产物。美国对世界舞蹈的两大贡献，一是发明了爵士舞和踢踏舞，另一个是发明了现代舞。

爵士舞和踢踏舞。爵士舞是根据美国移民中的非洲黑人民间舞蹈发展而来的。早期的黑人来到美国虽非自愿，是买来的奴隶，但他们将对舞蹈的热爱和非洲动作的韵律带到美国，最终发展成今天的爵士舞和踢踏舞。

20世纪，爵士舞和踢踏舞在白人和黑人演艺圈、夜总会、电影和音乐厅舞台风行一时，特别是爵士舞，作为一种美国本土舞蹈形式，由黑人传给白人，进而征服了美国人的心，并传播到全世界，是一种特别受到年轻人喜爱的舞蹈形式，也影响和启发了无数芭蕾和现代舞的编舞家。

美国现代舞。19世纪晚期，新思想、新思潮冲破了西方文明传统的层层束缚，民族主义、共产主义和社会主义的理论及关于自由和平等的思想四处传播，黑人要求摆脱奴隶制的束缚，妇女要求获得与男人一样的选举权利。艺术家和哲学家们感受到时代的脉搏，认为时机已经成熟，应该采用不同于传统的新方法让观众感受新的世界。

20世纪初，美国舞蹈界发生了一场革命，它要打破旧的芭蕾舞的统治，创立一种新的自由式舞蹈。他们尝试运用身体的中间部分——躯干，采用波浪式的运动形式，光脚跳舞，探索整个身体的摇摆，三维立体地处理空间，强调表现情感和思想。芭蕾舞迷们攻击现代舞，称其表现方式扭曲、丑陋、业余。在相当长的一段时间里，舞蹈界划分为两大阵营，各方都想把敌人赶走，独占鳌头。最终，双方都获得了胜利，芭蕾吸收了许多现代舞的理念，现代舞的编导和表演者们也接受古典芭蕾作为基本技巧的训练，两者的界线越来越模糊了。

迪斯科。美国黑人创造的爵士舞之一，20世纪70年代风靡世界，是群众自娱性舞蹈。70年代兴起，最初只在美国小城镇的黑人聚居区和拉丁美洲下层社会中流行，后来迅速流传，直至风靡世界。迪斯科音乐强调以夸张的强弱力度的交替反复诱发内在的节奏冲动来支配舞步，比传统的华尔兹、探戈等更为自由，突出个性，动作可随着音乐节奏即兴发挥。

美国音乐。独具美国特色的音乐主要有爵士乐和美国乡村音乐。

爵士乐。"一战"后在美国兴起的通俗流行音乐之一，具有鲜明的即兴演奏性，开创了一种新的音乐境界。爵士乐最早出现在新奥尔良，是行进乐队中未受过正规音乐教育的乐手们的创造。爵士乐器一般包括小号、短号、萨克斯管、吉他等，也有使用钢琴和小提琴的。乐队一般是6—8人的小规模，也有十多人的较大乐队。曲调基础最初是南部黑人的拉格泰姆音乐，加上即兴演奏体现的一种诙谐幽默而又有些许感伤的情调。

乡村音乐。20世纪50年代流行于美国的一种音乐形式。源于美国南方的英国民谣。早在20年代初期，就有乡村艺人灌录唱片并在电台演唱。30到40年代风行的西部歌唱电影对乡村音乐有推波助澜的作用，那些一边看电影一边歌唱疯狂牛仔人生的年轻人就此迷上了这种音乐，牛仔装也因此成为乡村乐的标志。"二战"期间，美军电台把乡村音乐带进欧洲，艺人Roy Acuff是当时美军士兵的最爱，被封为当时的"乡村歌王"。他在乐队中的表演所散发出的光芒，从1983年到他1992年逝世，从未消失过。Gene Austry的*You Are My Sunshine*和Lulu Belle & Scotty的*Have I Told You Lately That I Love You*都是40年代风靡一时的名曲。一首经典的美国乡村音乐，几乎每个人听到都会由衷地赞美，"啊，真好听！"在吉他伴奏下，一个男声抒情地演唱，浓郁的田野乡村风格，让人联想到辽阔的德克萨斯草原，联想到歌中的主人，他和他的曾祖父、祖父、父亲一样，是一个真正的牛仔。

摇滚乐。20世纪50年代后流行起来的一种通俗音乐。前身是一种面向黑人听众的节奏强烈的以布鲁斯曲调为主的音乐，统称为"节奏布鲁斯"（Rhythm and Blues）。这种音乐一般包括摇摆节奏、小乐队，纯男声一人主唱，内容率直，常使用世俗的词汇和带有浓重的方言口音，乐器一般带有吉他，具有舞蹈性节奏。美国"二战"以后出生的"婴儿潮"一代，在成长过程中无法接受前辈由于经历了战乱和大萧条年代而养成的各种诸如节俭、谨慎、求安定等价值观念以及忧郁伤感的情绪，产生了两代人之间的鸿沟。他们生活在安逸中，需要寻求刺激和新的生活动力。俄亥俄州克利夫兰的电台播音师A·弗瑞德最先意识到这种音乐在青年人中的市场。

中国特有的：

中国作为世界四大文明古国之一，中华文明源自本土且绵延数千年不断，因此，拥有众多鲜明独特的文化艺术门类和形式。

在文学领域，诗歌是两国文学中存在鲜明差别的一种。中国的诗词歌赋，特别是旧体诗词，包括五言、七言律诗等是中国独有的，是中国文学宝库中的精髓。不论是诗词，还是小令、散曲，中国古代文人非常注重格律。中国旧体诗词，对仗工整，不仅字数一样多，而且押韵、平仄相间，富有起伏，读起来琅琅上口，回味无穷，是古体诗词的最大魅力。那种美感，新体诗无法与之比肩。美国的诗歌，形式上近似中国的新诗，所谓自由体，句子可长可短，字数、行数并不固定，押大体相近的韵，适合朗诵，但增强了语言的美感。

在艺术领域，中国的戏剧、民乐、民间舞蹈、曲艺、杂技都是中国独有。中国现今还在流行的戏曲剧种达270多个，包括各地的地方戏（梆子、老调等）和具有全国影响的京剧、评剧、黄梅戏等，都是中国土生土长的。也正是因为中国独有，具有深厚的中国文化底蕴，一般外国人看不懂，所以就有"洋鬼子看戏———傻了眼"这样的歇后语。中国有56个民族，民乐种类繁多，器乐品种多样，由于各种乐器的演奏技巧不同以及地区、民族、时代和演奏者的不同，使民族器乐在长期发展过程中形成极其丰富的演奏技巧和独特的演奏风格与流派。中国的民间舞蹈，包括汉族的狮子舞、秧歌、鼓舞、扇舞等，也包括各少数民族的民族舞蹈，是中国独有的。说唱艺术，包括相声、小品、大鼓书等，美国没有。杂技艺术在中国已有2000多年的历史。杂技以肢体语言交流为主，很少语言障碍，适合国际间交流。中国是世界公认的杂技大国和发源地。

民间工艺美术。中国人民在长期生产劳动和生活实践中创造出来的民间工艺美术，如剪纸、年画、刺绣、织锦、蜡染、面塑、泥塑、景泰蓝、玉雕、木雕、中国漆器、灯笼（宫灯、纱灯）、竹编、藤编、草编、柳编等品种繁多，因承载着中国文化的符号和中华民族的智慧，深受海外欢迎。

在语言文字方面，汉语完全起源、发展在中国，并对亚洲的日本、韩国、越南等国家有重要影响。汉语传承了几千年，具有无与伦比的表现力和独特美感。中国经济的快速发展，让世人看到了与中国的巨大商机，而掌握了汉语就意味着拿到顺利打开巨大商机大门的钥匙。据国家汉语国际推广领导小组办公室预测，到2010年，全球学习汉语的外国人将达1亿。

与汉字书写密不可分的中国书法、绘画，独树一帜。

在体育项目中，武术、太极拳、气功（各种门派）为中国特有。武术是中国人民长期积累起来的一宗宝贵文化遗产。外国人把中国武术称作"中国功夫"。太极拳是一项优秀的健身活动，又是具有浓郁民族特色的文化形态，许多外国朋友通过学习研究太极拳，体会到中国文化的内涵。前国际奥委会主席萨马兰奇曾有这样的评语："作为中国传统体育项目之一的太极拳现已走向世界，今天在别的国家里也有许多参与者。"据估计，世界上有150多个国家和地区的10多亿人习练太极拳。

在建筑领域，中国特有的具有鲜明东方特色的建筑形式和风格，是与欧洲建筑和伊斯兰建筑齐名的世界三大建筑体系之一，具有独树一帜的木结构体系，庭院式的组群布局。

在医学领域，中医是中华民族的祖先在对人体、自然、心理等进行长期思索和在防治疾病的实践中创造出来的，是中国传统文化和思想在医学领域的延伸。中医中药经过几千年的临床实践，无论是在治病、防病，还是在养生上，都是确凿有效的。中药、针灸和气功现已传播到海外120多个国家和地区，日益受到国际医学界的重视。中医理论、诊病方式、针灸、中草药唯中国独有。美国人允许针灸、按摩在美开业，但多数人不懂中医也不相信中草药。

第三，表现手法有不同。

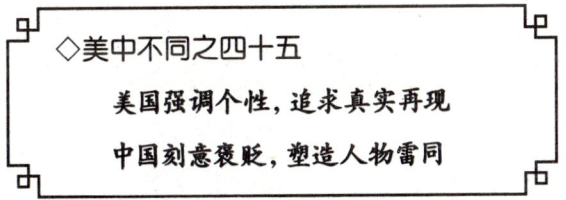

◇美中不同之四十五

美国强调个性，追求真实再现

中国刻意褒贬，塑造人物雷同

文艺作品中，对人物的描写和刻画是必不可少的。观察发现，美国与中国明显不同的是对正面人物（包括英雄人物）的表现手法。同样是弘扬爱国主义和英雄主义，美国追求真实再现，中国强调源于生活高于生活，把英雄塑造得高大完美。

新中国文艺作品的创作生产，解放后曾有非常成功的经验，也有过阶段性的"双百"方针时期。但"文革"期间，江青一伙提出了一套极左的模式，搞什么"根本任务论"和"三突出"创作原则，强调"要努力塑造工农兵的英雄人物"，这是社会主义的文艺的根本任务；"在所有人物中，突出正面人物，在正面人物中突出英雄人物，在英雄人物中突出主要英雄人物。""三突出"创作原则造成了文学创作公式化，扼杀了文艺的独创性。改革开放后,"左"的一套得到纠正,文艺创作焕发了活力。但不可否认,时至今日,一些"左"的观念仍然束缚着广大文艺工作者的手脚,尤其是在"主旋律"作品中,对英雄模范人物的塑造,仍然流于高、大、全的概念化程式。近些年变化显著,文化领域出现生机勃勃的景象。但是,文艺作品中少年英雄具有成人的思想境界,小孩子说"大人话","打工仔"满脑子考虑的都是全社会的利益等"拔高"现象,时有所见。

同样是弘扬爱国主义英雄主义,美国艺术家的表现手法与中国不同。在他们的笔下,勇敢的士兵可以刻画得吊儿郎当,著名的将军可以不修边幅,作战的士兵可以胆小如鼠。

不可否认,美国有不少作品表现英雄主义的手法与中国相同,与中国人关于英

美国海军陆战队纪念碑,位于华盛顿阿灵顿国家公墓北侧。6位战士齐心合力,拼死要把星条旗插进被炸粉碎的山颠,战斗之惨烈,士气之豪迈,表现得淋漓尽致,很符合中国人的审美观。远处,蓝天下依稀可见华盛顿纪念塔和国会大厦,近处,几位正在离去的游人,他们低头细语,似乎还在叙说这场惨烈的战斗。

朝鲜战争纪念雕塑。19位士兵拉成散兵线，在一片长满青草的开阔地上"搜索前进"。他们一个个表情凝重，四下张望，满脸的恐惧、紧张与警惕，让人不寒而栗。是英雄，就该勇敢，怎能被刻画成一群胆小鬼？这样的作品在中国绝对不能接受！

雄形象的模式吻合，如在首都华盛顿的阿灵顿国家公墓附近，有一座大型雕塑，表现美军士兵把国旗插上主峰，可以说充满英雄主义气概。但也有不少作品与我们头脑中的框框大相径庭。比如，华盛顿韩战老兵纪念碑 (Korea War Veterans Memorial)。当我第一次面对这一著名群体雕塑时，心头顿生无限感慨。韩战纪念碑 (当地华人如此称呼) 是一小块园区，主体部分是19个与真人尺度相仿的美国军人雕塑群。雕塑采用写实的手法。19位士兵拉成散兵线，在一片长满青草的开阔地上"搜索前进"。他们头戴钢盔，身披银白色雪地斗篷，有的手提钢枪，有的手持步话机或肩背电台，一个个神情凝重，四下张望，满脸的惊恐，让人顿觉头皮发紧，空气中瞬间弥漫起战场的残酷气氛。他们是一群普通士兵，是朝鲜战争中无数美国军人的缩影。战争把他们抛向一片遥远的荒野，前途不明，命运难测。面对这战场的严酷和生命危在旦夕的士兵，你会产生怎样的震撼？！雕塑群前方地面上嵌有一方石碑，上面用英文写着一段文字，中文意为："我们的国家以它的儿女为荣，他们响应召唤，去保卫一个他们从未见过的国家，去保卫他们素不相识的人民。"应该说，雕塑完美地表现了这个主题。当然，对于这场战争的性质，中美两国有着截然不同的看法。但此处让中国人感到不可思议的是：战争纪念碑塑造的多是英雄人物，既然是英雄，就应该勇敢、威猛，怎么能被刻画成一群胆小鬼? 这样的作品在中国绝对不能通过!

在尼克松总统所著《领导者》一书中, 麦克阿瑟将军是一位桀骜不驯、不尊敬领导、不修边幅、与众不同的英雄。书中写道, "麦克阿瑟总是有一种非得与众不同的愿望, 因此就有一些十分显眼、但又无伤大雅的怪癖。在军队里, 穿制服的目的之一是为了加强军官等级的概念。但麦克阿瑟偏偏不随大流, 而要标新立异。一位军官问他为什么服装与众不同, 他说:只有你不服从命令, 才能使自己出名。"

1919—1922年, 麦克阿瑟在西点军校当校长时, 人们可以看见他手执马鞭在校园散步。

第二次大战期间, 他在太平洋服役, 那时已经是一位将军了, 而他穿戴简朴而不落俗套。经常是一付墨镜、一套褪了色的卡其布军装、一顶旧帽子和一支玉米穗轴烟斗。当时美国人经常看到这位将军在一个又一个南太平洋岛屿涉水登岸的图片, 非常熟悉这个形象。

美国总统既是国家元首又是三军最高统帅。军人见最高统帅, 尤其是将军们, 不仅要精神抖擞, 还要勋章、绶带全身披挂, 最起码是一身戎装。但是, "麦克阿瑟不愿在衣服上镶金边, 不爱佩戴绶带、勋章等饰品来打扮自己。"1950年他和杜鲁门总统在威克岛会面讨论朝鲜战争问题时, 麦克阿瑟的打扮却使杜鲁门十分生气。多年后杜鲁门无意中脱口而出说, 这位将军"当时戴着那付臭墨镜, 衬衣也不系扣子, 帽子上挂满牌牌。我真不懂……人都那么一把年纪了, 何况还是五星上将, 为何要在大庭广众之间打扮得像位十九岁的少尉呢。"

美国在人物宣传方面, 注重在把握人物时代意义的基础上, 还原他们的人性化特征, 摈弃人物宣传上的"圣人道德"化, 把他们作为一个有着七情六欲的普通"人", 放在被关注的主体位置, 以"人"的价值为取舍标准, 从人性的角度, 展示其人格魅力。那种把事业和生活对立起来, 把事业和人性、人情自觉地对立起来, 为了前者牺牲后者的人物, 在典型人物的塑造中极为罕见。那种"久病不治为事业, 身体终垮为民众"的人物报道被美国民众视为非人性化的报道。诚然, 美国人所以如此, 遵循的是美国的价值观。

第四，功能与特征有不同。

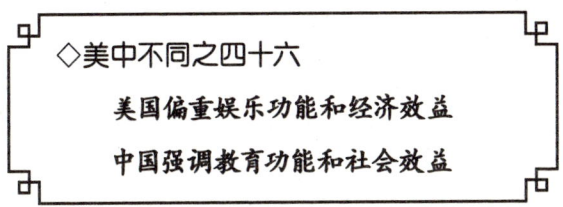

美国偏重文化艺术产品的娱乐功能和所能带来的经济效益。在美国市场上，确实有不少严肃高雅的好作品，或针砭时弊、揭露官场黑暗，或反对种族歧视、主张民主平等，或追求道德完善、坚持个人独立性……如《飘》、《汤姆叔叔的小屋》、《竞选州长》等，但更多的作品则是追求其娱乐功能和所能带来的经济效益。美国是私有制社会，大众媒体掌握在私人手中。媒体是企业，企业追求的是经济效益。电影追求票房价值，电视追求高收视率。读者、观众喜欢什么，媒体就提供什么。成年人喜欢好莱坞大片，于是，枪战、暴力、凶杀、西部牛仔、成人（含儿童不宜的色情内容）等类别的影片、录像带、DVD光盘在超市、书店、专营店等可随处购买。小孩子们喜欢"离奇幻想"片，于是，《星球大战》（*Star Wars*）、《哈利·波特》（*Harry Potter*）、《蜘蛛侠》（*Spider*）等巨片接连推出。美国人崇尚好斗，强者是英雄，不喜欢弱者，喜欢那种拼死也要赢的人。如拳击比赛，把人打得血淋淋的，还要打，他们为胜利者狂呼、兴奋、打赌，场面刺激，他们爱看，每有赛事，不仅现场观众如云，还有专门电视频道直播。体育比赛，就是要赢，赢了就高兴的狂呼乱叫。大街上开兜风车、大摩托呼啸而过，耀武扬威，要的是那股劲头，就是要刺激，要发泄，要征服。所以，凶杀、暴力、色情、血腥场景和图片在美国的报纸、电视、网站上出现频率很高。对此，严肃的政治家和家长忧心忡忡，国会也制定了相应的法律，对电影、电视、互联网站都有一套相应的管理制度。这些法律法规和措施对抑制不良内容的任意泛滥，起到了相当重要的作用。但由于社会制度、文化传统、道德观念等国情，美国社会和法律对此类内容的容许标准相对宽泛。比如，关于电影涉性的内容，美国是分级管理，对儿童禁止，对成年人开放；电台和电视台在黄金时段禁播青少年不宜的节目，但在周末和深夜，电视可以播放含有男女床笫之事的内容；普通宾馆饭店的付费电视，交费后什么内容都有。再看美国的枪杀案，特别是校园枪杀案，全世界最高，其中有枪支管理方面的原因（法律允许私人拥有枪支，有其社会深层原因，专门章节另述），也有美国人处世方法的原因，更是崇尚暴力、刺激、好斗的社会文化经过大众媒体传播放大造成的恶果。总之，美国文化艺术产品偏重娱乐性，追求经济效益的现象严重。

中国是社会主义国家，大众媒体掌握在国家手中。中国首先强调的是文化产品的教化功能和社会效益，其次是娱乐功能。改革开放以来，文化体制改革，事业转企业，引入市场机制，加之受外来文化影响，中国的大众媒体追求经济效益，追求票房价值和高收视率的倾向较为明显，部分精神文化产品中暴力、色情、荒诞的情节显著增多，这与中国的传统文化和主流意识形态相悖。中国始终强调经济效益服从社会效益，不断开展"扫黄打非"行动，抵制网络和手机媒体低俗之风，净化声频银屏，为青少年成长创造良好的社会环境。由于国家重视，加强管理，尽管中国的报纸、书刊、电影、电视和互联网站等大众媒体传播不良信息的问题较以往严重许多，但总体上，中国的文化产品相对干净得多。

第五，本质属性与特点不同。

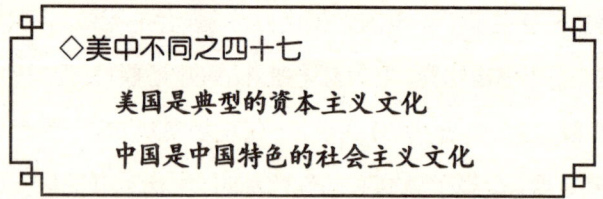

◇美中不同之四十七

美国是典型的资本主义文化

中国是中国特色的社会主义文化

美国属于西方社会，其文化是典型的资本主义文化。中国文化原本是土生土长的东方文化，进入现代，中国选择了社会主义，中国现代文化是社会主义文化，现阶段是中国特色的社会主义文化。由于本质属性不同，两国文化各具鲜明特点。

美国文化的突出特点：

其一，以基督新教为基础与核心。宗教是美国民族的精神源泉，基督新教是美国文化的基础与核心。美国著名社会学家理查德·纽豪斯说："关于美国的一个最基本的事实是，在美国人自己的概念中，他们大多数都是基督徒。他们和许多非基督徒都认为，美国社会的道德基础是犹太—基督教道德。这是美国国情的一大特色。"

其二，以个人主义为核心价值观。美国比较强调个人主义，个人的权利与自由。他们的一个重要观念是一切靠个人奋斗。他们认为个人的前途和命运，由个人的自我奋斗状况决定，强调在"个人自由"、"机会均等"基础上进行自我能力的发挥。注重个人兴趣的满足，追求经济效益，追求社会承认。通过个人奋斗取得成功，从低贱者变成大富翁几乎成了美国式的信条。

其三，以追求物质丰富和生活舒适为人生目标。美国文化是物质性的，他们认为生活舒适是理所当然的事情。

其四，以实用主义为处世哲学。实用主义是美国人的哲学。这种哲学是在北美大陆开发过程中出现的。实用主义者坚信"有用、有效、有利就是真理"。他们立足于现实生活和经验，把确定信念当作出发点，把采取行动当作主要手段，把获得效果当作最高目的，一切为了效益和成功。

其五，以敢于冒险、开拓和富有创新精神为民族性格。美国人的格言是，不冒险就不会有大的成功，胆小鬼永远不会有大作为。从首批英国移民踏上北美大陆，到美利坚合众国成立这一个半世纪里，北美险恶的自然条件，培育了美国人顽强拼搏、艰苦奋斗的性格。北美丰富的资源等待着开发利用，培育了美国人开拓进取、敢于冒险的精神。从文化学的角度考察，北美在一定程度上曾是一片文化真空，闯入这片真空的，不是有组织的文化单位，而是一批对于传统制度已失去好感的亡命者。他们的头脑为叛逆精神所主宰，身上绝少传统思想的保守性。爱搞试验，爱干别人没干过的事，是美国人的特点。创造发明登记的专利很多。除法律外，美国人认为一切传统和先例都是创新的障碍，他们乐于向传统和先例挑战。美国人在接受新思想、新技术时很少先去考察这些东西是否符合某位专家、权威的理论，然后再引经据典加以注释和考证，以决定是否采用。美国人认为，他们的国家虽没有灿烂的过去，但由于具有创新精神，因而他们拥有光明的未来。勇于向传统和权威挑战，勇于向已有的一切挑战，"我与专家、权威、传统平等"，这就是美国人的性格。

其六，以民主、自由与平等为精神追求。美国是一个崇尚自由的国家。北美殖民地历史的一个重要的特征就是封建秩序从来没有在那里存在过。在美利坚民族的形成过程中,许多从欧洲大陆来的移民把资产阶级自由思想带到了美洲。在美国,对人的自由,除法律明文规定加以限制,并由执法机关及其人员执行限制外,任何机关或个人不得非法剥夺或限制他人的自由。民主自由的环境为才能和幸运开辟了道路,因此出身对美国人不起任何作用。不鼓励特权,不迷信权威。平等观念渗透到生活和思想的每一个角落。

其七,以法律为处理社会一切事务至高无上的准则。美国社会普遍重视法律。为了限制个性发挥中损害他人的行为,有健全、严谨的法律体系,且具有稳定性和普遍适应性。公民的法律意识和守法自觉性较强,在法律面前人人平等,上至总统,下至平民百姓,凡事双方解决不了,都可诉诸法律。

中国文化的特点:

中国文化按年代划分为古代文化、近代文化和现代文化。现代中国作为社会主义国家,其文化是社会主义文化。社会主义文化建立在人类优秀文化遗产之上,以马克思主义为指导的广大人民群众的文化为主体,继承了中华民族的优秀传统文化,借鉴了西方国家各民族的优秀文化,包括资本主义社会的文化。中国正处在建设社会主义的初级阶段。当今中国文化是中国特色社会主义文化。

其一,以马克思主义为指导思想。马克思主义因其指明了人类社会和人类精神领域的发展规律,成为人类文明最伟大的成果。因此,马克思主义及其继承和发展、毛泽东思想、邓小平理论,成为团聚中国人民、激励中国人民为社会主义现代化建设努力奋斗的重要力量。

其二,以培育社会主义"四有新人"为根本目标。培育有理想、有道德、有文化、有纪律的社会主义公民,提高全民族的思想道德素质和教育科学文化水平,是发展先进文化的目标和归宿。

其三,以"三个面向"为发展方向。发展面向现代化、面向世界、面向未来的社会主义文化,是中国人民作为文化创造主体为建成富强、民主、文明的社会主义国家,实现中华民族全面复兴的利益追求。

其四,以"民族的、科学的、大众的"为基本特征。所谓民族的,即社会主义内容与中华民族形式的结合；所谓科学的，是指文化的内容具有科学的品格和科学的精神；所谓大众的，是指文化要为人民服务、为社会主义服务。

其五，以爱国主义、集体主义、社会主义的思想道德为核心内容。

为清晰起见，将上述不同概括为：

美国文化以基督新教为基础与核心，是宗教的，唯心主义的，中国文化以马克思主义为指导，以社会主义为主旋律，文化中的宗教色彩浅淡。美国以个人主义为核心价值观，强调个人自由与发展，中国强调集体主义、共同富裕等社会主义的思想道德。美国以追求物质丰富和生活舒适为人生目标，中国看重高尚的精神追求，以艰苦奋斗为荣，反对和抵制拜金主义、享乐主义等腐朽思想。美国以敢于冒险、开拓和富有创新精神为民族性格，中国则强调稳妥、守成，缺乏创新精神。美国社会以法律为处理一切事务至高无上的准则，中国社会人情味浓，法制不健全。

3. 宗教

从中国这样一个主流意识形态为马克思主义无神论的国家，来到一个宗教色彩浓郁、信教人口占绝大多数的有神论国家，所见所闻，既让人好奇，又让人吃惊，更多的是不理解。好奇的是，美国有那么多的人笃信宗教，对宗教充满热情；吃惊的是，宗教对这个国家的影响如此之大；不理解的是，一个几乎全民都有宗教信仰的国家，经济会那么发达、科技那么进步。在中国人看来，信宗教就是讲迷信，讲迷信只能愚昧落后。本该落后的美国怎么能发展那么快？美国的事，着实让人迷惘。

记得小时候看关于朝鲜战争的电影，其中常有这样的情节：美军飞机被击中，飞行员跳伞降落在陌生的土地上，他们身陷危险境地，通常是一边用报话机呼救，一边不停地在胸前划来划去。那时不理解，不知道他们是在划什么。后来才知道是划十字，祈祷上帝保佑。他们相信，危难时刻上帝会保佑他们。

在美国经历"9·11"事件，更让我真切地看到，每当个人或国家遇到危难，美国人总是以宗教形式来进行祈祷，寻求慰藉。"9·11"恐怖袭击发生后，纽约和华盛顿陷入一片混乱。我清楚记得，布什总统通过广播向全国人民通报了这一事件并发表慷慨激昂的讲话,用来结束其演说的最后一句话是:"上帝保佑美国。"(事实上,每一位总统的重要讲话,最后一句一定是"上帝保佑美国"。)面对突然降临的灾难,美国政府迅速采取紧急应对措施,疏散、救援、加强防卫,并依托宗教抚慰和凝聚民心。3天后,9月14日,美国举行规模盛大的全民哀悼,总统布什、前总统克林顿、卡特、福特、老布什,前副总统戈尔和参众两院政要等与数千民众聚集华盛顿国家大教堂,各大宗教都有代表参加,包括基督教、犹太教、穆斯林、锡克教、佛教、印度教等。各宗教领袖先后宣读悼词,领导教友为死难者哀悼,祈祷上帝保佑美国。从电视上看到,出席悼念活动的人,个个神情凝重。当牧师谈到恐怖袭击给美国造成的巨大损失时,他们当中许多人双目噙泪,激动无比。布什总统登台讲话,他说:"恐怖袭击夺去许多无辜平民的生命,深深灼痛我们的心。我们祈祷,我们祈祷心灵的伤口早日愈合;我们祈祷,我们祈祷希望和信念支撑我们互相扶持,共同走过艰难的岁月。"他引用《马太福音》的祝福说:"哀痛的人有福了,因为他们必得安慰。"布什说:"我期望所有美国民众铭志哀悼的烛光,聆听哀悼的钟声;我期望各行各业的工作能够暂停,共同参加中午的哀悼,为我们的国家祈祷。"最后,所有人齐声高唱"上帝保佑美利坚"。那阵势让你感到,处于这巨大悲痛中的民族,是一个坚强团结的民族,他们一定能战胜邪恶的敌人,度过灾难。

宗教属于人们的内心世界,是一国精神文化的核心内涵。由于美中两国的国家起源和历史发展不同,一个具有浓厚的宗教氛围,而另一个则基本不信宗教。宗教信仰把彼此分割为两个难以沟通的精神世界。

两国在宗教方面的不同表现为:

其一,对宗教的态度非常不同。

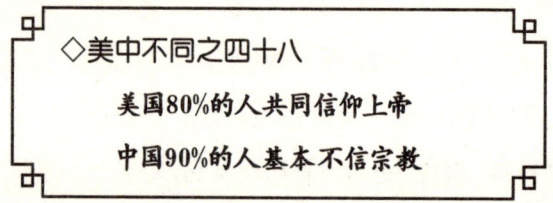

◇美中不同之四十八

美国80%的人共同信仰上帝

中国90%的人基本不信宗教

美国是一个宗教色彩浓厚的国家。美国人笃信宗教,90%的人有宗教信仰,不信宗教的只占10%。其中,信仰上帝的人数占全国人口的80%,包括基督教新教

(Protestant)，占总人口的52%，罗马天主教 (Roman Catholic)，占24%，摩门教 (Mormon)，占2%，犹太教 (Jewish)，占1%。

中国90%以上的人口不信教，或者说没有明确而固定的宗教信仰。13亿人口中，信教者占少数。可以说，中国是世界上不信教 (指现代意义上的宗教) 人数最多的国家，也是最大的无神论国家。中国有多个宗教，主要是佛教、道教、伊斯兰教、天主教和基督教。信徒中，信奉佛教和道教的人最多，他们信释迦牟尼、相信天命。中国公民可以自由地选择宗教身份。现有各种宗教信徒一亿多人。信仰宗教的人只占10%左右。

美国信仰宗教的人口占90%，其中80%的人信仰一个共同的上帝。在中国，占总人口10%的信教群众中，各教派人数分散，信仰上帝的基督新教和天主教徒约1400万人，信仰真主的伊斯兰教教徒约1800万人，其他为佛教、道教、萨满教、东巴教等，没有相对统一的共同信仰对象。如果把美国人的宗教信仰状况概括为"人数多而集中"的话，那么中国的状况可以说是"人数少而分散"。

美国人对宗教信仰的理解，首先是"有神，有所畏惧"，相信有神灵，并抱敬畏的态度。他们认为上帝是很好的，无私伟大的，上帝无所不在。这是他们以自然法为基础的法制社会的来源：法律并不单纯是多数人立规矩。相信冥冥之中有一种超自然的约束存在，相信头上有星空和基于神的道德戒律，就是有信仰。

美国是有神论国家。美国人对一个宣称是无神论的国家，会感觉陌生和惧怕。因为无神论者宣称：彻底的唯物主义是"无所畏惧的"。在美国人听来，这等同于没有丝毫戒律约束，就可以无法无天、没有行为准则。

对美国人的宗教信仰状况，中国人感到神秘，不可理解，认为他们背负沉重的精神枷锁。

其二，宗教与日常生活关联程度不同。

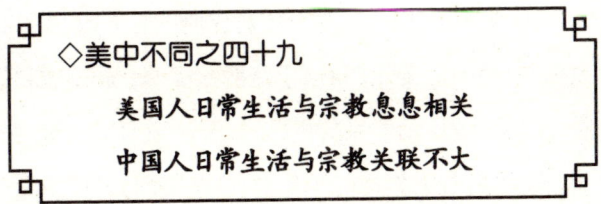

◇美中不同之四十九

美国人日常生活与宗教息息相关

中国人日常生活与宗教关联不大

宗教与美国人日常生活息息相关。美国90%以上的人信仰宗教，且80%的人信仰上帝。周日做礼拜是美国人日常生活的一个重要部分。在美国，我每到一个街区、社区、村落，都能发现附近有一个或者几个教堂，或大或小。一到星期天（礼拜日）上午9点左右，美国人一家大小就穿戴整齐，七八岁的小男孩也西服革履，高高兴兴去教堂过礼拜。每见此状，我就会觉得他们是在去一个神秘的世界。平时，你与他们尚能交流，一旦进入宗教殿堂，与他们就恍如隔世，难以沟通了。因为与他们没有共同的宗教信仰，自己也缺乏宗教知识，没有共同语言。有三分之一的美国人每个礼拜去教堂。周日进教堂做礼拜是美国人日常生活的一项内容，没有人逼迫他们，他们是自觉自愿的，也没有什么功利目的，完全是精神生活需要，在那里他们的灵魂得到洗礼，他们的心灵与上帝沟通。

宗教是美国民族的精神源泉，是美国文化的基础与核心。1988年，盖洛普（Gallup）民意调查组织发现，"在每10个美国人中，便有9人说他们从不怀疑上帝的存在，8人说他们相信自己将会在末日审判时被召唤到上帝面前述罪，8人相信上帝依然在创造奇迹，7人相信来世。此外，有90%的美国人祈祷；88%的人相信上帝对他们的爱；78%的人说在过去两年中他们用了'很多'或'相当多'的时间来思考与上帝的关系；86%的人说他们希望子女接受宗教培训。"美国有30万个以上的基督教教堂、犹太教会堂、清真寺以及其他一些宗教活动场所。《经济学人》（*The Economist*）杂志指出，"美国人均拥有的宗教活动场所比世界上任何国家都多，并且新的宗教场所仍在不断地建造。"周末去教堂的美国人比看体育比赛的人多。据美联社宗教问题撰稿人乔治·科内尔（George Cornell）报道，美国人花在宗教上的时间和金钱远比花在体育方面的多。例如，1990年，美国人观看职业或大学橄榄球、棒球、篮球、冰球、拳击、赛跑（赛马、赛狗、汽车赛）、网球、足球以及摔跤等项目的比赛为3.88亿人次，而出席宗教活动的人次则为52亿，13倍于观看体育比赛的总人次。1992年，美国人贡献给宗教事业的资金总额为567亿美元，14倍于花费在棒球、橄榄球和篮球这三大联赛上的40亿美元。佛罗里达大学政治学系的肯尼思·沃尔德（Kenneth Wald）教授指出："从某种意义上说，教堂是公民美德的孵化器。"在美国人自己的概念中，他们大多数都是基督徒，他们和那些非基督徒都认为，美国社会的道德基础是犹太—基督教道德。"

日常生活中的许多重要仪式——洗礼、婚礼、葬礼等都采用宗教仪式。虔诚的教徒，吃饭前还要做饭前祷告。此非虚言，是亲眼所见。朋友的孩子在美读书，住在一对美国老夫妇家中，我和爱人几次前去探望，都遇到这种情况：饭菜摆齐了，大家坐定，主妇轻轻一声招呼，家人开始低头祷告，孩子也跟着他们做，嘴中念念有词，感谢上帝能让他们享受这样的美味食物，一切都进行得非常自然。客人受到尊重，可以不必参加祈祷。

宗教也是政治衡量的标准之一。由于历史的原因，绝大多数美国人信仰上帝。这种情况对总统选举影响非常明显。虽然宗教信仰是自由的，但大多数美国人不会选择一个不信仰上帝的人做总统，因为他们希望选一个与他们有共同价值观念的人为总统。总统是美国人民的精神领袖，总统的宗教信仰首先要与广大人民群众保持一致。经历了2000年小布什总统的选举，事实也印证了这一点。媒体报道，小布什年轻时曾是一名酗酒、超速驾车、学习成绩平平的"纨绔子弟"，是宗教的力量帮助他在40岁开始戒酒戒烟，并挽救了他的婚姻和事业。据统计，美国有史以来44位总统中（从华盛顿到奥巴马）有40位是基督教教会的成员，其余4位也与教会有关。宗教状况影响美国人衡量一个人特别是精英人物的道德和价值标准。有美国学者认为："宗教关系是最准确的，至少是最有价值的政治衡量标准之一"。

有史以来，宗教就像影子一样伴随着美国。它曾给某些人带来精神上的寄托，也曾给某些人带来心灵上的摧残；它曾为某些人解脱痛苦，也曾使某些人蒙受灾难。在美国，人们遇到问题的时候，总是不由自主地想到求助于上帝，似乎上帝的意志和决定是解决人类基本问题的唯一或者主要途径；可是，问题最终却总是人自己解决，而当人们自己解决了问题之后，又把这份成绩毫不犹豫地归功于上帝保佑，并认为是在荣耀上帝的事业。到如今，宗教的魔力在美国有增无已；信仰上帝的人数不是减少了而是增加了，上帝的地位不是降低了而是提高了，宗教在美国人生活中的作用不是越来越小了而是越来越大了。

中国则是另一番景象。中国的主流意识形态是马克思主义。马克思主义者主张唯物主义，不迷信神灵，是无神论者。对中国社会和人的思想影响最深的是中国的传统思想，其中儒家思想占据主导地位。儒家的思想对中国影响至深，但它没有被认为是一种现代意义上的宗教。

中国信教人数只占10%左右，且大部分集中在边远地区，如西藏、内蒙、广西。在那些地方，宗教的色彩和气氛比较浓厚。而在人口稠密的内陆和沿海地区，居住的多为汉族，而汉族占全国人口的90%左右。由于历史的原因，他们大多没有什么固定的宗教信仰，所以在这些地方，很少看到像美国那样每周有许多人去参加宗教活动，去做礼拜，也没有数量那么多的宗教场所，婚丧嫁娶、红白喜事也不采用宗教方式。总体上说，宗教与大多数中国人的日常生活关联不大。

有人说，中国人大体上来看是一个无宗教、无信仰的民族，这个说法不太准确。无固定宗教信仰并不等于没有信仰。中国一般群众，尤其是汉民族，占总人口的91%，他们大多数人没有相对集中和专注于信仰某一宗教，或佛教，或基督教，或伊斯兰教，属于没有固定宗教信仰，但他们不是没有信仰。其实，他们信仰的东西很多很杂，很难说他们是无神论者。以我们熟悉的祖辈为例，奶奶那代人对许多神灵都供奉，家中有菩萨要烧香，县城的城隍庙要拜，村南口的南海老母、村东口的东海老母、村西口的王母娘娘都信。母亲一代人，也是多神崇拜，过春节，要供奉天地牌位，土地爷牌位，灶王爷牌位，还有谷仓的仓王、水井的龙王等等。在太行山区，山民敬山神。还有的地方，一棵古老的槐树被奉为神灵，接受十里八乡的百姓祭拜。实际上，在旧中国封建时代，中国人认为山、河、湖、海各有神，风、雨、雷、电皆为神。人世间360行，各个行当都有自己敬奉的神，那就是祖师爷，木匠敬鲁班，铁匠敬李老君，行医的敬孙思邈，读书的敬孔夫子，习武人敬孙武子，商人敬赵公明……因为毛泽东领导的革命，封建迷信的东西被扫除了很多。有学者认为，汉民族的这种世俗的信仰，属于原始宗教的自然崇拜和祖先崇拜的遗存。我认为这也许较为准确的。这种原始的宗教信仰至今对中国人还有一定程度的影响。

另外，中国人在宗教信仰上采取实用主义态度。一些人对宗教或者某些神灵的信仰，只是寻找一种心灵慰藉，一种寄托。他们对所有神灵都是抱着一种"宁信其有，不信其无"的态度。这就是中国人信仰的特点：又信又不信，什么都信；谁灵验就信谁，什么神灵能带来好处就信什么神灵；有难处需要时就去拜，不需要就忘在一边。没有固定的宗教信仰对象，没有固定去的宗教场所。因此，总体上看，现阶段多数中国人的宗教色彩不强烈。

其三，宗教对社会的影响不同。

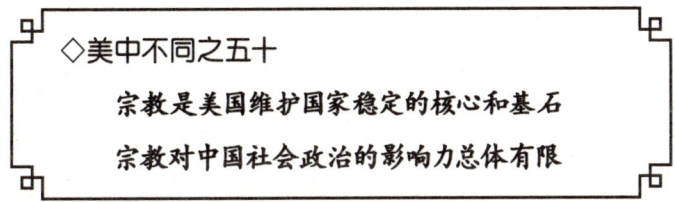

美国是有神论的国家，宗教是维护美国国家稳定的核心和基石（其法律也是建立在宗教观念上的）。宗教深入到美国社会生活的方方面面，没有宗教就没有美国今天的一切。

美国占总人口近80%的人共同信仰上帝，所以美国社会的主体人群宗教信仰一致，其思想认识，包括世界观、价值观、道德观等基本一致。可以说，宗教思想（耶稣、《圣经》）构成美国民族的统一道德观和价值观，是美国事业的精神支柱和国家意识形态。

在美国的公共和政治生活中有众多的宗教仪式。总统就职典礼安排有牧师的祈祷，总统必须手抚《圣经》，在主教引领下宣誓；国会会期中的工作日都从牧师的祈祷开始；美国最重要的国家节日——7月4日独立日和5月26日阵亡将士纪念日——都通过宗教仪式来纪念；美国的小学在新学期开学第一天，都有一项必行的仪式——背诵"效忠誓词"。举行这一仪式时，所有学生和教师都要站立，右手掌贴在左胸前，面向国旗，齐声背诵包含有"在上帝庇佑下"语句的效忠誓词（Pledge of Allegiance）。美国国歌的最后一段有这样的语句，"我们永志不忘的格言是：我们信赖上帝。"美元上也豁然印（铸）有"我们信赖上帝"的字样。

美国人把宗教与民族主义结合在一起，使本民族神圣化，使宗教为本民族或本国的一切利益服务。美国人对宗教的看法导致他们中某些人把自己看作是一种精英，一种"道德贵族"。这些美国人认为自己在国内政治生活中必须体现上帝的感召，在国际生活中必须履行传教使命。印第安纳州参议员贝弗里奇（Albert J. Beveridge）认为，美国的政治扩张是正义的，因为"美国人民作为上帝选定的民族将最后领导世界的复兴"。他认为，美国在海外的扩张活动是在完成上帝的使命，这一使命既不是含糊不清的，也不是不可企及的，而是注定的、辉煌的和神圣的。

美国人的宗教使命感与美国的对外扩张紧密联系。对于美国的对外战争，主张和从事对外领土扩张的美国领导人和政治家完全是另一种解释。笃信宗教的威尔逊总统一向宣扬所谓"道义外交"，认为美国在世界上承担着一种"特别和特殊的使命"。他认为美国是在"替天行道"。麦金莱总统在谈到美国1898年占领菲律宾时有过这样一段话："事实上我从来没有想占领菲律宾，但当它作为一个礼物由神赐给我们的时候，我真不知所措……我曾寻求帮助……在白宫的地板上踱来踱去，直到深夜，我可以问心无愧地告诉先生们，我曾不止一次跪在地上向万能的上帝祈祷，最后，终于有一天晚上，我得到了上帝的声音，我不知道这个声音是怎样到来的，但它确实来了……那就是除了占领菲律宾之外我们别无选择，我们要教育菲律宾人，提高他们、开化他们，使他们皈依，用上帝的恩典为我们菲律宾的伙伴做我们能做的一切。"这种宗教使命感把美国的对外领土扩张神圣化、合法化、合理化。

中国的国情与美国不同。中国的民族与宗教信仰密切关联。少数民族居住在西部、西南部和西北部，他们多数有相对固定的宗教信仰。占人口91%的汉族居住在以中部为核心的东部及东南沿海地带，多数没有什么固定的宗教信仰。在当代中国，没有哪一种宗教在整个中华民族中广为流行。所以，整体而言，宗教不是中国人的精神源泉，不是中国文化的核心与基础，更不是中国意识形态的主流。

在当今中国，国家的公共和政治生活中，没有任何统一的与宗教有关的仪式内容。国家新领导人就职、全国人大会议举行、中小学开学典礼等，虽然都有隆重而庄严的仪式，但与宗教丝毫无关。中国曾为四川省汶川地震和青海省玉树地震遇难同胞举行全国哀悼，这种哀悼仪式没有宗教内容。美国的军队中专门配有随军牧师，便于组织军人的宗教活动, 中国没有, 也不需要。

虽然历史上曾有某种宗教在中国社会上广泛流传, 受到当权者的青睐, 但中国从未出现过全国性的政教合一的政权。中国的民族与宗教信仰紧密相连, 民族问题常与宗教问题交织在一起, 往往因宗教问题引发民族矛盾。中国的少数民族大多集中生活在中国的边远地区。在当今中国, 间或因宗教问题引发民族矛盾, 造成边远地区的不稳定, 甚至影响到内地。但因为没有全国范围的集中统一的宗教信仰, 宗教在中国构不成全社会的主流思想和意识形态, 形不成社会稳定的基石。整体而言, 宗教对中国社会政治的影响有限。

其四, 对宗教的管理不同。

◇**美中不同之五十一**

美国: 政教分离, 政府不设宗教管理机构

中国: 政教分离, 国家设有宗教管理机构

在宗教信仰自由的法律表述上, 中美两国明确程度不同。美国关于宗教的政策是"不支持、不禁止"。美国没有专门的宗教立法, 它的宪法中也只有一条涉及宗教问题。美国宪法第六条第三段规定, "上述参议员和众议员、各州议会议员以及合众国政府和各州一切行政、司法官员均应宣誓或郑重声明拥护本宪法; 但不得以宗教信仰作为担任合众国任何官职或公职的必要资格。"然而, 美国宪法第一修正案中有关宗教问题的表述, 确立了处理政教关系问题的基本原则——政教分离原则与宗教自由原则, 可以说是美国处理政教关系最根本的法律基石。第一修正案第1条规定:"国会不得制定关于下列事项的法律: 确立国教或禁止宗教活动自由; ……"美国的开国者制定此法案的本意是剥夺国会干扰个人按照自己良心支配信仰、崇拜和表达自己思想的权力, 不把基督教设立为国教, 不压制其它弱小宗教, 保护所有公民的宗教信仰自由。

中国法律关于宗教信仰自由有多处明确表述。《中华人民共和国宪法》第三十六条规定:"中华人民共和国公民有宗教信仰自由。"任何国家机关、社会团体和个人不得强制公民信仰宗教或者不信仰宗教，不得歧视信仰宗教的公民和不信仰宗教的公民。"国家保护正常的宗教活动。"同时也规定："任何人不得利用宗教进行破坏社会秩序、损害公民身体健康、妨碍国家教育制度的活动。宗教团体和宗教事务不受外国势力的支配。"中国的一些法律还规定：公民不分宗教信仰都享有选举权和被选举权；宗教团体的合法财产受法律保护；教育与宗教相分离，公民不分宗教信仰依法享有平等的受教育机会；各民族人民都要互相尊重语言文字、风俗习惯和宗教信仰；公民在就业上不因宗教信仰不同而受歧视；广告、商标不得含有对民族、宗教歧视性内容。

另外，管理方式不同。两国政府都坚持政教分离的原则，但是在具体处理上，美国联邦政府没有专门管理宗教事务的部门，中国的中央政府设有"国家宗教事务局"。

美国政府没有专门负责宗教事务的职能部门，这并不表示政府不保护公民的宗教信仰自由，不对宗教组织进行管理和约束。它利用是否赋予其"免税资格"，作为管理宗教组织的杠杆。美国司法部依据1954年国会制定并于1986年重新修订的《国内税收法典》中的免税条款确认各组织（包括宗教组织）的免税身份，并负责审计它们的免税活动。所有自称是宗教组织和机构的都可享受以下待遇：一是自动免除了缴纳联邦所得税的义务，二是捐献者可以享受减税待遇（法律允许的范围内），三是本组织可以免交许多州一级的税。这是国家对宗教信仰自由的一种制度性的保护。美国的信教群众占人口90%以上，作为一个宗教信徒，每月要拿出一定比例的收入捐赠给教堂，既表达对教会的感恩，增加了教会的收入，又可以享受政府的免税，何乐不为？这也是政府对公民宗教信仰自由的某种鼓励。

中国政府重视宗教工作，设有"国家宗教事务局"。作为国务院主管宗教事务的直属机构，其主要职责是：研究提出有关宗教工作的方针政策，制定落实措施并组织实施；调查国内外宗教现状，掌握动态，研究宗教理论问题，提出政策性建议和意见；草拟宗教方面的法律、法规；制定部门规章和有关宗教工作的具体政策；依法保护公民宗教信仰自由政策，保护宗教团体和宗教活动场所的合法权利，保护宗教教职人员履行正常的教务活动，保护信教群众正常的宗教活动；对有关宗教的法律、法规和政策的贯彻实施进行行政管理和监督；促进宗教在法律、法规和政策范围内活动，防止和制止不法分子利用宗教进行非法、违法活动；推动宗教界人士进行爱国主义、社会主义、拥护祖国统一和民族团结的自我教育，巩固和发展同宗教界的爱国统一战线，团结和动员广大信教群众为改革开放和经济建设服务；帮助宗教团体培养、教育宗教教职人员，办好宗教院校，搞好自身建设；办理宗教团体须由政府协助或协调的事务；组织、指导宗教政策和宗教法制的宣传教育工作；指导地方人民政府宗教事务部门的工作，协助地方人民政府及时处理宗教方面的问题；支持、帮助宗教界开展对外和对香港特别行政区及澳门、台湾地区的友好交往活动等。

第三节　教育领域

2003年6月28日，获得当年"总统学者奖"的32位华裔学生在参加美国白宫举办的"国家嘉奖周"活动后，由全美中文学校协会组织来到中国驻美使馆，时任驻美大使杨洁篪亲切会见了部分获奖华裔学生及其家长。

美国"总统学者奖"是美国高中毕业生的最高荣誉。每年根据全美高中应届毕业生的大学入学考试成绩，先初选出各州成绩最高的男、女学生各20名；再就入围学生提出的论文、自我评价、个人才能及社会实践等进行第二轮评审，选出500名学生；最后由专家委员会审核挑选140名左右的获奖者，

2003年6月28日，获得当年"总统学者奖"的32位华裔学生在参加美国白宫举办的"国家嘉奖周"活动后，由全美中文学校协会组织来到中国驻美使馆，时任驻美大使杨洁篪亲切会见了部分获奖华裔学生及其家长。

于每年6月到首都华盛顿参加"国家嘉奖周",总统向他们颁奖。

在2003年的"总统学者奖"名单中,有一点格外引人注目。在137名获奖者中,有32名华裔学生,获奖比例达到23%,而且有5个州的两名获奖者均是华裔学生。

近年来,华裔学生获得"总统学者奖"的人数持续上升,如2000年为9人,2001年达14人,2002年17人,2003年32人。

杨大使非常高兴,他说,这不仅是获奖者自己的骄傲,也是所有华裔子女的骄傲。他说,华人占美国总人口的比例不到百分之一,但获奖比例却高达二成多,这是很了不起的。他们是当代华裔青年中的佼佼者,展示了华裔青年的聪明才智。

华裔学生高比例获"总统学者奖",是中国的教育方式和美国的教育方式结合的结果。中国的父母普遍重视子女教育,而且严格督促和引导,加上与美国教育中重视社会实践能力和创造能力培养的特点相结合,自然就容易催生出多才多艺、品学兼优的好学生来。

美中两国在教育领域的不同,除了已经谈过的资金、设施等"硬件"投入外,更主要的是"软件",包括教育方针、理念、方法、评判标准、产生的结果等。

1. 教育方针

> ◇美中不同之五十二
>
> **美国:造就思想独立自食其力能够继承和延续民主社会的公民**
>
> **中国:培养德智体美全面发展的社会主义合格建设者和可靠接班人**

教育是培养人的,不同的教育制度,归根结底是在培养什么样的人方面的不同。沿着这种思路,我们来看两国间的不同。

美国的教育方针:造就思想独立自食其力能够继承和延续民主社会的公民。显然,美国的教育要培养的是合格的美国公民,标准分解为三条:一是思想独立,可以解释为有自己的思想,能独立思考,不被他人左右。二是自食其力,可以解释为有一定的文化素养,有一个健康的体格,有一定的技能,不依靠他人供养。三是能够继承和延续民主社会,可以解释为要认同、接受并坚持美国的民主社会制度,这是政治标准,是意识形态的内容。综合起来,有政治标准、思想修养、文化修养、身体和技能标准。

中国的教育方针,中国几代领导人都有明确论述。第一代领导人毛泽东主席讲,教育要为无产阶级政治服务,与生产劳动相结合。第二代领导人邓小平强调,要培养造就有理想、有道德、有文化、有纪律的社会主义新人。第三代领导人江泽民强调,要全面推进素质教育,使青年学生能够德智体美全面发展。现在的领导人胡锦涛也多次强调,要以全面发展为目标,坚持以人为本,培养德智体美全面发展的社会主义合格建设者和可靠接班人。

可以看出这样的不同:一是政治标准不同。中国要求的是社会主义事业的接班人和建设者,要有社会主义觉悟;美国则是强调能继承和延续民主社会,当然是资本主义的民主社会。二是思想标准不同,中国强调有理想、有道德(有共同的理想,有社会主义道德),美国强调思想独立(有自己的思想,要与人不同)。三是文化标准表述不同,中国把文化标准明确提出,"有文化","智育",美国则包含在自食其力之中。四是纪律方面,中国单独把守纪律作为一条,美国则没有。

也就是说,学校是传授知识的地方,这一点是共同的,但学校同时也是传授思想的地方,在传授什么样的思想、培养孩子什么样的能力方面非常不同。

当前,中国特别强调,要坚持育人为本,德育为先,以理想信念教育为核心,深入开展正确的世界观、人生观和价值观教育;以爱国主义教育为重点,深入进行民族精神教育;以基本道德规范教育为基础,深入进行公民道德教育;以青少年学生全面发展为目标,深入进行基本素质教育,着力培养学生的实践能力和创新精神。

2. 教育理念和方法

◇美中不同之五十三

美国注重对知识的运用和质疑,学生思想解放但严谨精神不足

中国注重对知识的掌握和继承,学生严谨但习惯于固守陈规

美国的教育思想，受实用主义哲学影响很大。著名实用主义哲学家杜威写的《民主主义与教育》在很长的时期内成为美国教育的"大宪章"。他反对让孩子被动地学习，鼓励学生有更大的自由，主张轻松式的课堂学习，主张在做中学，在参加实际活动过程中提出问题，进行创造性思维，培养他们独立解决问题的能力。教师不应该在学校中向学生灌输某种思想或强迫他们养成某种习惯。

对国内的教育，人们都有体会，我们注重的是对已有书本知识的掌握和继承。对已有书本知识，人们是怀着一种崇拜和敬仰的心情学习的，认为那里一切都是对的，老师照本宣科，学生照收照存。可以肯定地说，前人的许多东西，尤其是选入教材的内容，无疑绝大多数是正确的，至少在前人所处的时代是正确的，后人需要学习和继承，这没有错，但是，过于相信前人的东西，认为一切都对，不能怀疑，不可更改，一味地崇拜，一味地照收照存，那就错了。

科学在发展，人们对世界的认识不断有新的进步，很多原有的知识，包括一些定理、定律不断被否定、被推翻、被修正，这是客观现实。科学就是在不断地否定和再否定中发展的。正确的教育学生，对既有的书本知识既要尊重又不要盲从，而且还要有一定的怀疑。只有这样，才可能在学习过程中或者以后的工作中发现已有知识的缺陷或错误，推动科学的发展。

美中在教育学生对书本知识和已有知识的态度上明显不同。一个是崇拜式（顶礼膜拜式），一个是质疑式。表现在课堂上，中国的学生专心致志地听，基本不问什么问题，而美国的学生则会问老师一个又一个的问题，而且老师鼓励学生问问题。在整体教学的方法上，中国注重对书本知识的灌输（老师满堂讲、满堂灌，学生死记硬背），美国则更注重培养学生的独立思考能力，批判精神和对知识的拓展和创造，所以更多地是采用启发式、讨论式。中国教育存在的问题是，过于注重培养学生对知识和权威的尊重，忽略对已有知识的怀疑。

许多在美国读大学的中国孩子，对此深有感触。美国的教学，经常有讨论课，老师出了题目，大家都事先作为作业准备好发言材料，课堂上每人都给均等的时间各抒己见，老师并不设定某种观点是正确的。不积极发言的，发言大量引用别人的东西

（名人名言）而没有自己观点的，统统不给好分数。老师教你的是一种方法，做文章、写论文、表达自己的方法。他要求你到社会上去调查，或用自己身边的事情，熟知的事情，来支持你的观点和结论，不论你的观点或结论，对主流的或是普遍认同的看法是赞同还是否定。

由此可见，美国的教育注重培养学生的自信、自主和自立的精神，当然这种精神是美国社会的主流意识。这种精神，可以说，中国的孩子也需要，但中国传统的教育注意培养学生在学习（和学术）上的严格、严密、严谨精神。由于过于注重对已有知识、权威的尊重和崇拜，过多地相信其正确的一面，忽略必要的批评和质疑，因此，孩子们在学习时提不出不同甚至反对的见解，由此造成中国的学生容易偏于自我约束、自我控制，以及因害怕出错而习惯于墨守成规。美国注重培养学生的自信、自主和自立的精神，而相对地，严格、严密、严谨精神不足。

3. 评判教育成效的标准

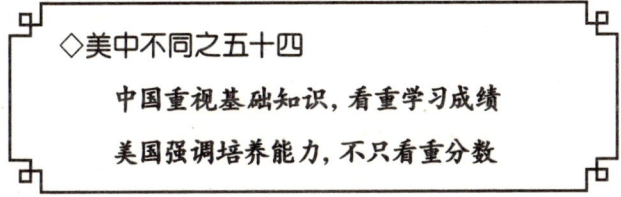

◇美中不同之五十四

中国重视基础知识，看重学习成绩

美国强调培养能力，不只看重分数

中国是应试教育，重视基础知识积累，特别看重孩子的学习成绩。美国是素质教育，强调培养孩子的能力，尤其是领导才能和动手能力，对学习成绩和基础知识看得不那么重。

毋庸置疑，学校要让学生学习和掌握已有知识，但对已有知识掌握的程度（以分数为标准）在评价教育成效时所占的实际分量上，美中两国有明显的差别。中国虽说强调德智体全面发展，但在实际掌握中，学生的学习成绩是排在第一位的，其它的东西排在第二和第三位，在升高中、大学以及就业等重大问题上，就现阶段而言，除了考试分数，其他方面作用不大，还是分数决定一切（近来有所调整，但高考按分数录取的办法改变不大）。

因哈佛先生捐资数额巨大命名的哈佛大学，创办时间早于美国建国上百年，这里先后诞生了8位美国总统、40位诺贝尔奖得主和30位普利策奖得主。中国办现代教育落后美国至少200年。站在哈佛先生雕像旁，我思绪万千。近年国内大学的大楼越盖越漂亮，可为什么培养不出众多诺贝尔奖获得者和世界级学术带头人？

举一个例子，分数排名。这种做法弊端多多，近年刚被明令禁止。前些年，中国的学校习惯公布学生的分数，并按考试成绩排名次。排名是一种形式和手段，正面作用有，负面作用也有。对学习优秀的学生是一种肯定，孩子因此更有信心，更加努力，对排名落后的，是一种打击和刺激，对于心理发育还不太成熟的孩子，负面影响很大，非但不能促使其知难而进奋起直追，从心理学的角度讲，反倒强化了孩子的自卑感，误认为自己就是笨，不是学习的"材料"。由于以分数取人，许多孩子因为考试分数不好，挨家长打骂，或者高考落榜导致精神失常甚至自寻短见者也时常见诸报端。在美国，这种现象不可想象。

美国中小学对学生成绩没有明确的排名，获奖的学生，学校也不公布，而是将获奖通知以书面形式寄到孩子家里，学生每次考试的成绩，也放在密封的信封中交给家长，平时的考试结果，从不公开宣布，而且学生之间也不许相互询问。作为学生，每人只知自己的成绩，或者知道自己的名次排行比率，对别人的成绩一概不知。美国这种对学习成绩"秘而不宣"的好处是：一方面，学生不会因一两次考试失败而灰心，更不会受旁人的讥笑，保护了学生的自尊，促使他下次做得更好一些。另一方面，即使成绩优异，在班上考了第一，因不知自己的成绩在班上到底排第几名，孩子也不敢洋洋得意，骄傲自满，躺在成绩上睡大觉，总有一种天外有天的压力和继续努力的紧迫感。美国的孩子不会为学习成绩不好而自杀——既有宗教的原因（基督教文化认为，自杀是一种罪恶），也和学校制度（不公开学生学习成绩，不搞排名）密切关联。

最核心的问题是，孩子平时升级，升高中、大学，并不以分数为唯一标准。美国升高中有中考，但不像中国那样只看重分数。高中教育是每一个公民必须接受的教育，高中只有私立和公立之分，没有重点和非重点之分。大学是申请的，不是一次考试决定的。升大学的条件就是高中毕业或者相当高中毕业的文化水平。美国有类似中国高考的考试，但又与中国高考颇有不同，它分为两种，SAT (Scholastic Assessment Test)和ACT (American College Test)。SAT每年举行七次，ACT举行五次，考生可以选择最好的一次成绩申请自己理想中的大学。SAT分为两部分，总分是2400分，ACT考试为36分。一般来说只要SAT考试成绩在2100分以上或是ACT成绩在27分以上就可以申请美国排名前100位的大学和全额奖学金（包括哈佛、耶鲁等名校）。大学有知名和非知名之分。美国大学的录取，不是只看高考成绩，主要看高中几年来的成绩，还要看其他方面的情况，包括特长、做志愿者情况、组织领导才能等。想上好大学，学习成绩优秀，可以；有特殊爱好和专长，可以；家庭有钱（捐赠学校），也可以。没钱，没特长，学习一般，也可以上大学，上普通的大学，上社区大学，上职业学院。美国的大学多，大门对每一个高中生是敞开的，重要的是"大学好进门难出"，要修完课程，达到合格水平，拿到毕业文凭，绝非易事。

4. 教育产生的结果

◇美中不同之五十五

美式教育基础知识较弱，实践和创新能力强

中式教育基础知识扎实，"高分低能"现象严重

中式教育下，"高分低能"现象很普遍。家长普遍反映，现在的孩子缺乏动手的能力。为了保证孩子的学习时间，多数城市学生的家长很少让孩子协助家长干家务，导致孩子们生活自理能力很差。常有同事说起，不少孩子读初中、高中在学校住宿，自己不会洗衣服，周末回家，大包大包的脏衣服带回家，让父母为自己洗。更有甚者，上了大学，到了其他城市，照样把脏衣服拿回来让父母洗，或者父母干脆过去，在学校附近租住房子，为的是帮助料理孩子的生活。学校只注重书本知识的传授，一些动手的技能课和到生产一线的社会实践课程很少，导致孩子们参加工作后，实际动手能力和操作能力很差。

孩子们在老师带领下登上纽约洛克菲勒中心大楼顶层写生。

美国人从小就让孩子自己干事情，管理自己的房间，分担部分家务。在机场、车站，经常看到一家人外出旅游时，小孩子自己负责自己的行李，那不是象征性的，是动真格的，吃的喝的玩的全自己背着，那个包虽说不特别大，但让中国人看来，和孩子的年龄很不相称。美国的男人，简单的房屋维修喜欢自个干，我们亲眼看到八九岁的儿子星期天帮父亲抬木料修房屋。中国的孩子缺乏组织能力和演讲才能。美式教育体制下，学生的基础知识不太过硬，和中国孩子相比，相差不少。中国高中以下，课程内容比美国要深，比如说数学，差不多高出一年的水平，而且难度也大。所以，中国的高中生，只要正常毕业，即使不是高材生，数学在美国学校也是优秀的。中国的学生，做数学作业，肯定不让用计算器，让你用笔计算，增强你的计算能力。美国学生可以用计算器。这样导致计算能力相对较差。让他离开计算器计算开平方、开立方，他会感到很困难。华人到美国后，继承了中国对孩子的教育方法，下真功夫，长于计算，所以，总体上学习都很聪明。本节开头的故事即是一个很好的例子：华裔占美国人口不足1%，但华裔的孩子获得美国中学生最高奖——美国总统学者奖的比例很高，2003年超过20%。

在教育界，流行的看法是，中国的强项是高中以下的基础教育，美国的强项是大学以上的高等教育。媒体报道的许多事例也支持此说。但从出人才和出成果的角度来看，我们所谓的"强项"是否值得反思？难道美国的"强项"和他们的"弱项"可截然分开？

第四节　新闻领域

在美期间，因工作关系，和美国的媒体界打交道较多，其中也包括那些不同政治背景的华文媒体，大陆的，台湾的，左一点的，右一点的。有的在美国开办了十几年、几十年，也有刚创办不久的。我曾问其中一位报纸老总，在美国要开办一张报纸容易吗？他说，很容易。你只须注册一个公司，公司经营什么是你自己的事情，可以经商、做贸易，可以经营报纸广告。办报纸要靠广告收入支持，办得好，读者愿意看，广告收入多，你就办下去，收入少，支撑不下去，自己关门。政府把你当作公司，公司必须纳税，如不能按期纳税，只能自己申请破产。他还说，办一张报纸，最多还要在国会图书馆作一备案登记，便于别人知道有这样一张报纸，可以查询。

在新闻媒体方面，美中两国有诸多不同。主要表现在：

1. 所有制性质

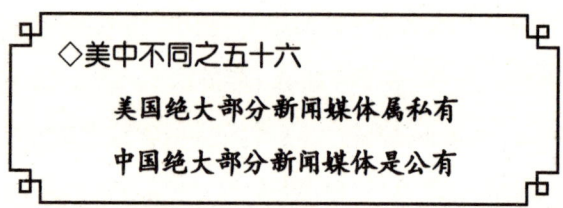

◇美中不同之五十六
美国绝大部分新闻媒体属私有
中国绝大部分新闻媒体是公有

美国是世界上新闻媒体业最发达的国家。2002年,有报纸9000多家,总发行量7000万份(日报1500多家,日发行5800万份,周报7600多家,每周发行1200万份)。杂志12000家,总发行量5000多万份。通讯社80多家。广播电台10220家,电视台1500多家。互联网媒体7800多家,上网人数约1.5亿。这个数字虽然不是最新的,但基本规模,除互联网媒体外,变化不大。

美国是私有制国家,绝大部分媒体都是私有的,没有政府投入。在美国,办媒体是一种企业行为,依照法律和相关规定经营,效益好就办,效益不好就关门。有些大企业、大财团为了表达自己的意见,也可以贴钱办媒体,费用靠其他收入支持。政府只管制定行业规定和分配广播通讯频率和波段,并通过颁发营业执照调控媒体。至于媒体的经营与管理好坏,政府不管。美国只有极少数对外广播电台和电视台由政府投入和管理,如美国之音电台、自由亚洲电台,对古巴广播和电视等,是靠政府投入的事业单位,管理很严,要听政府指挥,不听指挥一样调整、撤职。比如9·11时撤换美国之音代理台长,因为她坚持播放了本·拉登的讲话录音。

2007年中国媒体的数量是:广播电台263座,电视台287座,广播电视台1993座,教育台44个。有线电视用户15118万户,有线数字电视用户2616万户。年末广播综合人口覆盖率为95.4%;电视综合人口覆盖率为96.6%。出版报纸2160种,全国日报平均期印数达9860.39万份,总印数439亿份;各类期刊9468种,总印数29亿册;图书66亿册(张)。中国的互联网发展很快,2010年上半年,网民达4.3亿人,各类网站306.1万个,国家和省级重点新闻网站约200家左右。

中国的媒体,特别是主要新闻媒体,都是国家投资兴办的。或是国家投资的事业单位,或是国有股份制公司。国家对新闻媒体拥有所有权。

2. 管理方式

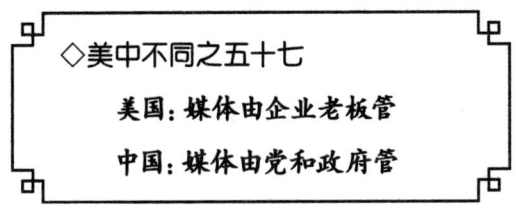

◇美中不同之五十七

美国：媒体由企业老板管

中国：媒体由党和政府管

美国重视意识形态的工作，但采用的管理体制和方式与中国不同。美国没有统一管理所有媒体的专门组织，没有类似我们的统领意识形态工作的党委宣传部，没有新闻出版总署，没有广电总局，也没有文化部。媒体宣传什么不宣传什么，由总编辑说了算，办报或者办台方针以及总编辑的选聘由董事会决定。对纸质媒体如报纸、书刊、杂志，美国没有统一管理部门，只须按章纳税。电台出现后，因为无线电通讯频率和电台波段属有限的公共资源，国家只管分配通讯频率和波段及制订行业规定，政府不负责广播媒体的具体管理与经营。美国对广播媒体实行行业管理的部门是联邦通讯委员会（FCC）。电视出现后，仍旧由它管理，负责核发营业执照。

美国政府管理媒体的方式是靠市场调控。媒体纯属于企业，实行企业化管理和市场化运作，没有人保它的饭碗，靠市场挣饭吃。美国媒体，除少数由国家出资主办者外，其他大部分由资本运作、适应市场需求而产生。谁办得好，取得大众的认可，适合普通大众的需求，反映大众的意愿，有读者，有订户，占有市场份额大，谁就能生存。市场是一只调控的巨手。

在中国，党管意识形态，对媒体实行党的绝对领导，即"党管宣传"，要求媒体"掌握在真正的马克思主义者手中"。代表党和政府对媒体实行领导和管理的是党的宣传部门，具体业务上，报纸、图书出版由新闻出版部门负责，广播、电视和电影也有专门机构负责。

中国媒体，因为是政府出资兴办，主要领导和管理者也都由党组织人事部门任命，所以，管理起来相对比较容易，管理方式也简单。可以说，只要党委宣传部门或者新闻管理部门一声令下，宣传什么不宣传什么，什么时间宣传，什么时间不宣传，大家都听招呼，听指挥，基本靠指令式模式管理即可。

中国对媒体的管理非常具体，既管工作的大政方针，又管主要干部配备和领导班子调整，还管新闻从业人员的业务素质的提高，以及经营管理甚至（报纸和杂志的）发行。比如，每年党报、党刊（《人民日报》、《求是》杂志）的发行，从中央到地方都要召开专门会议。这样的做法，美国没有。

3. 媒体功能

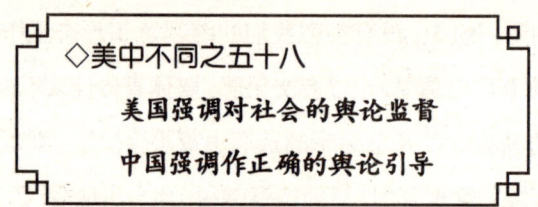

◇美中不同之五十八
美国强调对社会的舆论监督
中国强调作正确的舆论引导

由于其独立的政治地位和历史传统，美国政府与新闻界之间一般不存在管理与被管理的关系，而是一种特定社会制度下的共生关系，即：政府千方百计试图干预媒体、利用媒体，媒体依赖于政府同时也监督政府。

美国强调"新闻自由"，媒体可以发表不同的观点，包括与政府不同甚至反对政府的观点。媒体是不同利益集团的工具，是监督政府的"看家狗"。美国的报纸可以公开批评政府的政策和行为，用漫画丑化总统，批评他，攻击他，都不等于是不爱国，不能治罪。美国媒体的作用和与政府的关系可以用两个最典型的例子说明。一是水门事件，二是克林顿与莱温斯基性丑闻。水门事件导致尼克松下台，克林顿性丑闻使克林顿脸面丢尽，险些失去总统宝座。媒体在这两个事件中发挥了不可替代的作用。在美国，媒体揭露公众人物（包括政府官员）的问题，如果与事实有出入，只要不能证明记者是故意诽谤，是不能治罪的。

美国新闻界历来有"扒粪揭丑"的传统，强调媒体自身的独立性。19世纪末20世纪初，美国经济正在飞速发展，但是急剧的工业化和城市化使社会结构和社会秩序受到了严重影响，各种矛盾逐渐突显出来，其中尤为严重的就是社会腐败问题。在这种情况下，普利策倡导报纸进行揭露性报道，他说："罪恶、卑鄙、腐败最怕的就是报纸，因为任何法律、伦理、规章制度都无法和报纸相比。""新闻揭丑"思想后来逐渐成为了美国新闻思想的主流话语传统。

无可否认，美国宪法《第一修正案》给美国新闻界提供了广大的运作空间和有利的运行环境，使新闻界在相当程度上摆脱了政府的直接控制，成为当今美国社会中的一支政治力量，一个新的权势集团，有"第四权力"之称（其他三权分别为国会、行政和司法）。长期以来，美国新闻媒体被认为是推动社会变革和催生新文化的重要力量。它促进社会变革，影响公众关心的议程，左右公众对社会问题的了解，充当了信息提供者、舆论塑造者和社会化工具的角色。

但仅仅以此认为美国是一个绝对"新闻自由"的国家，那就大错特错了。如果说，美国媒体在报道国内问题时有相对多的自由，那么，在国际问题的报道上，这种自由就要大打折扣。西方一个学者最近在汉城举行的国际传播学会议上评论美国媒体的国际报道时说，"国际新闻报道名曰国际报道，其实是国际新闻的国内视角。"美国媒体的记者在报道国际新闻时，脱离不了其国家安全，国家利益，国内政治、文化、意识形态的语境，更摆脱不了政府的制约。因为，国家的对外事务完全掌握在政府手中。美国媒体一定维护美国的国家利益和价值观。这样的例子不胜枚举。

美国媒体近些年也发生了一些变化，部分表现是严肃题材的报道下降。媒体曾经被视为为公众提供服务的基本工具，同时用来盈利。现在部分媒体成了吸引受众、出售广告、只图赚钱的工具。

中国强调，媒体是党的喉舌，党的各级组织的报刊和其他宣传工具，必须宣传党的路线、方针、政策和决议。媒体要与党和政府的方针政策保持一致，正确引导舆论，凝聚人心。

中国新闻事业是中国共产党领导的有中国特色社会主义事业的重要组成部分。新闻工作者责任就是"要坚持以科学的理论武装人，以正确的舆论引导人，以高尚的精神塑造人，以优秀的作品鼓舞人，牢牢把握正确的舆论导向，为人民服务，为社会主义服务，为全党全国工作大局服务，为推进社会主义物质文明和社会主义精神文明建设，实现我国社会主义现代化的宏伟目标努力奋斗"。

中国媒体的主要任务之一是作好重大新闻的报道。一般"包括对领导人的重大政治活动、'两会'（人大会和政协会）等重要事件的报道；包括成就报道、改革报道等影响巨大、意义深远、牵涉面广的特殊报道"。重大报道是中国新闻界每年都不惜投入重大人力物力完成的主要任务，它构成了中国传媒新闻报道的骨架，是新闻报道最具影响力的部分。

在发挥好党的喉舌作用的同时，党和政府也赋予媒体广泛的舆论监督权。党中央高度重视舆论监督工作，作出了一系列重要指示。中共中央办公厅下发了《关于进一步加强和改进舆论监督工作的意见》，要求新闻媒体要充分发挥舆论监督在统一思想、凝聚力量和促进改革发展、维护社会稳定中的积极作用。要求各级党委和政府、社会团体及其工作人员要高度重视舆论监督工作，支持新闻媒体特别是党报党刊、通讯社、电台、电视台记者的采访活动，为采访报道提供方便。

同时，对新闻工作者依法开展舆论监督也有明确的纪律要求，主要有：严格执行保密规定，严防泄露党和国家秘密；严格遵守法律法规，不得干扰和妨碍各级法院、检察院、公安等司法机关依法办案；舆论监督要适时适度；建立舆论监督稿件审签程序；对领导干部点名批评要从严控制，确需点名批评的，稿件要送被批评者上一级党委审定。对舆论监督报道中出现的失误，必须在同样的时段和版面公开纠正，澄清事实，消除不良影响。因舆论监督失实或不当侵犯他人合法权益造成损害的必须道歉，并依法赔偿损失；对违纪违规、出现舆论监督事故的，追究报道当事人及相关负责人的责任，出现严重事故的，按照有关规定取消新闻从业资格。

4. 新闻观念

> ◇美中不同之五十九
>
> **美国以揭露、负面警示为主，追求新奇，偏重离奇、凶杀、灾害等**
>
> **中国以歌颂、正面鼓劲为主，宣传见义勇为、爱岗敬业等先进典型**

在新闻报道上，双方都强调及时、快速、准确，以事实说话。但在新闻内容的选择上，差别很大。在新闻评论上，都强调客观、公正，弘扬社会正义，鞭挞腐朽邪恶，但是，由于意识形态不同，对什么是"正义"什么是"邪恶"，标准差别很大。在新闻报道的总体基调或者策略上，双方大相径庭。美国以揭露、负面警示为主，中国以歌颂、正面鼓劲为主。

在美国，新闻报道重在"扒粪揭丑"、惩恶锄奸、监督政府、警示凶险的观念由来已久。美国作者道格拉斯·贝茨在《普利策奖内幕》一书中估计，从1917年到1990年颁发的普利策奖中，约有40%属于揭露性报道，另有40%属于战争、犯罪、公民自由、种族关系、自然灾害和国际方面的报道。这一估计反映了美国的主流媒体一直是以揭露性和灾难性事件为报道主体的，新闻旨在负面报道："扒粪揭丑"、驱邪锄奸、监测环境、协调社会。根据报业大亨约瑟夫·普利策 (1847—1911) 的遗愿1917年创办的普利策新闻奖，至今已90多个年头。普利策新闻奖被视作美国新闻界的最高荣誉，可以说是美国新闻界的诺贝尔奖，它在美国乃至全世界新闻界都享有很高的威望。每年一度的普利策新闻奖获奖作品充分折射出美国人的新闻报道观念。

美国开国元勋托马斯·杰斐逊有一句名言："若由我来决定我们是要一个没有报纸的政府，还是没有政府的报纸，我会毫不迟疑地立即回答：我宁愿要后者。"在杰斐逊等人的推动下，1791年美国国会通过了宪法第一修正案："国会不得制定下列事项的法律：……剥夺言论自由或出版自由……"这一法律条文一经颁布就成了美国新闻界监督政府，抨击官场、商界、演艺圈丑闻和腐败的尚方宝剑和护身符。

虽然以负面报道为主的"揭丑"新闻屡获大奖，但是这并不表明美国新闻报道对现实社会完全持否定态度，其社会作用和影响就一定是消极多于积极。恰恰相反，他们借助负面报道，通过严肃尖锐的揭露、抨击，来促使社会作出一定的改革，并且在社会功能上也起到了缓解阶级矛盾、维护社会稳定的"减压阀"作用。

美国新闻界一向认为由于宪法《第一修正案》的庇护，新闻媒介能够在高度发达的商品经济社会中保持经济自立，在履行其社会职能时得以摆脱外界的干预，但是这并不意味着新闻界超然于特定社会的主流价值之外。美国学者康拉德·芬克认为，美国社会主流价值观对新闻事业有如下影响：(1) 揭示真理；(2) 正义；(3) 人情味；(4) 自由；(5) 服务社会。毋庸讳言，这种以新闻自由为核心的新闻价值观是为美国现存的社会秩序服务的，一如作家、前《纽约时报》记者盖伊·塔利斯 (Gay Talese) 所言，《纽约时报》和美国政府"这两股势力都是致力于同一个目标——维护民主体制和现行制度"。

具体而言，美国主流新闻界通常信奉如下道德和行为准则：(1) 严格限权自由主义；(2) 客观性；(3) 社会责任感；(4) 人民的知情权；(5) 信用差距；(6) 为公众利益服务；(7) 监督权贵；(8) 保持平衡与公正；(9) 具有同情心；(10) 保卫《第一修正案》；(11) 保持独立性；(12) 勇敢无畏；(13) 思考你的忠诚；(14) 自我意识与良知；(15) 忠实于社会；(16) 以笔谋生，不贪外财；(17) 忠实于同业；(18) 在一个"纷乱"的世界上行为得体。

中国的新闻报道以正面鼓励为主，采用的手法是大力宣传社会上见义勇为、爱岗敬业、无私奉献的模范人物和他们的先进事迹。

中国对新闻工作及从业人员有明确要求："在新闻报道中，要弘扬爱国主义、集体主义、社会主义的主旋律，动员和团结全国各族人民投身到建设祖国、振兴中华的伟大事业中来。要坚持团结稳定鼓劲、正面宣传为主的方针，造成有利于推进改革开放、建立社会主义市场经济体制、发展社会生产力的舆论，有利于加强社会主义精神文明建设和民主法制建设的舆论，有利于鼓舞和激励人们为国家富强、人民幸福和社会进步而艰苦创业、开拓创新的舆论，有利于人们分清是非、坚持真善美、抵制假恶丑的舆论，有利于国家统一、民族团结、人民心情舒畅、社会政治稳定的舆论。"

（《中国新闻工作者职业道德准则》，1997年1月第二次修订）

第二部分

在人民与人民层面上的不同

第四章　在思想观念、生活方式、性格特征
和思维方式方面的不同

第一节　思想观念

西点军校学雷锋？

早在2000年赴美之前，我就有印象：国内媒体曾报道，美国军人也学雷锋，西点军校有雷锋塑像，学员宿舍贴有雷锋照片。当时，国内一些人抱怨实行市场经济后社会风气不好了，"雷锋叔叔不见了"。媒体报道的潜台词是——人家美国人还学雷锋呢，雷锋出自中国，中国人却丢了，不应该。

到了美国，自然留心此事。雷锋是中国人的骄傲和学习榜样，他身上集中体现了助人为乐的高尚情操和无私奉献的精神品格。雷锋是新中国成立之后，在共产党领导下，劳动人民翻身做主人，全国人民意气风发投入社会主义建设，那样一个特定环境下出现的英雄人物。雷锋的出现决非偶然，雷锋是时代的产物，社会主义核心价值观在他的身上得到完美体现。美国的社会环境与中国绝然不同，美国人的意识形态、价值观和思想情操与中国相去甚远，雷锋精神如能在美国得到认同，哪怕只在美国军人中得到发扬光大，也是一件足以让中国人自豪的事情。

2000年圣诞节放假，我有幸和同事们一起前往纽约，来到位于纽

2000年圣诞节期间，我和同事们来到西点军校，没有发现雷锋塑像，很有些失望。于是，站在这尊叫做"献给美国士兵"的雕像前留影。美国人的价值观和思想情操与中国相去甚远，他们尊敬的是美国士兵，尽管这些士兵雕像看上去很难用英勇无畏气宇轩昂来形容。

约市西南约80公里处，坐落在哈德逊河西岸的美国西点军校。我特别留意院中的雕塑，也曾隔窗向接待游客的展厅中探望，没有发现雷锋塑像。因为放假，学校空空，只有门口执勤的哨兵，无法与军人攀谈，也不能到军人宿舍仔细查看有无雷锋照片。我很有些失望。不过，我还是希望这里的确有雷锋塑像和照片，只是没有找到或看到而已。

后来，当地华文报纸刊出消息，说西点军校学雷锋活动是误传。事情是这样的：2002年3月27日国内一家媒体发表报道《学雷锋学汉语成为美国西点军校新时尚》。报道说，到过美国西点军校的人，都会注意到校园内一座雷锋的半身塑像，摆放位置醒目。在西点会议大厅上方，还悬挂着5位英雄的画像，其中排在首位的就是雷锋。近几年，学习汉语又成为西点军校新的流行趋势。方舟子先生看到这篇报道后，请西点军校公共关系办公室做出评论。该办公室回复：那篇文章中关于雷锋的信息是不准确的。在本军事学院，没有雷锋的塑像或画像。雷锋语录没有被印在任何正式的学员出版物中。虽然历史课和中文课也许会讨论雷锋，但军事学院并不赞赏他或其哲学。方舟子还从西点军校网站查询了校园中的塑像、纪念碑，证明没有一座是雷锋。

2002年8月29日至9月13日，雷锋纪念馆馆长张淑芬随抚顺市赴美友好经济代表团到美国，专程收集雷锋精神对美国西点军校的影响。到西点后，张淑芬在对外公开的游览地点详细地察看了每一个展板，但上面除了武器陈列就是西点军校的发展史，没有发现与雷锋有关的资料。她不但没有看到传说中的雷锋半身塑像，在会议大厅里更没有看到"我国伟大的战士楷模雷锋"。

然而，事情并未就此打住。

2002年12月，雷锋纪念馆收到原中国驻美大使馆一秘田志芳捐赠的资料。该资料是美国西点军校印制的该校简介，在内页上面有几张反映西点军校学生学习生活的照片，其中的一张照片上可清楚看见雷锋的照片挂在墙上，照片下边还有几个汉字：学雷锋树新风。据田志芳分析，从照片上看，雷锋的照片被悬挂在学员们学习的地方，旁边还有一面五星红旗，可以看出，西点军校的确是在研究雷锋精神。

据此，《辽沈晚报》2002年12月20日刊文：西点军校"学雷锋"有新证　雷锋照片曾高挂墙上。

《环球时报》驻美国记者王如君先生看了《辽沈晚报》的报道，在几天后的圣诞节期间前往西点军校实地探查。他的文章——新闻调查：美国西点军校到底学没学雷锋——发表后，新浪网2003年1月4日进行了转载。

经过一番调查，如君说，"现在可以肯定的是，西点学雷锋的说法既是正确的又是错误的，正确是因为雷锋作为一个优秀的中国军人是西点研究的对象；错误是因为国内有些报道夸大事实，把西点正常的教学科研活动夸大成雷锋是西点学员学习的榜样和楷模。"

事情总算有了结局。

中国人向雷锋学习，是要学习雷锋的精神。然而，雷锋精神是中国特有的，是时代的产物，中国人可以学，可以"做毛主席的好战士"（林彪），可以学习雷锋"憎爱分明的阶级立场，言行一致的革命精神，公而忘私的共产主义风格，奋不顾身的无产阶级斗志"（周恩来），美国人学不了，比如"公而忘私的共产主义风格"，他们憎恨"共产主义"，怎么能学"共产主义风格"？！应该说，西点军校公共关系办公室克里斯蒂娜·安克拉姆给方舟子的复函真实反映了美国人对雷锋的态度："在本军事学院……虽然历史课和中文课也许会讨论雷锋，但军事学院并不赞赏他或其哲学。"为什么不赞赏雷锋和雷锋的哲学呢？因为中美两国人民的世界观、价值观根本不同。

1.价值观和价值取向

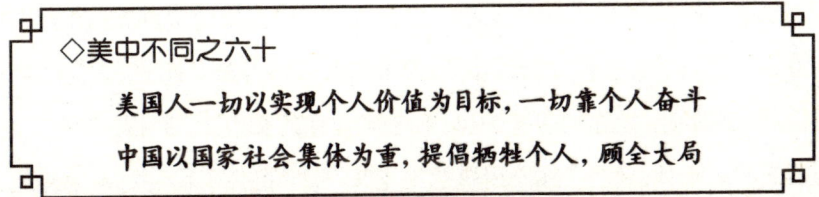

◇美中不同之六十

美国人一切以实现个人价值为目标，一切靠个人奋斗

中国以国家社会集体为重，提倡牺牲个人，顾全大局

美国是世界上最发达的资本主义国家，全社会尊崇的价值观念是自由、法制、个人财产。个人主义为其核心价值观。美国比较强调个人，即个人的权利、个人的自由和个人的幸福。美国人活着以实现个人价值为目标，一切为个人，他们认为人活着为集

体为他人是荒唐的事情。讲个人主义是正常的，不讲是不正常的。他们不能理解雷锋——自己活着就是为了让他人生活得更幸福。在美国，追求个人的自由与幸福，法律保护他，只要不损害他人，想怎么生活就怎么生活。

美国人是个人主义者，他们信奉每个人都为自己，上帝才为大家。美国的个人主义价值观由来已久，概括为：每一个人都有权利和自由选择自己生活的道路，他人不能任意干涉和控制；个人的尊严和价值应当得尊重。这种个人主义观念深入人心，成为美国人社会行为的基本准则和典型特征，对美国人的生活态度和生活方式产生巨大作用。

美国人的个人主义并不是只顾自己不顾别人，不是牺牲别人为了自己，不是损人利己，不是那种极端的个人主义，而是在公平竞争条件下你干你的，我干我的，是不损害他人前提下的利己，是那种敢于与众不同、标新立异的利己，是那种敢闯敢干、个人敢冒风险的利己。他们强调个人，但不是不注意与他人的合作，他们积极争取个人的成功，同时尽其所能为社会作奉献，他们考虑个人的前途和事业，但当国家召唤的时候，也能暂时放弃，去为国家尽自己的责任和义务。

每一个国家，每一个民族，都崇拜和纪念那些为自己的祖国和民族作出牺牲和奉献的人。美国也一样。为祖国的荣誉而战、为国捐躯的军人，尤其受到尊重。首都华盛顿附近有座规模恢宏的阿灵顿国家公墓，成千上万为国捐躯的英灵在那里安息，那里还有为"二战"期间牺牲的没有留下姓名的死难军人修建的无名烈士墓，卫兵常年守卫，永不熄灭的火焰熊熊燃烧。熟悉"二战"的人一定都熟悉美国著名的铁血将军巴顿，他的训话中，有一段是鼓励他的士兵要有为祖国而战的荣誉感：凯旋回家后，今天在座的弟兄们都会获得一种值得夸耀的资格。二十年后，你会庆幸自己参加了此次世界大战。到那时，当你坐在壁炉边，孙子坐在你的膝盖上，问你："爷爷，你在第二次世界大战时干什么呢？"你不用尴尬地干咳一声，把孙子移到另一个膝盖上，吞吞吐吐地说："啊……爷爷我当时在路易斯安那铲粪。"与此相反，弟兄们，你可以直盯着他的眼睛，理直气壮地说："孙子，爷爷我当年在第三集团军和那个狗娘养的乔治·巴顿并肩作战！"肯尼迪总统就职演说中有句名言：不要问你的国家能为你做些什么，而要问你能为你的国家做些什么。(My fellow Americans, ask not what your country can do for you; ask what you can do for your country)。中国人感到很熟悉，因为中国人从来都讲究为国家为集体作奉献。肯尼迪总统的话，同样获得美国人民的喝彩。

美国人的一个重要观念是一切靠个人奋斗。他们认为个人的前途和命运由个人的自我奋斗状况决定，强调在"个人自由"、"机会均等"的基础上进行自我能力的发挥，注重个人兴趣的满足，追求经济效益，追求社会承认。通过个人奋斗取得成功，从低贱者变成大富翁几乎成了美国式的信条。在这种价值观支配下的美国社会，企业家普遍受到尊敬；人人都想办企业发家致富，人人都想个人创业。偷懒被认为是一种罪恶，比不道德还要坏。美国谚语说，没有永久的朋友，没有永久的敌人，只有永久的利益。

美国人对于个人与集体的思考是侧重于从个人来看集体，他们认为集体是由个人组成的，因此关注的重点在个人，强调个人的作用、能力、奋斗、拼搏等，是个人英雄主义。只要有机会展示自己的能力，美国人就会第一个去争取，冠军与破纪录几乎是美国人的词。而中国的思想体系强调的是集体主义，习惯从集体来分析个人，个人只不过是集体中的一个组成部分而已。中国是以国家、集体、家庭为重，强调发挥国家、社会、集体的作用，保护国家、社会、集体的利益，提倡牺牲个人，顾全大局，为集体无私奉献。中国传统的价值观和现在的社会主义核心价值体系在这一点上是一致的。在这种价值观念的影响下，任何形式的个人主义都受到非议，"人怕出名猪怕壮"，"枪打出头鸟"，谁冒尖谁倒霉。"革命战士一块砖，哪里需要哪里搬"，集体主义的思想长期指导中国人的行为。

美国人关心的是自己怎么看，而中国人关心的是别人怎么看！

美国人认为对于物质的追求天经地义，追求利益是社会发展的需要，也是个人价值的体现，因此追求个人成功和卓越是社会认同的标准。富人（通过个人奋斗变成的富人）在社会上得到尊重，而且没有必要进行掩盖。中国人向来重义轻利，鄙薄物质，看重精神。封建社会，儒家的"存天理，灭人欲"，遏止物质追求，轻视物质享受，强调精神满足, 主张通过修身自省达到无我境界。安贫乐道, 小富即安, 知足常乐, 这些思想导致中国人缺乏发展的内在动力, 可以说是中国传统文化的一个主要特点。

2. 人生追求

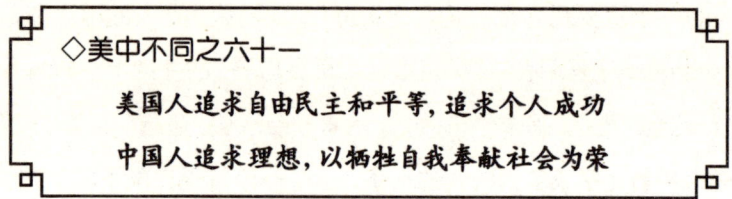

◇美中不同之六十一

美国人追求自由民主和平等, 追求个人成功

中国人追求理想, 以牺牲自我奉献社会为荣

精神上, 美国人追求自由、民主与平等。美国是一个崇尚自由的国家。北美殖民地历史的一个重要的特征就是封建秩序从来没有在那里存在过, 在美利坚民族的形成过程中, 许多从欧洲大陆来的移民把资产阶级自由思想带到了美洲。新大陆的自由空气以及大自然的艰苦环境陶冶了美利坚民族的民族性: 热爱自由、珍惜自由、崇尚自由。在美国, 对人的自由, 除法律可以明文规定加以限制, 并由执法机关及其人员执行限制外, 任何机关或个人不得非法剥夺或限制他人的自由。美国社会上形成了崇尚自由民主和平等的环境。平等的观念渗透到生活和思想的每一个角落, 如美元不论面值大小, 纸张的大小一律相同。不鼓励特权, 不迷信权威。

生活上, 美国人追求物质丰富和生活舒适。美国文化是物质性的, 他们认为生活舒适是理所当然的事情。由于基督新教价值观的影响, 美利坚民族至今仍以嫌钱多少作为评价一个人社会地位高低的重要依据, 仍然以赚钱发财为荣。美国社会的向钱看, 要比任何其他社会更加彻底。"The bottom line is money"是美国人的口头禅, 中文意为"万事皆空, 唯钱是问", 同中国所谓"万般皆下品, 唯有读书高"形成发人深省的对照。美国没有蔑视或鄙视金钱的处世哲学, 对于向钱看从来持肯定或积极的态度。美国不曾经历门阀或贵族的历史, 因而美国人的阶级划分完全以贫富为基准。当美国人谈论一个人的价值时, 主要指物质价值, 而且除开这个通常标准外, 不管什么别的标准。为了过上富裕生活, 许多人都在拼命地工作, 不惜付出自己的一切辛苦与智慧。

事业上，美国人追求个人的成就与成功。注重成就、仰慕英雄是美国人所有价值观中认可度最高者之一。美国人有很强的成就意识，成功是所有美国人前进的动力和追求。他们坚信，一个人的价值就等于他在事业上的成就。那些事业有成的企业家、科学家、艺术家和各类明星，成为时代的英雄。他们个人奋斗的过程和结果，成了社会文化价值取向的参照系，更是父母教育子女的活教材。

做自己喜欢做的事，并且能从自己喜欢做的事中赚钱谋生，这就是美国人追求的成功。

美国前总统克林顿大学毕业时的人生追求是："我要当个好人，娶个好老婆，养几个好孩子，交几个好朋友，做个成功的政治家，写一本了不起的书。"（克林顿回忆录《我的生活》）

一位黑人歌手在临终前，面对主持自己临终忏悔的汉德·泰勒神父说，"仁慈的上帝啊，我喜欢唱歌，音乐是我的生命，我的愿望是唱遍美国。作为一名黑人，我实现了这个愿望，而且我还用歌声养活了6个孩子，现在我的生命就要结束了，我没有什么要忏悔的，我死而无憾。"

一位富翁在临终忏悔时说："我喜欢赛车，从小研究它们，改进它们，经营它们，一辈子没有离开它们，既是兴趣又是工作的生活方式让我一辈子开心，而且我还从中赚了大钱，现在我没有什么要忏悔的。"

大科学家富兰克林、大发明家爱迪生、比尔·盖茨等人，他们的成就举世公认，他们的成果造福了人类，但他们搞科学研究的主观目的并不是首先想着为了社会，而是实现个人的目标。

美国是一个追求速度、效率，以创造更多的财富为目标的现代工业文明社会，今天的美国人，一如既往地做着"最伟大的忙碌者"，他们在不断地追求财富，追求成功。

中国人的人生追求，在以实现共产主义为理想，实行公有制和计划经济的时代（新中国成立到改革开放前），与美国人非常不同，可以说，有本质差别。自中国实行改革开放和市场经济后，随着私有财产和个体经济成分不断扩大，中国人尤其是年轻的一代，开始追求实现自我，两国有了一些共同的内容。

如果从解放前的革命者算起，李大钊、陈独秀、夏明翰、杨开慧、江姐……包括毛泽东、周恩来、朱德等老一辈无产阶级革命家，他们的人生目标就是推翻旧中国，建立新中国，他们是职业革命家，革命事业第一位，家庭、孩子、亲人都可以舍弃，包括个人的身体、生命，都属于革命事业，属于党和国家，随时准备献出。当时共产党人没有掌握政权，物质生活条件极其贫乏，实行军事共产主义。作为普通人，那时投身革命，就是要打土豪，分田地，闹翻身，求解放。个人的人生目标就是为革命事业多作贡献，为大多数人今后能过上好日子，改变劳苦大众被压迫、被剥削、被奴役的地位。

建国后，国家一穷二白，搞大开发、大建设。那时年轻人的人生追求是：到祖国最需要的地方去，党的需要就是我的志愿，个人服从组织，一切听从党安排。20世纪60年代，以雷锋为榜样——自己活着就是为他人更幸福，舍弃个人利益，一切为了他人，一切为了社会。文化大革命时期，雷锋、王杰、刘英俊、欧阳海、焦裕禄等是英雄楷模。受极"左"思想影响，人们追求的不是物质享受，不是个人私利，而是"打倒封资修，解放全人类"的崇高理想。

改革开放后，所有制关系发生了重大的变化。城市中，国有企业搞公司化，实行股份制；农村搞承包责任制，集体经济解体。实行市场经济，竞争更加激烈。人们的价值观念也发生了重要转变。存在决定意识。中国现时的社会存在，决定了当代中国人，特别是年轻人的意识，决定了他们的价值观和人生观不再可能和他们的父辈一样"大公无私"、"一心为公"了。最近，有媒体在近万名北京青年中就"你的人生奋斗目标是什么"做了一次调查。被调查者中有84.3%的青年人认为"自己正在奋斗"。根据百分比从大至小，他们的"奋斗目标"依次是：(1) 为 (实现个人) 梦想奋斗；(2) 车子、房子；(3) 更理想的生活；(4) 成为有钱人；(5) 一个好工作；(6) 人更平等，社会更和谐；(7) 帮助弱势群体；(8) 国家更富强。

调查结果显示，曾经是50年代、60年代，甚至70年代年轻人关注的"国家的前途和人民的幸福"已经不再是现在年轻人追求的首要目标了，个人的前途和发展占了上风。这些在老一辈人看来属于绝对幸福的年轻人对现状并没有满足，他们仍然在扩展着自我意识和自我欲望,向往着玫瑰色的未来,寻找着更加快乐与幸福的人生。他们这种包含着物质与精神、政治与社会的多种"奋斗"目标和带有强烈的个人色彩的人生追求,在国家从农业社会转向工业化和信息化社会的大背景下,将变为一种社会性的普遍诉求。

3. 社会崇拜

◇美中不同之六十二

美国人崇拜球星歌星好莱坞影星,但不崇拜政府官员和公务员

旧中国官员是社会精英,现今政府公务员仍是年轻人择业首选

美国人崇拜球星、歌星、好莱坞影星,但不崇拜政府官员公务员。最有才能的人去搞实业,而不是去当公务员。有着"铁血将军"称号的巴顿先生在他一次著名的战前训话中就谈到,"今天在座的各位还是孩子的时候,就崇拜网球冠军、短跑健将、拳击好手和职业球员。"他的话解读了美国社会人们崇拜什么。美国人崇拜成功者,崇拜通过个人奋斗获得成功的胜利者。

不同的时代造就了不同的偶像,偶像的变化也反映出社会的变化。中国人,特别是年轻人,崇拜什么呢? 建国初期,朝鲜战争爆发,为了保卫年轻的共和国,许许多多年轻的战士奔赴朝鲜战场。那段时间,"最可爱的人"志愿军战士堪称

为纪念篮球明星乔丹对公牛队的贡献,为他制作了雕像。乔丹雕像也是芝加哥的城市"名片"。美国人崇拜明星,崇拜通过个人奋斗获得成功者。这些明星,年薪几百万甚至数千万美元,在以金钱衡量个人价值的社会,是非常成功的。

全社会的榜样和偶像。

朝鲜战争结束，中国进入大建设阶段，随之而来很多普通人被树为榜样，时传祥、张秉贵、雷锋等普通劳动者成为时代的英雄和楷模，人们对社会普通一员有了新的认识，年轻人大多以成为他们之中的一员而自豪。人们普遍认为，那段时间是新中国成立以来社会风气最好的时期。

而后"文革"爆发，勿庸置疑，被极左思想冲昏头脑的年轻人崇拜的偶像只有一个，那就是中国人民的伟大领袖毛泽东。"文革"后期，知识青年上山下乡，邢燕子、侯隽等成为青年人的偶像。

"文革"结束后，中国实行改革开放，打开国门向西方学习先进的科学技术和管理，相当多的年轻人考托福、考GRE，一时间"洋插队"——到海外留学——成为时尚。中国在南方搞经济特区，港台之风也随之吹来，年轻人中出现许多追星族。邓丽君、罗大佑、谢霆锋、周杰伦、成龙……还有高大帅气、在大陆烧起了"一把火"的混血儿费翔，成为大陆年轻人的偶像。

然而，能成为明星的只是极少数人，况且明星崇拜只是青少年时期的梦想。一旦进入社会，年轻人就变得现实了，要找到一份较为理想能让自己安身立命的职业。中国封建社会讲究学而优则仕，官员是社会精英。在实行市场经济的今天，政府官员的收入虽不是最高，但工作稳定，社会地位高，公务员成为年轻人择业的首选。于是，考公务员成为热门。一个公务员岗位有三五百人竞争，最热门岗位竟有上千人报考。职业的选择一定程度折射出当下中国的社会崇拜。

4. 生命价值观

> ◇美中不同之六十三
>
> 美国人惜命，不能战胜敌人可投降，当俘虏不丢人
>
> 中国人重义，宁死不降，当俘虏丢人，被另眼相看

对待生命的价值，两国的评判标准差别较大。在遇到国家危亡或巨大灾难时，中

美两国人民都会表现出巨大的爱国热情和牺牲精神。如遭遇9·11恐怖袭击之后，全美国焕发出一股巨大的爱国热情。那些消防队员，还有许许多多自愿参加救援的市民，他们穿梭于硝烟火海之中，冒着生命危险抢救遇难者。决定攻打阿富汗塔利班政权后，美国人踊跃参战。中国人在八年抗战、1976年唐山大地震、2008年南方冰雪灾害、"5·12"四川汶川大地震等重大事件中，鲜明地表现出中华民族那种舍生忘死、共赴国难的牺牲精神。

但在日常生活中，对于舍生忘死、见义勇为的行为，两国态度明显不同。中国鼓励和保护见义勇为的行为。中国见义勇为的行为非常之多。如：为弘扬见义勇为精神，构建社会主义和谐社会，2005年9月中宣部、中央综治委、公安部和中华见义勇为基金会联合举办了"第九次全国见义勇为英雄和先进分子评选表彰活动"，从全国各地推荐的61位"全国见义勇为英雄"候选人事迹材料中评选出10名"全国见义勇为英雄"。其中，北京市足球裁判马世经、隋多、姜战岳、李楠四人追击并抓住一名实施抢劫后逃窜歹徒；北京首钢退休工人宁红喜临危不惧火中救人；天津市出租车司机孙玄在营运中看到一名持刀歹徒刺伤一位妇女并对其实施抢劫，立即开车追上正在逃跑的歹徒，被歹徒连开十多枪打伤，忍着疼痛追上歹徒并将其制服，扭送到公安机关；原河北省辛集市某医院护士郭钗舍生忘死斗凶徒，当场牺牲，为保护幼儿园的63名孩子赢得了宝贵时间。

美国也时有见义勇为的人。如2009年8月15日晚，美国威斯康辛州最大城市密尔沃基市市长汤姆·巴雷特在参加一次公共活动后和家人一道离开。途中，他听到有妇女喊救命，于是打电话报警。结果，遭歹徒用金属管袭击。再如，1996年一天，一位叫丹尼尔·圣托斯的先生无意中瞥见一名在哈德逊河中挣扎的自杀女子，毫不犹豫纵身跳下高达130英尺的大桥救人。路遇他人遭到危险挺身而出，在中国是一大美德，但在美国，政府和法律并不鼓励公民自己去面对歹徒。一位华人青年见一位白人青年抢了妇女的皮包，一个箭步冲上前和他扭打起来。后来警察来了，白人青年束手就擒。当他为自己的见义勇为而得意洋洋时，警察却很严肃地对他说："今后遇到这种事你只管报警就行了，千万不要和对方有任何对抗行为，你这样做非常危险。"事实上，他帮助了被抢包的妇女,那位妇女非但不感谢,还可能责怪他,因为如果他没有能力制止歹徒,万一出了事,他会连累她承担法律责任。据美国有线电视新闻网2009年8月10日报道,美国一银行出纳员近日在银行遭遇抢劫时,因追赶歹徒、奋力擒敌而被炒鱿鱼。尼科尔森的英勇行为并没有为他带来奖励,他知道自己违规了:"我们理应遵从踏进银行的所有劫犯的要求。我们应该乖乖交出现金并让他离开。"

美国法律不保护民众这种见义勇为行为,一是为了保护民众的生命,二是免于刑事及民事纠纷。在美国,执法机构鼓励民众向执法机构报案、提供线索,但不鼓励民众充当执法者,亲自去抓捕通缉犯或嫌犯。这是因为,首先,逃犯或犯罪分子身上可能有武器,而民众没有经过专业的训练,有可能被坏人伤害。其次,万一抓错了人,被抓者反告的可能性非常大,到时候抓逃犯者就有可能被告人身攻击等刑事罪,或吃上民事官司。美国政府认为,公民是纳税人,理应受到作为纳税人供养的警察的保护,没必要承担制止犯罪的风险。

最大的不同体现在对待军人上。双方都强调军人在战场上要勇猛杀敌。但美国人惜命,美国允许军人在失去抵抗能力时投降。朝鲜战场上,每一名飞行员都随身带有一份多种文字的投降书,跳伞后遇到敌人逃不掉可以投降。战场当俘虏并不遭人白眼,获释后回国回家仍被视为英雄受到隆重欢迎。(见第五章对待战争和战俘一节)

中国文化历来倡导舍生取义的生命价值观,视高尚的精神追求高于物质生命的延续。这种价值观虽然在不同年代、不同领域有不同说法,但核心之点是把义放在第一位,把生命作为第二位,为了义(正义,道义,公益,情谊)可放弃自己的生命。

中国文化主张"文死谏,武死战"。这在封建社会体现的是儒家"忠君"的道德规范,在革命战争年代和新中国则是视国家和民族利益高于一切的爱国主义情怀。中国军人历来尊崇"不成功便成仁"、"杀身成仁"、"大丈夫宁可战死决不投降"的信条。在战场上不投降,要战斗到最后一个人,流尽最后一滴血。对于绝大多数人,不管在什么情况下,他们都不会在战场上主动缴械投降,他们不会在死亡面前退缩,宁可前进一步死,决不后退半步生,表现出革命英雄主义。因为他们是中国文化培养出来的，他们知道对于叛军和降将，中国人不会把他们视为英雄，在战场上做了敌人的俘虏，是很丢人的，即使活着回来，也被另眼相看，不受重视。

第二节　生活方式和消费观念

有个故事叫《中国老太太和美国老太太》。说一个中国老太太和一个美国老太太在天堂相遇，谈起了在人间的一生。美国老太太说："我辛苦了30年，终于把住房贷款都还清了。"中国老太太说："我辛苦了30年，终于攒够了买房的钱。"美国老太太在自己买的房子里住了30年，后半生都在还款；而中国老太太后半生一直在存款攒钱，刚攒够了买房钱，却去了天堂，无福享受自己买的新房。

这个经典故事经常被人讲述，用来说明美国人的消费观不同于中国人：美国人超前消费，享受人生；而中国人辛苦一辈子，却不懂得享受或者来不及享受。当然，故事的背后故事是两国人民生活方面更多的不同。

生活方式涉及的内容很多，基本内涵是人们过一种什么样的生活和怎样过生活，包括物质的和精神的。包括生活水平富裕还是贫困，生活内容丰富还是单调，生活消费铺张还是节俭，生活态度健康向上还是颓废消极，等等。美国人的生活方式与中国人不同，主要体现在：

1. 生活水平

首先，基础物质生活方面的不同。

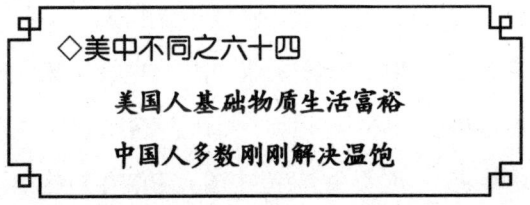

◇美中不同之六十四

美国人基础物质生活富裕

中国人多数刚刚解决温饱

食物构成不同。美国人饮食质量高，营养高。肉、蛋、奶和食用油等食品消费量约为中国居民的3-4倍。他们主食为肉蛋奶、蔬菜，面包等粮食制品不占主要位置。中国基本以粮食制品为主食，肉蛋奶蔬菜为副食。

　　为适应人们快节奏的生活规律的需要，美国的快餐业很发达也很丰富。著名的麦当劳、肯德基、美式汉堡、可口可乐等都是美国人自己独创的。中餐几大菜系数千品种，都是中国特有的。中国人平日里吃饭比较简单，遇有节庆，则准备比较丰盛的食品。

　　居住条件不同。美国人住房特点之一是宽松舒畅。美国土地多，总体讲比较宽松，如城市的富人区和乡下，户与户之间比较分散，有的相隔很远，大多住宅没有围墙，只有矮矮的篱笆，甚至连篱笆也没有。大学、医院、公园、公寓等也没有围墙，让中国人看来很不安全。中国人口多，土地少（中国人均耕地1.37亩，美国人均12亩），中国人居住比较拥挤，中国的房子要像美国那样盖，不知要多占多少土地。特点之二是住房比较宽敞，内装修好。美国富人和穷人有明显不同，有钱人住城市内或郊区的高档独体豪宅，中产阶级也多是独体或连体别墅，门前有大片草坪，穷人住城里的连体公寓。偏远乡下的居民，一般也都聚集在小镇，多数也很漂亮，很有特色。中国的情况不同，少数有钱人跑到市郊住别墅了，一般富人住在城市的高档公寓，所谓的中产阶级（工薪阶层）住城市普通公寓。接近总人口一半的农村人口住在农村。近年来农村新盖的房子不少，但内外装修不行，包括比较富裕的长三角地区，农家虽然盖起了三层别墅，远看样子不错，但近看施工质量和内装修都不行，房前屋后不是草坪，而是菜地。

　　穿着不同。美国人正装为西装，平时多穿休闲装。西装不是美国的发明，牛仔服才是美国正宗特产。中国人现在也多以西装为正装。中国有自己特有的服装，如唐装、中山装、旗袍。改革开放前流行中山装（外国人称为"毛式装"），现在几乎不见踪影了，唐装和旗袍还有，但一般只是在庆典等特殊场合出现。

　　美国人穿衣讲究舒适，平时比较随便，正式场合也很认真，但不像英国那样注重绅士派头。各种服装按功能分，休闲、运动、上班各有各的服装，上班正装，下班休闲装，锻炼身体则换运动装，一般不会混穿。中国人着装相对拘禁，奇装异服少。在城市，不少人班上班下穿同一套服装，工作和休闲不分，只有少数人注意下班后和周末换休闲装。农村更是分不开正装与休闲装。主要是经济原因，另一方面是生活习惯。

另外，美国人在发式、佩戴方面的消费也很高。近年来纹身也成为一种时尚，在年轻人中有相当数量。

出行条件不同。美国人出行主要靠车。美国号称"车轮上的国家"，车辆多，一般家庭1—2辆小车。城市内没有自行车道，自行车是周末运动的工具。乡下也鲜有以自行车为交通工具的。公交和地铁都很方便。中国曾是自行车的王国。上世纪80年代改革开放初期，中国还是这样，90年代后私家车多了起来，主要是在大城市，如北京、上海、广州。即便如此，自行车在那里也没有绝迹。在一般中小城市，自行车还是主要交通工具，上下班高峰还是自行车和电动车流动的海洋。目前，中国城镇家庭中，有私家车的户不足1/10，农村不足1/100。在经济比较发达的江苏省，2009年百户城镇家庭拥有私家车已达到11.36辆，在经济不发达的内地和边远省份，目前尚达不到这个水平。据联合国统计，2006年美国每百人汽车拥有量为78.8辆，中国为2.4辆。据国家发展和改革委员会委有关官员预计，到2010年，中国将达到每百人4辆。即便达到这个目标，中国每百人汽车拥有量也仅是美国的1/20。

其次，精神生活方面的不同。

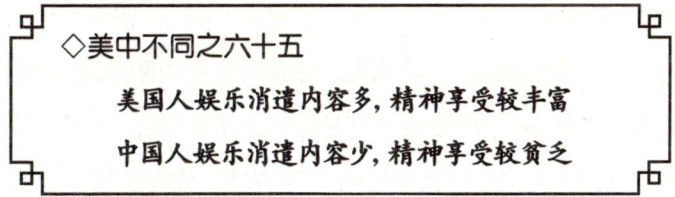

◇美中不同之六十五

美国人娱乐消遣内容多，精神享受较丰富

中国人娱乐消遣内容少，精神享受较贫乏

精神消费关乎身心愉悦，是反映生活方式不同的另外一个重要方面。总体讲，美国人较中国人参加运动锻炼的多，外出旅游的多，读书的多，养宠物的多。

运动锻炼的多。参加经常性的体育锻炼是一种健康的生活方式。美国人喜爱锻炼，参加锻炼的人数比例远远高于中国。美国的城市里健身房（厅）、健身俱乐部多，不像中国许多新兴的城市，文化体育活动场所少，洗浴的和足疗的地方多。在美国到处可以看到进行体育锻炼的人。本书第五章对待健康一节中将专门谈及美国人爱好体育运动、参加体育锻炼的人数比例多于中国的相关情况。

旅游的多。美国一般家庭每年至少一次外出旅游（到州外甚至国外）。他们把利用一年一次休假的机会与家人外出旅游视为一种荣耀,如果休假没有外出,在同事面前会自觉脸面无光。中国这些年也开放了私人出国旅游,大城市中的富有阶层也开始出国旅游,但多数城市居民选择就近或者国内作为旅游目的地。广大农村,多数农民刚刚实现温饱,还没有多余的钱和时间享受休闲旅游。

读书看报的人多。在火车、飞机、地铁和公交车上,美国人捧书阅读者很多。时间稍长一点的旅途,如乘飞机或长途汽车,几乎人人都会捧书阅读或上网阅读。周末常见在自家屋外草坪上一边晒太阳一边看书的女孩,那份休闲与投入,不啻一道靓丽风景。阅读是精神需求,也是生活方式和消费方式。除大学校园内,很少看到中国人周末在户外休闲看书的现象。中国人乘坐交通工具出行时,不少人也喜欢读书看报,但人数比例还较少。以报纸为例,有读者有销量才能办得下去。中国平均每千人拥有日报数量为75份(2003年首次突破70份后,2004年继续上升,达到75.86份。新闻出版署资料),而同期美国平均每千人拥有日报的数量为198份,差不多是中国的3倍。据有关资料统计,2003年,中国人均购书费为35.79元,美国为107.42美元(折合人民币882.4元)。美国每年人均看书21本,日本17本,2008年中国成人人均阅读图书才4.7本。

养宠物的多。美国的家养宠物数量比例远远高于中国。调查数据显示,美国7110万家庭,63%养有宠物,总数量达到3.82亿,约为美国人口的1.26倍。中国这些年逐步放开大城市养宠物的禁令,宠物数量尤其是宠物犬增速很快,据有关部门统计,2010年可达到1亿只,远没有美国那样高的比例。广大农村,猫狗数量不少,但这些充其量算作农家的帮手、工具而不是宠物。

以上仅是生活方式不同的若干表现,难能尽数。

中国在极"左"的年代曾批判过资产阶级生活方式,痛斥讲究吃穿、贪图享受、好逸恶劳等现象。当时认为美国是资本主义国家,生活在资本主义条件下的美国人,其生活方式肯定就是资产阶级的了。我们要的是无产阶级生活方式,全心全意为人民服务,不讲究吃穿,勤俭节约,艰苦奋斗,"新三年旧三年,缝缝补补又三年,""工作上高标准、生活上低标准"。后来,改革开放了,放弃阶级斗争为纲,也不再争论"姓社姓资"了,人们追求吃好喝好玩好也不为过了,西方的一些生活方式也成为追求目标了。

其实，生活方式无所谓资产阶级和无产阶级，只有文明健康与否或者科学不科学的区别。无论哪个阶级都要过好日子，生活要朝着更幸福、更舒适和更美好的方向发展。

现今的美国确有不健康的生活方式，奢靡腐化，吸毒，好逸恶劳（无家可归者，他们有些人明明身体不错，完全可以劳动，自食其力，但他们不干，坐等救济），但很难说他们代表资产阶级；比尔·盖茨、巴菲特等富豪身价几十亿美元，他们应该是超级资本家了，但他们也没有纸醉金迷，腐化堕落，寻花问柳，吸毒嫖娼。

中国是社会主义，我们并不认为中国现在有个资产阶级，但有些富人（不光是个体，还有少数国企老板、党政官员）生活腐化，挥金如土，"养小秘"、"包二奶"，这种生活方式算哪个阶级的？

美国生产力发达，社会发展水平高，社会福利保障好，在生活方式方面，有些是健康的，有些则未必。比如饮食构成，全世界公认日本人的饮食结构比较科学，中国人的饮食构成总体比美国人健康。美国人主食肉蛋奶，喜好高脂高糖的东西，带来更多"富贵病"，特别是心脑血管病，也导致年轻人肥胖，糖尿病发病率高，本来属于老年人的多发病，现在也呈现严重的低龄化趋势。

2. 收入与保障

透过衣食住行、娱乐消遣等物质消费和精神享受等方面不同，不难看出美国人生活水平高。生活水平高的基础是他们的收入高，社会福利和保障条件好。

首先，收入水平不同。

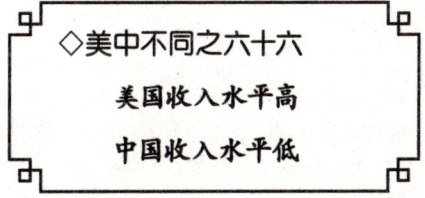

◇美中不同之六十六

美国收入水平高

中国收入水平低

1999年美国人均收入21268美元，2000年人均收入22231美元。2008年户均收入

这是太行山区一个不算太贫穷的山村。在中国中西部地区（占大陆省份总数的2/3），像这样的山村占多数。中国农村人口多，中西部地区比例更大。1999年中国农村居民人均纯收入2210元，2008年为4761元，10年增长2.1倍，进步很快，但农民的生活离富裕还远。

这是美国一个普通乡村。1999年美国人均收入21268美元，2008年人均16517美元，10年内不增反降。尽管如此，美国人收入水平还是很高。以2008年为例，中国城镇居民人均可支配收入是美国的1/7，农村居民人均纯收入仅为1/25。

52029美元（当年人口3.15亿），人均16517美元。根据国家统计局的数字，1999年中国城镇居民人均可支配收入5854元，农村居民人均纯收入2210元；2000年全国城镇居民人均可支配收入6280元，农民人均现金纯收入1640元；2008年城镇居民人均可支配收入15781元，农村居民人均纯收入4761元。

不难看出：中国人均收入增长很快，城镇居民人均可支配收入从1999年5854元增长到2008年15781元，是10年前的2.7倍，农村居民人均纯收入是10年前的2.1倍。而美国不增反降。

尽管如此，美国人收入水平还是很高。2008年底，美元兑换人民币基准价为100:683.46。依此换算，当年中国城镇居民人均可支配收入为2310美元，农村居民为697美元，分别约是美国同年的1/7和1/25。

中国人收入主要用在吃饭上，而美国人收入用于家庭生活必需品所占比例很低。依据家庭食品消费支出占消费总支出的比重（恩格尔系数），1995年，美国家庭生活必需品占消费的15%（包括食品、服装还有住房等其他非消遣性支出）。同年中国农村家庭恩格尔系数占58.6%，城市占50.1%。2002年农村居民家庭恩格尔系数为46.2%，城市居民家庭恩格尔系数37.7%。2009年，农村居民为41.0%，城镇为36.5%。

其次，社会福利保障不同。

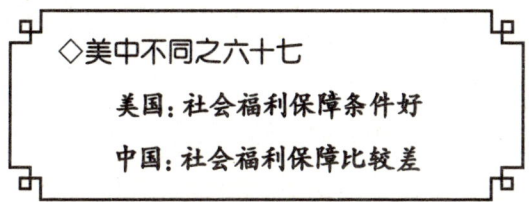

◇美中不同之六十七
美国：社会福利保障条件好
中国：社会福利保障比较差

社会福利保障方面的不同，主要体现在：

医疗保险。根据美国政府2009年9月10日公布的数据，随着失业人口增加，去年没有医疗保险的美国人达4630万，比前一年增加60万左右。美国人口调查局当天公布年度报告说，2008年没有医疗保险的美国人占总人口15.4%。换句话说，84.6%的美国人有医疗保险。根据国家统计公报，2008年中国参加城镇基本医疗保险的人数40061万人，增加8239万人。其中，参加城镇职工基本医疗保险人数21961万人，参加城镇居民基本医疗保险人数18100万人。参加城镇医疗保险的农民工4335万人，增加69万人。也就是说，在年末全国总人口132802万人中，能享受城镇基本医疗保险的比例为30%。《2009年中国人权事业的进展》报告说，2009年，新型农村合作医疗参保人数达到8.33亿人，最高支付限额为农民人均纯收入的6倍。

养老保险。美国联邦政府的法律规定，职工退休年龄不分男女都是65岁，同时必须纳税40个季度（具有10年缴费年限），才能享受养老保险待遇。美国很早就建立了养老保险制度，参加养老保险的企业员工很普遍，绝大部分公民到老都能享受养老退休金。中国建立养老保险制度较晚，2008年末参加城镇基本养老保险人数23498万人，农村养老保险刚刚起步（处于试点阶段），多数农村老人只能领取几十上百元的养老金，较城镇养老金差距很大。

3.生活态度

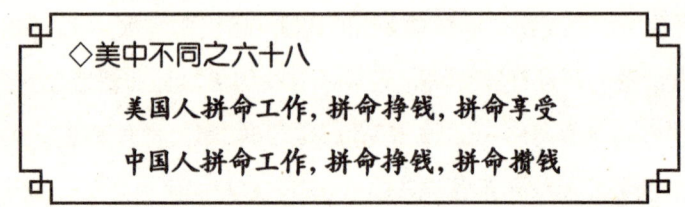

◇美中不同之六十八

美国人拼命工作，拼命挣钱，拼命享受

中国人拼命工作，拼命挣钱，拼命攒钱

不同的生活态度既是不同生活方式的表现，也是选择不同生活方式的重要原因。美国人生活态度是拼命工作、拼命挣钱、拼命享受。他们崇尚物质享受，为实现较好的物质生活，他们不辞辛劳，努力工作。

美国社会的主流文化是基督教文化，这种文化不仅教人从善，而且促人向上，鼓励人们努力工作，创造财富，开创个人事业，教育老板要做好老板，员工要做好员工。也鼓励人们获得财富要通过勤奋与自律，还要帮助他人。美国的社会福利在西方国家中属于较差的，不养懒人，鼓励人们辛勤劳动，靠自己的双手获取劳动果实。

美国是西方国家中每年工作时数最高的。美国人每年多工作300余小时。欧洲人知道，美国人的生活水平比他们高出一大截。在意大利年轻人穷得买不起自己的房子时，美国人早就不知换了多少个住所了。英国《泰晤士报》认为，这是因为美国人在任何时候、任何领域的劳动产出都要多于欧洲人。美国人致富的秘诀是勤奋工作。

据《洛杉矶时报》报道，意大利人每年有42天的带薪假期，法国人37天，德国人35天，英国人28天。而美国人是16天，但实际上他们只休14天。美国劳工统计局的数字也显示，美国人每周工作49小时，加起来每年要比欧洲人多工作350小时。而14天的休假对美国人来说恐怕还是过高的估计。广泛普及的手提电脑使美国人无论在海上、沙滩、田野、山区还是屋顶上，都可以随时收发电子邮件；对那些名义上正在休假的律师、顾问或工程师，通过手机就能与他们商量公事；假期的豪华水疗等项目通常都安排在公司或行业会议期间。

他们是享受生活。一般人有了一些节余就去消费，包括旅游。1995年，美国家庭生活必需品占消费的15%，教育和保健占15%，消遣支出占65%。消遣支出所占比例很大。同年中国农村家庭恩格尔系数占58.6%，城市占50.1%。

中国人是拼命工作、拼命挣钱、拼命攒钱。中国人也很勤劳，努力工作。但中国人基本上还在挣生活。并非中国人不懂得享受生活，而是物质生活不富裕，社会总体没发达到那个阶段，多数人不得不为生活奔忙，有些年轻人为了挣钱甚至透支健康。2000年，占总人口60%以上（约8亿）的农村人口基本解决温饱，实现小康。现在仍为衣食住行奔波，稍有节余，还要为医疗和子女教育积攒资金。城市人口中，要积攒资金用于购房和子女教育。真正有钱和有闲到外地度假享受生活的人还是少数，多数人假期选择在市内逛商店、公园，或在城市附近转转看看。

4. 消费观念

首先，消费模式不同。

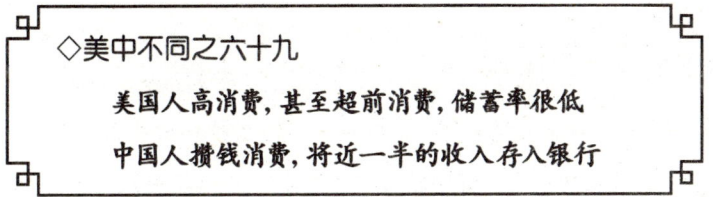

◇美中不同之六十九

美国人高消费，甚至超前消费，储蓄率很低

中国人攒钱消费，将近一半的收入存入银行

消费模式的不同反映消费观念不同。美国人崇尚物质享受，不少人超前消费，当下挣的钱消费完还不够，于是"寅吃卯粮"，通过信用卡提前花以后挣的钱。"美国人的超前消费已经变成这个国家的一种文化，他们是按自己有多少信用额度来消费，而不是依据自己的收入花钱。"美国洛切斯特理工学院金融教授罗伯特·曼宁说，"崇尚物质主义的消费观念在美国发展得非常快，以至于让美国人形成了这样一种理念：我们可以用信用来换取自己舒适的生活。"美国是信用卡的发源地。信用卡的使用为美国人超前消费提供了可靠保证。据美国达拉斯的非营利组织"消费者信用咨询服务"统计，1989年时美国只有54%的家庭拥有信用卡，而到2006年这个比例提高到75%。美国有3亿人口，2004年信用卡用户为1.85亿。据我所知，每一个成年人手中都有1—2张信用卡，甚至更多，每人信用额从上千美元到数万美元，可以轻轻松松刷卡购车、购房、旅游。目前，美国人的信用卡债务超过8000亿美元，每个家庭平均拖欠信用卡款项达7200美元。《信用卡国家：美国沉溺于信用的后果》一书的作者曼宁说：

"信用卡纵容了美国人过度消费的坏习惯。"有了它，你就能住在高尚的社区中，衣着体面，生活上档次，并得到令人艳羡的社会地位，但是这并不等于说你就有这样的经济实力。你赚的钱可能并不足以维持这些，但信用卡却能帮你创造出如此令人迷惑的假象。

《中国日报》网站2003年8月20日消息说："据美国破产研究所8月18日公布的报告，由于家庭债务负担沉重，不堪重压，在截至今年6月30日的过去12个月里，美国的个人破产申请案再创历史新高。报告提供的数字显示，在此期间，美国个人申请破产的总共为161.3万多例，比此前12个月中的146.6万多例增加了10%。"为什么申请个人破产？就是因为超前消费太多，个人资产无法偿还全部债务，申请通过法定程序宣布其破产并核销债务。当然，在裁定破产后的一定时期内，破产人只有权享受基本生活，不得进行奢侈消费和商业行为。

由于崇尚物质享受，超前消费，所以，美国大部分家庭基本上没有什么储蓄。美国是世界上人均收入最高的国家之一，但也是居民储蓄率最低的国家之一。中国社会科学院美国研究所编写的《2002美国年鉴》披露，1998年美国人储蓄占收入比例的4.2%，1999年占2.4%，2000年占1.0%。"9·11"事件后，个人储蓄率有所上升，2001年为1.6%。据英国《经济学家》最近报道，美国消费者开支自1991年起，没有一季呈现收缩。消费增加的同时，是美国家庭储蓄比例的持续降低。20世纪80年代，美国家庭还将其收入的9%储蓄起来，到90年代，该数字下降至5%；于本世纪初，该数字更下跌至2%；到了2005年，美国人只将收入的0.5%存起来，即收入约3000美元，就只储蓄15美元。当去年爆发的金融危机愈演愈烈，美国人突然意识到储蓄的重要性，今年5月的国民储蓄率突升至5%，其后两个月的平均储蓄率亦达2.4%。

中国人大多习惯于攒钱消费。与美国人相反，中国人重视存钱，大部分家庭将工资收入的40%—50%以上存入银行（2008年为51.6%）。我观察到，许多华人在国外也保留了这个传统，丰年想着歉年，年轻时想着老年，父母想着子女，靠自己存钱购车、买房等。他们一方面重视存钱，另一方面重视人情关系，遇到困难时互相帮忙。因此，在美国，因失业或其他原因造成的无家可归者中，极少有华人和其他亚裔人，破产的家庭中也鲜见华裔。

美国家庭储蓄率低，并不等于美国家庭不富裕、没有钱。超前消费的确让上百万家庭破产，但这只占全美7000多万家庭的很小部分。事实上美国人比较务实，美国人收入高，但日常生活中并不那么铺张浪费，有了房子、车子等大件后，一年再来那么一两次旅游，剩余的钱哪里去了？进入了股市。美国人开玩笑说，美国人对股市的热衷远胜于对NBA的热情。美国人口3亿，股市开户人数8000多万，开户人数占总人口的近27%，这一比率远远高于中国。据报道，全美50%以上的家庭都涉足股票市场，股票价值占美国家庭财产的三分之一以上，股票给美国家庭创造的财富难以计算。据专家估算，近30年，美国股票投资年回报率平均高达20%。2007年3月，美联储发布报告称，2006年美国股市一路走牛，使美国家庭净资产额升至历史最高，达55.6万亿美元。美国花旗银行投资部高级副总裁埃文斯·蓝说，根据过去50年的统计，美国股市每年的增长率为10.6%，远远高于房地产6%的年增长率，所以股市被美国公众普遍认为是一种收益率高的投资保值渠道。美国"全民持股"不等于"全民炒股"，美国人持股多半为了养老。美国股市发展早，股民心态成熟。统计显示，普通美国人买一只股票，平均持股时间为两至三年。基金的持有时间更长，一般达三至四年。有的一只股票可能会持有几十年。许多银行客户家里都藏有父母一代留下的股票。

为什么中国人不搞超前消费？很简单，存在决定意识。第一，中国没有像美国那样的物质基础。美国是高度发达的资本主义国家，生产力水平高，物质财富极大丰富，社会的文化传统和价值观念崇尚个人享受，加上有比较完备的社会保障、医疗保险、失业救济等制度，使美国人形成现在的消费观念。中国正处在从传统的农耕社会向工业化社会的转变时期，生产力水平低，物质财富不那么丰富，农村刚刚实现温饱。我们不具备超前消费条件。

第二，我们没有那样的文化传统。中国的文化传统和价值观念历来崇尚节俭，而且不主张个人享受。在封建社会，老祖宗留下的是"量入为出"、"勤俭持家"的传统美德。在革命战争年代，我们提倡的是"节约每一块铜板，为了革命事业的胜利。"总体而言，中华民族是一个崇尚节俭的民族。

第三，我们的社会保障体系还不完备。在中国目前财力状况下，在教育、医疗、住房、养老、就业等方面，国家还没有能力完全包起来，特别是对占中国人口大多数的农村来说，多数还要靠家庭来承担。

近年来，中国人的消费观念也在发生变化，特别是年轻人，变化很大。生产力发展了，收入多了，生活水平高一些，"吃饭讲营养，住房讲宽敞，穿着讲漂亮"，实属正常，贷款购车购房，也无可厚非。但社会上有些不良消费倾向非常不好。首先，公款大吃大喝，每年吃掉上千亿元甚至更多，数字惊人。它给社会带来的最坏影响就是铺张浪费。一些地方招待外宾和重要客人，点菜很多，大量浪费，引起非议。这种习惯也蔓延到家庭聚会和朋友聚会上。其次，高档舶来品消费盲目升温。高档轿车、名表、名酒等发达国家的高档消费品，在中国这个连中等富裕程度还未达到的国家销路之好，令外国人咂舌。

其次，选择消费品的侧重点不同。

> ◇美中不同之七十
>
> 美国人注重质量，不太追求消费品的外表
> 中国的消费品花样多，价格低，质量较差

选择消费品的侧重点不同也反映消费观念不同。在美国，我还观察到一个现象：对于消费品，美国人注重产品质量，不太追求外表。如手机，美国可谓世界上科技最发达的国家，又有世界知名的手机品牌摩托罗拉，但美国人用的手机远不如中国人用的手机外表漂亮、款式新颖、品种多样。美国人看重手机的基本通话性能，不太在乎样式和外表，也没有那么多花里胡哨的功能。不少国人去美国考察旅游，让他们大跌眼镜的是，他们发现很多美国人还在用灰屏手机，摄像头也不一定都有，深感不解。

说一件我本人的事。2002年10月，国务院新闻办在美国举办《历史的记忆》大型展览，因为筹备期间联络工作需要，我被批准用公款购买一部手机。我花100美元左右选择了一款当时价位上乘、样式很不错的黑色翻盖手机，心里那个美呀，不得了！因为我的手机比使馆配给参赞们使用的漂亮，他们的又厚又笨。那时，大街上美国大

多数人使用的还是直板式的，类似子母电话的子机，灰色的屏幕很小，铃声单一，这种手机的"倩影"在美国大片中不难看到。谁知刚过半年，我的继任者接替我时，公然对我移交给他的手机"大放厥词"："这么土气、这么难看，国内早没人用了"，让我心里着实不爽。等回到国内一看，中国大街上人们使用的手机样式之多、功能之繁杂、铃声之好听，让我吃惊，特别是女孩子的手机，简直是精巧漂亮的玩具。我不得不承认，美国的手机市场没有中国"火"。后来，时间长了，发现了问题，虽然说国内手机牌子多，样子好，价格也不高，但质量问题也较多。

再比如汽车。美国国产的汽车结实、防冲撞能力强，但样式、耗油量和舒适度不如日本车。美国的房屋，外表不显眼，但质量好，内部装饰配备相当好。大桥护栏、城市下水道的井盖，粗壮结实，让人一看就放心，用它上百年不会出问题。说明一个问题，美国人注重产品的实用和质量！

第三节　性格特征和行为方式

1.性格特征

每个民族都有其独特的性格特征，中美两个民族非常不同。性格具有很强的两面性，一个民族的性格和人的性格一样，也都有两面性，是优点的方面，同时也包含着它的不足。

先谈看似美国人相对"突出"而中国人相对"弱"的一面。

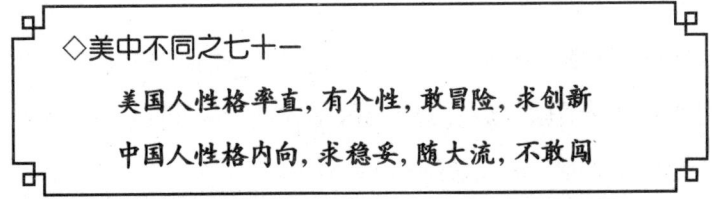

◇美中不同之七十一

美国人性格率直，有个性，敢冒险，求创新

中国人性格内向，求稳妥，随大流，不敢闯

人们常说英国人的矜持，法国人的浪漫，日本女子的柔顺。美国人性格的典型特征是：

坦承直率——同美国人接触，总的印象是：直爽、开朗。当你走在路上，陌生人都会主动跟你打招呼，说"哈罗"（Hello），或微笑点头致意；如果你迷了路，会热心地为你指点；如果你的车半路抛锚，会有热心人主动过来帮你修理。初次结交，如果你会英语，他会对你侃侃而谈，使你毫无拘束之感。他们表达意见直率，不拐弯抹角。双方会谈，美国人直入主题，他们觉得过分客套是在浪费时间。如遇利益受损，必据理力争，即使是好朋友也不讲情面，该上法院时决不会犹豫。

独立进取——美国人不喜欢依赖别人，也不喜欢被人依赖。他们从小就养成独立奋斗，不依赖父母的习惯；父母也认为子女从小自强自立，对他们将来到社会上去生活大有帮助。独立进取是美国人的性格特点，也是其价值取向。他们从小到大，一生都以独立进取为宗旨。求学时，靠成绩获得奖学金，靠半工半读赚取学费；成年时，离开父母，自立门户，靠自己的能力在社会上争得一席之地。生儿育女，不指望老人来照顾；年老退休，不靠子女，靠养老金生活，子女只是来看望而已。

不随大流——美国人不喜欢随大流，不与他人雷同，不受他人态度左右。与人交际时，不喜欢服从于别人，也不喜欢别人过分客气地恭维自己。在事业上、政治上各有自己的立场和观点。政客们互相攻击、互相辩论，毫不含糊。穿着也有个性，除非统一职业着装，很少在一个公司有两个人穿着同样的服装。

特别看重个人成功——美国人在激烈竞争的社会环境中形成的性格特征。只有强者才能出头，只有打败对手，才是成功者。在美国人看来，重要的不是你的家庭背景，而是你的才华和头衔。在美国，别人向你介绍某人时，只会说：这位是某某"畅销书的作者"，或这位是"某学校的网球冠军"之类，绝对不会大摆其家谱，即使总统的子女也是如此。

追求新奇，敢于冒险——美国人总是在追求新奇的事物，敢于在冒险中寻求刺激，甚至敢于拿生命去冒险。纽约的摩天楼，有人敢于从外墙攀援而上；奔腾呼啸的尼亚加拉大瀑布，有人敢于躺在铁筒中顺流而下；浩渺无际的大西洋，有人敢于乘气球飞越；还表现在敢于攀登科技高峰，比如登月，"挑战者"号升空爆炸和"哥伦比亚"号坠毁都没有阻挡他们的脚步……

讲求实际——历史造就了美国人善于在逆境中不气馁，看准目标，孜孜以求的性格。美国人认为，死要面子意味着一事无成，耽于幻想则意味着一无所有，他们喜欢实践、喜欢动手，大小事情自己解决。多数美国人懂得使用和修理家电设备，油漆家具和粉刷墙壁，种花草和修剪草坪等。美国人在金钱上也非常务实：付出劳动便要取得报酬，求助他人则当以惠相报。表现在生活上，搭乘别人的汽车要分担汽油费；使用亲友的电话要交电话费；朋友们一起去餐馆聚餐，通常是各自付费；父母到儿女家小住也要交伙食费；孩子在家帮助做家务要给奖励……美国人对别人劳动价值的尊重并不完全局限于金钱报酬上。在事情并不大的情况下，表示谢意即可。"谢谢"一词使用的频率最高。

也有学者把美国人精神状态和性格描述为"朝气蓬勃、自由自在、乐观自信、不拘形式、不拘礼仪。他们总是盯着前方，遥望目力所及的地方，迈开脚步走向那未知的前程。西进运动和边疆生活造就了美国人鲜明的个性：粗野却又敏锐，讲实力又好寻根问底，讲实际又富于创造力，脑子快办法多，充沛的精力和勇气，强烈的个人主义，既有协作素养又具独立自主的开朗与活力，再加上与生俱来的奔放与活泼——这就是美国人"。

相对于美国人的性格特征，中国人有明显不同：

一是说话不直爽。常常是说话拐弯抹角、吞吞吐吐，不直截了当。父母教育孩子，再三叮咛的是，"遇事少说话"，与人交往和不得不说时则小心提防，"逢人只说三分话，不可全抛一片心。"他们信奉"病从口入，祸从嘴生。"少说话可以减少很多麻烦。形成这种不敢说话、不愿说话的原因是，在历史上和现实中，太多的人因为多说话，有时并不是错话而仅是当权者不爱听的话，受到打击和迫害，甚至招来杀身之祸。日常生活中，在长辈、领导、上司面前也不能随便说话，否则"一言不慎，招来祸端"。

二是胆小怕事，遇事忍耐。中国人习惯忍，当自己遇到外力的冲击、威胁和深以为恶的事时，大多数人会选择"克己忍耐"这个护身法宝。认为只要忍，事情就过去了。本来被人家欺负了，却不伸张，忍受冤屈，因为怕惹出更大的祸端。一车的乘客可以被一两个歹徒制住，当有人无法忍耐奋起反抗的时候，其他人也不会出手相助。除了将忍作为安身立命的法宝，善于忍还被认为是一种心智的成熟，更认为在克己隐忍的背后，还深藏着一颗顾大局、识大体、守本分的谦谦君子之心。中国人早就从先人那里不断听到关于忍耐的实惠哲学：遇事忍为上、百忍成金、忍者自安、忍一下风平浪静……这些诲世育人的古训被奉为圭臬并作为立身处世的法宝。穷源溯流，二千五百多年前就有人感喟：小不忍则乱大谋！

三是崇拜权威，因循守旧，缺乏创新精神。此类例证俯拾皆是。在中国，一般情况是在家听父母的，父母怎么说就怎么做；在学校听老师的，老师让怎么做就怎么做；在单位听领导的，领导叫怎么办就怎么办。多数情况下自己没有也不敢有不同想法。中国人从小就被教育要"听话"，听父母、老师和领导的话。有了一定阅历和经历的，遇到难事，学会读书交友，从古人和他人那里获得经验。多数情况下从古人、他人，按惯例办，搞创新的不多。创新不易，要冒险。关键是中国的文化环境扼杀创新意识。敢想敢说敢干要冒犯上司，搞不好丢掉饭碗，政治上遭受厄运。中国四大发明对世界贡献巨大，中国的科技、经济和社会进步都曾领先世界。问题是我们在近代落伍了。落后的根本原因是长期的封建专治扼杀和禁锢了人们的创新思想和创新意识。改革开放，人们思想解放的程度大提高，但是传统文化影响太深，积重难返，人们骨子里因循守旧，求稳怕变，不敢想，不敢干，不敢闯。以引进技术的消化吸收为例。日本、韩国当年引进欧美的技术，用于引进的资金和对引进技术消化创新的资金投入比例为1:8。而根据2004年国家统计局的数字，中国用于引进吸收创新的资金投入比例为1:0.07，与日韩相差100多倍，足见对引进技术缺乏消化吸收，更少创新。所以，只能是引进再引进，始终在跟踪模仿，形不成有自主产权的技术和产品，形不成核心竞争力。中国孩子看《宝莲灯》、《花木兰》，美国的孩子看《机器人》、《星球大战》，一个老用古代的伦理道德去说教，一个鼓励孩子去探索、去想象，培养出的孩子能一样吗？中国的孩子哪里来想象力和创新精神呢？

四是处世低调、谦卑。明明能胜任的事，还说"我怕不行"。已经做得很好的事情，还说不够好。艺人表演，明明是超群绝技，水平很高，还说"献丑"了；请客吃饭，一大桌子丰盛的菜肴，还说"没什么好吃的，请您包含。"对此，美国人难以理解。不仅美国人，凡到过中国的许多外国朋友都有同感。有位外宾在北京日报上发表了他的感想——当中国朋友邀请我们吃饭时，女主人指着一桌快要放不下了的丰盛菜肴对我说："今天没什么好吃的，大家随便吃点吧！""天哪！"我当时想，"这么多美味佳肴还说'没什么好吃的'，那么'好吃的'又该是什么呢？"原来，这类谦辞是开始吃饭的提示，当然也是源于中国"谦虚是一种美德"这样一种优良传统吧。

五是冷漠麻木，忽视生存环境，缺少公心。最典型的例子莫过于鲁迅先生亲身感受到的那件事。先生在日本留学期间，有一次，课前放映幻灯画片，鲁迅看到一个中国人被日本军队捉住杀头，一群中国人却若无其事地站在旁边看热闹。鲁迅受到极大的刺激。这使他认识到，精神上的麻木比身体上的虚弱更加可怕。要改变中华民族在世界上的悲剧命运，首要的是改变中国人的精神，于是鲁迅毅然弃医从文。新中国成立后，中国人思想觉悟大提高，学习雷锋，关注社会，关心他人，社会风气良好。实行市场经济后，社会风气发生变化，冷漠、见死不救、遇难不帮的现象屡屡见诸报端。2007年7月10日新华网转载兰州晨报的报道《打工少年黄河溺水千人围观　施救者遭嘲笑》仅是其一。

六是相互猜疑，缺少诚信。相互猜疑的原因是缺乏透明。中国人善于把自己包裹起来、封闭起来。仅从建筑上就可见一斑。中国可以说是世界上围墙最多的国家，从农家小院、政府大院，到举世闻名的万里长城。围墙有双重作用，一是防御别人，二是封闭自己。相互封闭自然导致相互猜疑，形成"知人知面不知心"。既相互猜疑，就相互提防，自然不能施信于人。现实生活中，缺乏诚信的单个人不少，不足以说明社会问题。举两个群体的例子。一是个体包工头拖欠农民工工资，前几年是很大的社会问题，以至于国家总理替农民工讨工资。还有朱镕基任总理时解决企业的"三角债"，你拖欠我，我就拖欠他，互不讲诚信。最近的例子是大学生借贷不还。北京工行在中国高等教育学生信息网上曝光了1200余名拖欠助学贷款的学生名单。南京东南大学助学贷款收不回来的比例竟然高达60%。

七是漠视时间和精确。此类事例不胜枚举。原因何在？第一，与中国长期的农耕社会有关。我们的祖辈日出而起、日落而息，看太阳决定时间，不需要特别精确，早一会儿晚一会儿关系不大。在刚刚退出历史舞台不久的农业集体化阶段（自1953年农业合作化起到实行"大包干儿"的80年代前），农村生产队就有这样的顺口溜——八点敲钟九点到，到了地头放一炮（抽一袋烟）。当时中国80%是农民，农民的生活习惯比较松散。第二，与我们使用的汉语有关。我们的语言习惯，喜欢较模糊、较笼统的表述，不大用精确的表达方式。比如，朋友来访，你很忙，你会说让朋友等一会儿。这一会儿多长？三五分钟是它，十分八分是它，半小时甚至更长还是它。还如，借朋友的东西，挂在嘴边上的话是"过几天就还"。几天？没准。这是我们的语言习惯和思维方式。

相对于美国人的直爽、独立、敢于创新和敢于冒险等，中国人在这些方面明显欠缺。

再谈中国人相对"突出"而美国人相对"弱"的一面。

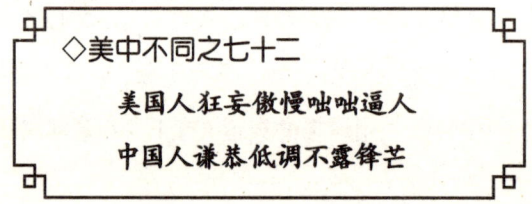

◇美中不同之七十二
美国人狂妄傲慢咄咄逼人
中国人谦恭低调不露锋芒

美国人性格特点的另一面也很突出。由于两国历史不同、文化不同、价值观不同等多种社会因素，与美国人交往时间长了，人们会感到美国人做事张扬，说话狂妄，行为傲慢，为人处事不顾忌情面，甚至有几分咄咄逼人，太过看重物质、金钱和现实利益，友谊不长久，显得有几分浅薄。

举两个例子。一是小布什政府攻打伊拉克。美国在没有充分证据证明伊拉克有大规模杀伤性武器的前提下，仅仅是怀疑，就先发制人，出兵伊拉克，推翻了萨达姆政权，绞死了萨达姆。世界上大多数国家反对，联合国安理会也没有通过，国内也有大规模抗议游行，它毫不顾忌，照样要打。结果，美国自己的武器核查专家证明，伊拉克战前并没有大规模杀伤性武器。小布什自己也承认这一点。因为是小布什政府干的，布什总统丢了脸，美国在世界的形象也因此受到严重损害。

二是日常生活的例子。比如行车，红灯停绿灯行，没问题。左转弯让直行，也没问题。问题是左转弯的信号刚完，如遇左转的车多，个别司机速度稍慢一点，直行车忽地就过来了，有些人太急，车速太快，就发生碰撞。再如并道，如遇新手或路况不熟，并道速度慢了，还未并入，后边直行的车可能会毫不客气地撞上去。没问题，责任肯定是前者的。但少数美国人一点也不礼让，反正我是对的，撞你白撞。蛮横，得理不让人。

中国人说话不直爽，胆小怕事，因循守旧，缺乏创新精神，但中国人处事低调，谦恭礼让；说话含蓄，考虑周全；办事留有余地，不走极端；与人相处，考虑自己也考虑别人，不露锋芒，易于接受。

中国人性格中还有其他显著优点，如勤劳勇敢，吃苦耐劳；淳朴敦厚，心地善良；生活节俭，不事奢华；热情好客，崇尚礼仪；尊老爱幼，重视孝道等等。生活在国内，与其他国家地区的人没有比较，这些优点不觉突出，一旦进入国外的环境，就会凸显出来。

以我比较熟悉的美国华人为例。华人是美国社会中的一个小群体，人数约300万，只占美国总人口的1%。他们把中国文化带入美国，在积极融入美国社会的同时，身上还顽强地保留着某些典型的民族性格。其中最突出者为：

一是中国人特勤奋特能吃苦。华人吃苦耐劳的精神在美国久负盛名。华人在美从事餐饮、制衣等服务业的很多，这些行当每天要工作十多个小时，非常辛苦。在其他一切工作条件非常困难的地方，都留下了华人辛勤劳动的印迹。世界上第一条穿越北美大陆的跨洲铁路美国太平洋铁路，全长3000多公里。从一定意义上说，正是这条铁路成就了现代美国。在当时的条件下，建设过程极其艰难。这条伟大铁路最艰险的路段，是以中国工人为主修建的。在西段全长近1100公里的铁路上，有95%的工作是在华工加入筑路大军的四年中完成的。1865年到1869年，约有14000多名华工参加筑路工程，占工人总数的90%，他们大多来自广东和福建。约有1000名华工死在这里。"每根枕木下面都有一具华工的尸骨"是一句广为流传的话，这绝非夸大其词。华人的杰出贡献100年后终于得到美国政府承认。1969年，在美国太平洋铁路贯通百年的纪念仪式中，美国白宫向旧金山华侨总会发来这样一封信："现今中央政府全体同仁，深知华裔先民流血流汗，以最大之牺牲精神，在极艰苦的环境下，移山辟路，筑成横贯东西方铁路，此项丰功伟绩，吾人永世难忘。"1976年9月，南加州华人历史协会在加州铁路线上立起一块金属牌匾，上面言简意赅地刻着16个字："加州铁路，南北贯通，华裔精神，血肉献功"。

二是中国人普遍比较节俭。在美国，绝大多数华人家庭还是量入为出，勤俭持家，今天想到明天，丰年想到歉年。不学美国人的高消费、超前消费。在国内，中国人重视存钱，到国外后依然如此。节俭这个习惯，华人也在很大程度上保留着。

三是中国人普遍重视情谊。重乡情、友情、亲情。各地都有同乡会、校友会等联谊组织，经常有活动，一方面增进友谊，另一方面为祖国为家乡为母校提供力所能及的服务。他们为国内大洪水、大地震募捐，为国内代表团推荐联络各种招商引资、人才引进和文化交流项目。国家领导人访美，他们积极参与迎送。那是一种爱国的情谊。平日里华人之间大家相互帮助，协助租房、找工作，出席子女婚礼、毕业典礼等庆典。尤其难能可贵的是，遇到困难，在资金上相互拆借，相互支持度过难关。美国社会人情冷漠，相互之间借钱是很少有的事情。遇有不测，如经济危机、失业或家庭遭受灾难，只好宣布破产。2000年前后，美国出现互联网泡沫，一大批与互联网相关的公司倒闭，纳斯达克股指一落千丈，失业人数激增，上百万家庭申请破产。破产家庭中，几乎没有华人。是华人的节俭和重情谊帮助了华人。

民族性格与社会环境和文化有内在联系，以外在行为表现出来。美国人的性格形成于美国的社会环境。美国是移民国家，世界各地的人汇集于"新大陆"，相互影响，相互交融。美国人的主流文化包括语言、宗教、法律等都源于欧洲大陆，在"新大陆"与其他文化交融，产生了

"费城华埠"——费城的唐人街。大牌楼很漂亮，纽约、华盛顿、旧金山等城市也有。这是中国人的习惯，讲究在自家村口修一个牌楼。华人不仅带去了中国的建筑风格，也带去了中国人的良好品格，勤奋、节俭、吃苦耐劳、重情谊等。不好的东西也有，唐人街人口密集，店铺多，比较脏乱差。

新的文化，因此也塑造了个性化的"新人"——美国人。移居新大陆后，面对广袤的大陆和恶劣的生存环境，早期移民要生存发展，必须具有拼搏、开拓和冒险精神。在开发新大陆过程中，美国人形成并保留下来那种敢于征服一切的拓荒精神，敢杀敢拼的西部牛仔精神和崇尚暴力的倾向。表现出来就是张扬、傲慢、蔑视一切。特殊自然环境对形成美国人的性格有独特贡献。现阶段，美国处于发达的资本主义阶段，生产力高度发达，物质生活丰富，有成熟的市场经济、法律和秩序。因此，形成美国人诸如崇尚物质享受，但过度消耗资源，崇尚个人奋斗，但人情关系冷漠，敢想敢干，但傲慢无礼等性格特点。当然，随着时间的推移，社会的发展，自然环境的变化，美国人的性格也会有所改变。

中国人的性格也由中国的社会环境决定。中国历史悠久，人口众多，中华民族在这片黄土地上繁衍生息了几千年，黄土地已经被剥夺的相当贫瘠。就自然资源而言，相对于美国，中国并不那么地大物博，如果按人均水平，更有天壤之别。仅以国土和土地资源为例。中国国土面积为960万平方公里，美国937万平方公里，相差无几，但中国人口是美国的4.5倍。中国耕地面积18.2574亿亩（2008年），美国约28.5亿亩。美国人均约12亩，中国约1.37亩，美国是中国的近10倍。（据联合国粮农组织《1995年粮食与农业状况》报告显示，美国的耕地面积为18574.2万公顷，人均耕地10.6亩，是当时中国的9倍。）众多的人口，面对狭小的生存空间，要过和平安宁的日子，减少为争夺疆域和资源进行争战带来的灾难，不得不讲究"宽容"、"忍耐"、"和为贵"，不得不提倡"君子动口不动手"。中国社会曾经历诸侯争霸，激烈动荡。代表各阶级利益的知识分子纷纷登上历史舞台，著书立说，提出解决社会现实问题的办法，形成诸子百家争鸣的繁荣局面。其中影响最大的是儒家、法家、道家，他们各自为新兴的地主阶级设计了一套结束割据，实现统一的治国方案，为此后治国思想的选择奠定了基础。儒家思想就是在调和这种社会冲突和矛盾中产生的，并且为调和这种社会冲突和矛盾，维护封建的农耕社会的稳定，发挥了巨大作用。几千年来，中国是传统的农耕社会，没有经过资本主义阶段，不可能有资本主义的扩张意识。正是受儒家思想的影响，中国人相对美国人而言，处世低调、谦卑，不那么张扬、张狂。因为长期处于农耕社会，生产规模和效率有限，属"匮乏经济"，所以，中国人必须勤劳节俭，方能自给自足。因为匮乏，自然就产生那种贪婪、自私、冷漠的性格。现阶段，中国社会发生了巨大变化。随着时代变迁，中国人的民族性格也在发生变化，新的健康的积极向上的民族性格正在形成。

2. 行为方式

行为方式是民族性格的外在表现。因为性格不同，两国人的行为方式也不同。

首先，处理矛盾与争端的方法不同。

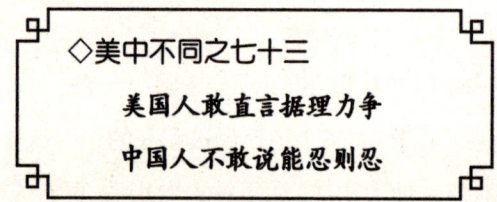

◇美中不同之七十三
美国人敢直言据理力争
中国人不敢说能忍则忍

在处理与周围人的关系上，不管是与家长、邻里、老板或同事发生矛盾，大部分美国人都敢于直言，据理力争。如果得不到解决，多数人还会诉诸法律。在家里，小孩子敢于反抗大人的不公正待遇，在学校敢于质疑老师的讲课内容。

直言率真是美国人的性格，得到社会的认可和追捧。2002年12月22日，美国《时代周刊》2002年度人物新鲜出炉，三位女性（见照片）荣获此项殊荣，她们是世通公司内部审计员辛西娅·库珀（左）、联邦调查局女特工科琳·罗莉（中）和安然公司前副总裁雪伦·沃特金斯（右）。《时代周刊》此次挑选这三位敢于"说真话"的女士作为本年度风云人物。

辛西娅·库珀是世界通讯公司的内部审计员，她发现公司首席财务官斯科特·沙利文从2001年起每个季度都用一种非惯例的手法来做账，使公司的利润虚增数亿美元。这一发现促使世通的审计机构——毕马威会计师事务所对世通财务账目进行重新核查，并最终发现了世通的巨额黑账。

FBI特工科琳·罗莉在"9·11"事件发生前就曾怀疑穆萨维与恐怖组织有关系，但她的上司并没有理会她的报告，没有及时对"9·11""第20名劫机犯"穆萨维采取

行事，如果违反约定，则按规定办理，或者赔偿或受法律制裁，没什么情面可讲。

美国人热爱自由，不愿被人强行控制，然而在真正行使自由权利时，他们仍受法律观念约束，有分寸地在自己的权限范围内"自由潇洒"。事实上，尽管美国人表面上办事满不在乎，大大咧咧，但实际上，美国人是极其崇尚法治的。世界上没有哪一个国家像美国那样下功夫研究法律，也没有哪一个国家的律师能像美国那样在政治和日常生活中发挥如此重要的作用。

在美国，法律至上，法院享有至高无上的权威。美国人可以无所顾忌地用粗话批评总统和国会，但对最高法院却抱以敬畏的精神。

政治斗争，两党竞选，出现选票争议，由最高法院判定。2000年的大选，最高法院以5:4决定停止佛罗里达州人工点票，该州25张选举人票归属小布什，小布什获胜。对手戈尔乖乖服从。

总统宣誓，要在最高法院首席大法官主持下进行。首席大法官主持宣誓是对司法权尊重的传统的体现。2009年1月15日当选总统奥巴马在美国最高法院首席大法官约翰·罗伯茨主持下，使用当年林肯总统就职典礼用过的圣经宣誓就职。

总统犯事，最高法院也管得起。最典型的事例是美国诉尼克松案，令总统丢失宝座。1972年"水门事件"发生后，全国哗然。由于窃听属违法行为，涉案人员受到联邦检察官控告，法院启动调查程序。尼克松总统不仅不承认过失，反而包庇下属。他启用总统行政特权，拒绝交出涉案证据录音带。该案于1974年5月上诉至联邦最高法院。7月23日，最高法院裁决："总统如拒绝交出这批录音带，势必构成妨碍适当法律程序之罪嫌。"面对最高法院判决，尼克松只得交出录音带。有了确凿证据，尼克松随即被弹劾。

普通民事案件，商业纠纷等，法院更是一言九鼎。

遵守法律，严格依照法律规定办，已经成为人们的行为准则。戈尔输掉大选后，很有君子风度地与小布什握手，祝贺他当选。他没有不服气，私下串通，四处散布不满，也没有拉起人马搞分裂，而是离开政界，从事自己钟爱的环保事业。

在日常生活中，美国人做事按规矩办，不靠关系，不徇私情。考驾照、住医院、办贷款、孩子入学等等，都不用找关系、托人情，手续齐全，马上就办。美国人做事按规矩办，严格到让有些中国人看来有点犯傻的地步。比如，遵守交通法规。美国街区的小路口设有停止标志牌，写着一个大大的stop，所有的车遇到它都必须在路口完全停下来，让行人和其他车过去后自己才能前进；如果没有行人和其他车，也必须停下来，等三秒后才能走。首先，必须停，其次，必须停下来，不能踩一脚制动车还没停稳就接着走。这种情况必须所有的人都自觉遵守才能真正的实行。我在自己居住的小区仔细观察过，即便在夜深人静，路上无一人一车，所见到的车都自觉遵守。在中国，很多司机做不到这点，能抢就抢，没人跑得更快。在市郊，有些新修的马路，虽然安装了红绿灯，只要没有摄像头，红灯照样跑。谁在红灯时停住了，而别的车依然飞驰而过，让你感觉自己很傻。另外，行人过马路不走斑马线，横穿马路，翻越隔离栏杆并不鲜见。并非他们不知道那样违反交通法规，而是明知故犯，只图个人一时便捷。在美国，无论马路上有车没车，行人都会看红绿灯行事。同时，美国任何一个城市的大街上，穿越斑马线时都可以大摇大摆，"闭上眼睛也没问题，司机会停下，直到你通过为止"。

美国人遵纪守法，是指大多数人。当然，再严格的法律也阻止不了少数人铤而走险，以身试法。少数不守法纪的人，最终会受到法律严惩。它的社会大环境就是那样，中国人到了那里，很快都会变得规规矩矩。你敢闯红灯、开车超速、违章停车、遇到警车鸣笛不让道，可以，吃罚单，扣驾照。你求情说好话，没用；你找关系，没用；你说你有理，可以，到法庭去说，警察只管开罚单。你养的狗，不想要了，扔掉，不行，要犯遗弃宠物罪。你管教孩子，孩子顶嘴，你随手两巴掌，对不起，一是孩子可以告你，二是千万别让美国邻居看到，否则你会被指控虐待儿童……还有很多情形，在中国也许不是回事，或者可以找熟人说说就算了，在美国，你可能触犯法律。美国就是法律多、严，而且大家都遵守，它是法治国家。

中国的百姓历来呼唤法制，希望有"包青天"，主持公道，得到法律保护。但中国曾是长时间的封建专制，皇权大于法权。推翻封建社会后，建立民主与法制的社会也一直是百姓的夙愿。中国社会从鸦片战争后进入转型期，外有列强入侵，内有军阀混战，八年抗日，三年内战，造成社会剧烈的动荡和变革，实现稳定和法制只能是梦想。

新中国成立,法律秩序逐步建立。但是文化大革命又把它搞垮了。改革开放后,中国大力推进民主法制建设,法律逐步完善。30年来中国的法制建设已经有长足进步,但毕竟时间还不长,由于以往长时间实行专制和人治,缺乏民主和法制的社会和文化环境,公民的法律意识还不强,全社会尊重法律、发扬民主的自觉意识比较欠缺。在建设有中国特色的现代法制国家方面还有漫长的路要走。

第四节　思维方式和思维习惯

在古希腊,流传着这样一个故事,有一位年轻人决心以演讲为终身职业,这个选择遭到了他父亲的强烈反对。

父亲对他说:"孩子,你可得当心! 你选择演讲作为终身职业是不会有好结果的。说真话吧,富人显贵们会恨死你;说假话吧,贫民们不会拥护你。可是既然要演讲,你就得说真话,或是说假话。因此,你不是遭到富人显贵们的憎恨,就是遭到贫民们的反对,总之做演讲家是有百弊而无一利啊! "

儿子听了,莞尔一笑,不紧不慢地回答说:"父亲,您不用担心。如果我说真话,那么贫民们就会赞颂我;如果我说假话,富人显贵们就会拥戴我。我不是说真话,就是说假话,因此不是贫民们赞颂我,就是富豪显贵们拥戴我,这又何乐而不为呢? "

生活在同一家庭的父子二人,看问题的方法和思考问题的方式尚且不同,生活在不同国度,生活环境和文化背景差别很大的美国人和中国人,思维方式和习惯更是不同,有些甚至完全相反。

1. 思维方式

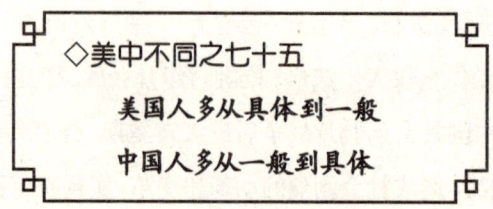

◇美中不同之七十五

美国人多从具体到一般

中国人多从一般到具体

一般认为，人类的思维方式分为两类：一种是由整体走向分散的东方思维，另一种是由分散走向整体的西方思维。东方式思维的特点是：强调整体概念，追究事物之间内在的必然联系，全面了解和掌握事物发生、发展的根本原因和规律，从而得出一个完整、统一的结论。他们将世界看成是一个完整统一的、和谐发展的、有规律可循的、可认知的整体。他们遇到问题时，总是从全局出发，寻找问题的要害所在，以极少的力量掌控大局。他们总有一种能"牵一发而动全身"的本领。他们相信，所有事物万变不离其宗。西方式思维的特点是：强调具体概念，关注事物的局部和个性，追求事物的细致与精微。认为每个事物都是一个独立的个体，应该有它自己的地位和独特性。他们认为，世界是神秘的，许多问题都是不可知的。认为每个事物都是独立存在的。

不同的思维方式创造了不同的科学体系、文化体系和历史形态。在东方思维的影响下，便有了全面统一的东方思想，在西方思维的指导下，发展了分门别类的西方各类学科。

中国处于世界的东方，有悠久的文明，中国人是典型的东方式思维，而美国人更是西方式思维的代表。

对于美国人和中国人思维方式的不同有多种表述：由分散走向整体的西方思维和由整体走向分散的东方思维；美国人是从微观到宏观，中国人是由宏观到微观；美国人是从具体到一般式，中国人是从一般到具体式；美国人多采用归纳总结式，中国人注重演绎推理式等。每一种表述形式都从不同角度揭示了事物的本质。我认为：美国人多从具体到一般，中国人多从一般到具体。

首先，描述事物和表达概念。美国人由小到大，中国人由大到小。例如：

（1）**数钱，找零钱。**美国人无论在银行、商店、饭店，只要涉及找钱或者数钱的地方，到处都一样，先给零头，依次稍大，最后最大。在市面见到的美元纸币，面额分为100、50、20、10、5、2、1美元，硬币分为1美元（美国人叫dollar）、25美分（quarter）、10美分（dime）、5美分（nickel）、1美分（cent）。到银行取款，比如取出235美元，银行出纳员一定会先数给你5美元，再数给你壹拾……贰拾……叁拾……美元，最后给你壹

佰……贰佰……美元。中国人一定是先点给你大数，告诉你："这是贰佰，这是叁拾，这
是五块。"商场购物，找零钱时美国人也是先给最小的数，然后依次给大的，更大的。

(2) 标记东西，如单位或者家庭地址。美国人先说最小的单元再逐步到最大，
中国相反。如原中国驻美大使馆的地址，英文是：2300 Connecticut Avenue, NW,
Washington, DC 20008, U.S.A., 直译为：2300号, 康涅狄格大街, 西北区, 华盛顿市,
哥伦比亚特区 (邮编) 20008, 美国。

中国的方式与美国相反，我们是从大到小排列。如, 河北省政府新闻办公室的地
址是：中国河北省石家庄市维明南大街46号。

书写信封的格式，美国和中国也不同，顺序是颠倒的。中国是发信人地址在右下
方，美国人则在左上方。以美国兰登书屋博泰斯曼公司联合主席理查德·萨诺夫给我
的信为例，直译的格式是：

理查德·萨诺夫

联合主席

博泰斯曼公司

兰登书屋

1745号, 百老汇大街

纽约1009

夏文义先生

副主任

河北省人民政府新闻办公室

46号, 维明南大街

石家庄市, 河北省050052, 中国

(3) 表达自己的名字。中国人先姓后名，美国人先名后姓。这是习惯。虽说是自
然现象，但也有深层文化的原因，他们看重的是自己，不太看重家庭和家族。在中国，
出身名门望族，后代子孙引以为荣，当然，在美国也觉得不错，但美国人对家庭背景
看重的程度比中国人要轻得多。他们看重的是自己的努力和自己取得的成就。相比之

下，中国人太看重那些了。中国人向别人介绍自己，往往愿意说明自己是某某家孩子，借助父母或家庭的知名度，便于对方了解。在中国，父母和家族的情况对子女后代影响很大。

其次，说理（推理）方式。 美国人是线性的，中国人是发散式。

美国人的说理方式是线性的，一环扣一环。往往前面的事实是后面推理的假设。一步步导出结论。中国人的思维方式是发散式的。中国人说明问题时，喜欢从历史和所处的大环境去论述，找一个大框框，戴一顶大帽子，心里才踏实。而美国人常常结合实际，从最现实的例子中去论证。如，外面下雨了，如果不让孩子出去，我们会说，不要出去了，外面下雨了，会被淋感冒的。而美国人会说，小宝贝，外面下雨了，你可以待在屋里，也可以出去。如果出去，会淋雨，淋了雨会生病，生了病就不能去参加晚会，不能参加晚会，就不能得到你想要的礼物了。出去还是待在家里，你自己决定。这种环环相扣步步紧逼的说理方式会让对方无可辩驳。往往前面的事实是后面推理的假设，一步步导出结论。

再次，语言表述的虚与实。 美国人多微观而具体，中国人多宏观而抽象。

对法律、法规、规章制度等的语言表述上，美国人多是微观、具体、精确性表述，中国人多采用宏观、抽象、整体性表述。

例如，中美小学生守则很是不同。

美国小学生守则：

(1) 总是称呼老师职位或尊姓。

(2) 按时或稍提前到课堂。

(3) 提问时举手。

(4) 可以在你的座位上与老师讲话。

(5) 缺席时必须补上所缺课业。向老师或同学请教。

(6) 如果因紧急离开学校，事先告诉你的老师并索取耽误的功课。

(7) 交的所有作业必须是你自己完成的。

(8) 考试不许作弊。

(9) 如果你上课有困难, 约见老师寻求帮助。老师会高兴帮助你。

(10) 任何缺勤或迟到, 需要出示家长写的请假条。

(11) 唯一可以允许的缺勤理由是个人生病、家人亡故或宗教节日。其他原因待在家里不上学都违规。

(12) 当老师提问且没有指定某一学生回答时, 知道答案的都应该举手。

中国小学生守则:

(1) 热爱祖国, 热爱人民, 热爱中国共产党。

(2) 遵守法律法规, 增强法律意识。遵守校规校纪, 遵守社会公德。

(3) 热爱科学, 努力学习, 勤思好问, 乐于探究, 积极参加社会实践和有益的活动。

(4) 珍爱生命, 注意安全, 锻炼身体, 讲究卫生。

(5) 自尊自爱, 自信自强, 生活习惯文明健康。

(6) 积极参加劳动, 勤俭朴素, 自己能做的事自己做。

(7) 孝敬父母, 尊敬师长, 礼貌待人。

(8) 热爱集体, 团结同学, 互相帮助, 关心他人。

(9) 诚实守信, 言行一致, 知错就改, 有责任心。

(10) 热爱大自然, 爱护生活环境。

又如, 中美两军士兵手册也不同。

网上登载的美国士兵守则26条, 很具体, 中国人民解放军士兵守则5条, 高度概括。

2. 思维逻辑

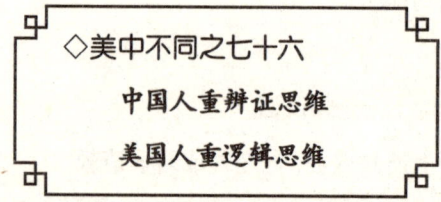

◇美中不同之七十六

中国人重辨证思维

美国人重逻辑思维

实践中, 两国人民对这两种思维逻辑都有采用, 只因习惯不同, 中国人多采用前者, 美国人多采用后者。

中国人强调辨证思维, 它包含着三个原理: 变化论、矛盾论及中和论。变化论从世界的变化性出发,认为世界永远处于变化之中,没有永恒的对与错;矛盾论则认为万事万物都是由对立面组成的矛盾统一体,没有矛盾就没有事物本身;中和论则体现在中庸之道上,认为任何事物都存在着适度的合理性。

美国人相信逻辑思维,它强调的是世界的统一性、非矛盾性和排中性。采用这种思维逻辑的人相信一个命题不可能同时对或错,要么对,要么错,无中间性。所谓非此即彼思维。

阐述自己的观点时,美国人直截了当,不绕弯子,不会又这又那,不会王顾左右而言他。几个具体的理由和观点一说出来,他就觉得你这个人思维到位。他最怕的是你说了一大堆的东西他不知道你说的是什么。举一个简单例子。比如,他问你,在家吃饭好还是在餐馆吃饭好,让你说意见。照理说,各有各的好处。你要这么犹豫的话,就相当于我们汉语的思维。你不能说这(家里吃)也好,那(餐馆吃)也不错,比较起来,还是……你要迅速地把自己的观点干净利索地说出来。你说在家吃饭好,在家里吃饭好的理由是什么。你说比较省钱,还可以调味。这种情况下,你没有击中要害。按美国人的逻辑,每一点都可以向纵向走下去。比如,我喜欢在家吃,原因是什么呢?是因为在家吃比较干净。你要就干净这个思路往下走。

美国人极力向其他国家输出他们的民主方式、人权价值,也受这种思维逻辑的支配。毋庸置疑,他们之所以这样做首先对自身的利益与安全有好处,其次也包括,他们认为在美国被证实是好的东西,在别的国家也应是。殊不知,各国国情不同,适合美国的东西,在别国未必适用。

3. 思维习惯

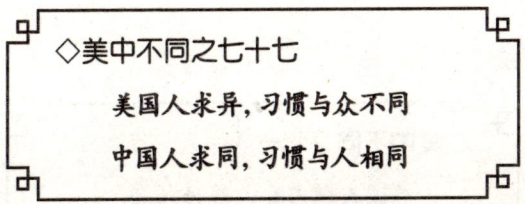

◇美中不同之七十七

美国人求异,习惯与众不同

中国人求同,习惯与人相同

思维习惯通常有一些外在表现形式。求同存异即是一种处理客观不同的方式。同一概念,两种思维习惯导致两种倾向。美国人强调存异,中国强调求同。

美国是移民国家，崇尚多元文化，以追求个性和与众不同为美。如：穿衣服打扮追求自己的特色，以独特、与人不同感到高兴。少数年轻人的发型希奇百怪。房屋建筑，除非统一设计的公寓，凡自己的独家住宅，远看大小高矮总相似，近看装饰、门窗、阁楼、外墙颜色等各不同。

美国的时间不统一。让我难以忘怀的是美国的时差。美国国家大，横跨几个时区，所以有东部时间，西部时间和中部时间，各地按各地时间运作，没有统一的华盛顿时间。1985年我们出访美国，从旧金山到达丹佛转机，然后再飞往衣阿华州首府得梅因市，第一次出国，碰到时差，又赶上夏时制，我们在丹佛错过了原订班机。真担心既误行程又损金钱。好在那时美国的航空公司服务方便周到，马上安排我们乘坐另一趟航班。没有统一时间，确实不方便。但美国人习惯这样。

美国的法律，在不与联邦宪法和法律违背的情况下，各州可以制订各自的法律，可以与其他州相关法律不同。

中小学教材，美国由各州自己选定，不作统一要求，全国不统一。

中国不是移民国家，盛行大中华文化，追求统一。我们思维倾向是求同。不崇尚张扬个性，穿衣、住房、消费等都追潮流，看别人样子。如穿衣，常常追流行，看到别人穿什么好自己也去买，特别是女人，表现最为明显，看到单位里的女同事有一件新衣服，认为不错，马上会说："哟！您的衣服真好看，在哪儿买的，我也去买一件。"如果我们哪些方面与众不同了，没等别人评头论足，自己先感觉不舒服。

我们有统一的北京时间。我们在全国推广普通话。我们过去中小学教材也是统一的（现在开始有些课本由地方决定）……

中国人求同、美国人存异仅是两国人民思维习惯不同之一。

4. 解决问题的方法

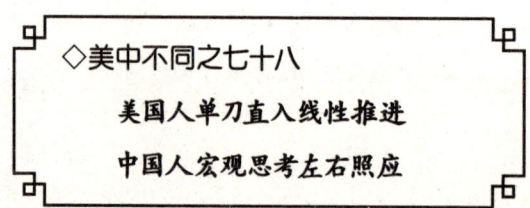

◇美中不同之七十八

美国人单刀直入线性推进

中国人宏观思考左右照应

解决问题的方法是思维方式的具体运用。在遇到一些挑战和重大难题时，美国人倾向于寻找直接的解决方案，就事论事。中国人则喜欢深刻反思，希望找出总根源。一时找不到合适的方法时，中国人想法绕过去，美国人执著坚持，发展科技，强行推进。

例证1. 中医和西医。 美国人和中国人思维方式的重大差异可以用中医治病和西医治病的方式类比。中医对疾病的治疗是宏观的、全面的，强调从整体出发，辩证施治，不一定是头痛医头脚痛医脚。治疗头痛，也许用针灸扎手；眼睛出问题，看不清，他可以认为是肝脏问题导致的，给你治疗肝脏的药。美国人不同，美国人会试图找出直接的病理。比如感冒，他一定分清是哪种类型，哪一种病毒；中医则要看天气，是伤风还是伤热。我们一位大使心血管堵塞，简单，美国人马上给他搭几根支架，包你畅通。再堵，再搭支架。你的腿疼，关节坏了，中医可能让你舒筋活血，改善供血不足，促其逐步恢复。美国人痛快，换人工关节。中医西医都是科学，只不过是按照不同的思维方式发展起来的罢了。

例证2. 对"9·11"的反应。 2001年美国发生了让世界震惊的"9·11"恐怖袭击事件，造成数千名无辜生灵涂炭。这种惨无人道的恐怖袭击行为遭到全世界人民的一致声讨和反对。我当时在使馆，清楚记得，中国是最早几个表明自己反对恐怖主义立场的国家之一。事件刚刚发生几个小时后，北京时间11日午夜，国家主席江泽民即致电美国总统布什，代表中国政府和人民，向美国政府和人民表示深切的慰问，并对死难者家属表示哀悼。外交部发言人朱邦造发表讲话，严厉谴责这一恐怖事件。美国为什么会遭到恐怖袭击？这是一个值得美国深刻反思的问题。按照中国人的思维逻辑，原因是多方面的，包括政策层面的和经济层面的，内部的和外部的，历史的和现实的等等。但美国人不那么想。美国并没有检讨自己在中东问题政策上的失误，从努力改进与阿拉伯世界的关系着手，而是归咎于阿富汗塔利班集团支持恐怖分子。于是，马上拿阿富汗开刀，一通猛打，塔利班政权垮台了。战争伤及众多无辜，导致阿富汗人民对美国的仇恨加剧。塔利班垮台了，美国还是不放心，按照布什总统的话，还有5个"邪恶轴心"国家，为首的是伊拉克，它有大规模杀伤性武器，对美国构成直接威胁。于是，不顾联合国安理会多数成员的反对，一意孤行，又发动伊拉克战争。一顿痛打，伊拉克的"独裁政权"很快垮台了，伊拉克占领了，萨达姆也绞死了，但到最后，布什总统也不得不承认，伊拉克没有大规模杀伤性武器。美国在伊斯兰世界的脸面丢尽，在世界人民面前再次输理。当然，美国为什么要这样做，布什总统为何如此决策，有其背后的深层原因。但那种靠一味地诉诸武力解决问题的做法，恰是美国人思维方式具体表现。

第五章　在处世与处事方面的不同

第一节　对待官员与国家的态度

2003年，美国加利福尼亚州闹罢免州长风波，引起美国媒体热炒，也引起我的浓厚兴趣。美国的州长与我们的省长差不多。美国百姓罢免州长相当于中国百姓罢免省长，这样的事情在中国没有，稀罕，就有兴趣。为什么呢？加州州长格雷·戴维斯2002年刚获连任，由于处理2年前加州电力危机，加州巨额预算赤字和振兴加州经济等方面缺乏对策，使得原本就不佳的州财政状况进一步恶化，财政赤字达到382亿美元，因此支持率直线下降。选民认为戴维斯已不适合继续担任州长，要求提前举行州长选举。结果，在2003年10月7日举行的罢免选举中，戴维斯遭选民唾弃，世界影迷们熟悉的电影演员阿诺德·施瓦辛格击败了134名竞争对手，当选州长。

施瓦辛格1947年生于中欧国家奥地利，当年56岁。青年时代，他热衷于健美运动，曾先后七次获得"奥林匹亚先生"的荣誉称号。后来到美国留学，1979年毕业于美国威斯康星 苏必利尔大学，1983年成为美国公民。施瓦辛格曾是好莱坞红极一时的动作影星，主演了一系列极为卖座的动作片。

施瓦辛格当选州长。

2003年8月6日施瓦辛格突然宣布竞选加州州长，令不少美国人小吃一惊。其实，早在2001年2月施瓦辛格在接受《洛杉矶时报》专栏作家乔治·斯凯尔顿采访时就表示，如果加州州长格雷·戴维斯无法解决该州目前面临的电力危机,他也许会站出来,参加州长竞选,终结戴维斯的仕途。

戴维斯是加州历史上第一位,也是美国历史上第二位被罢免的州长。

1. 对待官员

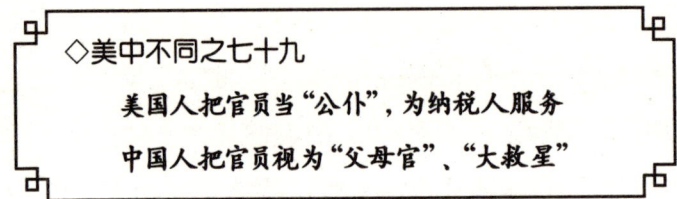

◇美中不同之七十九

美国人把官员当"公仆",为纳税人服务

中国人把官员视为"父母官"、"大救星"

美中两国人民在对待官员的态度上明显不同。美国人认为,官员与他们是平等的,是他们选出来为他们服务的。服务得好,选你接着干,否则,罢免你,或者下一届换别人。旧中国,官员是老爷,是皇帝钦派的管理老百姓的父母官。现在,国内少数官员仍有当官做老爷的习气,百姓怕官,百姓对官员没有直接的选举罢免权利。

首先,官员的地位。

在美国人看来,最首要的是人人生而平等,这是天赋人权。官员和百姓一样,是平等的人。官员是人民选举出来为大家服务的。其次是人民主权。权力属于人民,人们是为了保障上帝赋予的权利,才在他们之间建立政府。人民是权力的主人。人民将权力赋予他们自己建立的政府。任何一种形式的政府如果变成损害人民利益以保障自己权利的政府,人民就有权改变或废除它,建立新的政府。

美国人对官员和政府的这种态度,其法理基础源于《独立宣言》。《独立宣言》说:"我们认为以下这些真理是不言而喻的:人人生而平等,造物者赋予他们若干不可剥夺的权利,其中包括生命权、自由权和追求幸福的权利。为了保障这些权利,人类才在他们之间建立政府,而政府之正当权力,是经被治理者的同意而产生的。当任何形式的政府对这些目标具破坏作用时,人民便有权力改变或废除它,以建立一个新的政府。"

正是因为官员与百姓平等,是百姓选出来为公众服务的,所以,如果官员服务得好,还可以选你接着干,否则,罢免你,或者下一届另选别人。美国人不仅对官员的工作能力要求高，对官员的道德监督也很严。比如，克林顿总统和莱温斯基那一腿子，这在中国的官员身上也不是好事，但算不得什么大事儿，生活作风不检点，属违纪，纪检部门知道了给个党内处分。莱温斯基只是总统身边的一个小实习生，主动到总统身边服务，与总统发生了桃色故事，可美国人民就是不依不饶，穷追猛打，不惜花掉纳税人六千万美元的税款，把自己总统的红脸硬是整了个灰头土脸。在他们看来，总统是国家的领袖，不仅是一个政治家，也应该是人民的道德楷模。

中国与美国不同。在中国封建社会，人是不平等的。百姓将官员称之为"父母官"、"青天大老爷"，当官的把百姓称为"子民"、"臣民"。老百姓怕官，"官"是父母，自然比"民"高一等，大一辈，只能孝敬，只能听命。这在封建社会天经地义。在新中国，破除封建等级制，实行人人平等。毛泽东教育各级官员要"全心全意为人民服务"，"当好人民的勤务员"。邓小平称自己是"人民的儿子"。可时至今日，由于封建意识影响和干部管理体制（官员的权力缺乏有效制约）等一系列原因，少数干部脱离群众，高高在上，仍把自己视为民之"父母"，而不是民之公仆，在百姓的眼中，他们还是"官老爷"。

其次，官员的作风。

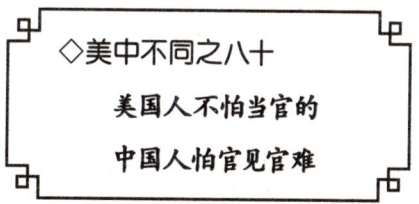

◇美中不同之八十

美国人不怕当官的
中国人怕官见官难

美国人不怕当官的。他们有事情可以直接给市长、州长或总统打电话。也可以直接到办公室找他们。市长、州长、国会议员的办公室是开放的。他一边办公，游客可以一边参观。总统所在的白宫也是开放的。"9·11"事件之前，白宫开放参观的时间比较长，因为安全需要，"9·11"之后停止一段时间，后来又开放了，时间短了，人数限制了，开放的地方也少了。市长、州长、国会议员的电话公开，随便打。当然不一定总是本人接电话，但秘书肯定会认真转达你的要求。1985年，我随河北省的一个代表团到与河北建立友好省州关系的美国依阿华州考察，作为一项活动安排，我们进了州长的办公室。当时州长在办公，他礼貌地接待了我们。当时，我们也注意到有三五成群的当地居民在州长官邸参观。尽管这是美国人炫耀自己"民主"的一种方式，但百姓的确可以直接到州长、市长的办公室，看一看没问题，更可以直接反映自己的要求。

　　现今中国的老百姓仍旧怕官。有些官员官越大架子越大，视察和检查工作，警车开道，前簇后拥，个别无良干警驱赶百姓。百姓见官难。旧社会，常说"侯门深似海"，官府衙门不让普通百姓随便进。现在的政府机关不是旧社会的官府衙门，是为百姓办事情的地方。但在有些地方，仍然是"门难进，脸难看，事难办"。一个非常正当的理由是为了保证党政机关的安全，为了不影响机关办公。想见县长、市长，反映情况，表达个人诉求，不能说不可能，但肯定非常困难。在今天的中国，任何一个乡长、县长、市长的办公室还都不是平民百姓可以随便进去的。即便是自己的"子民"找自己的"父母官"，也难直接见面。看一看各级政府门前上访的人群，你就会知道见官是多么难！不但不让进大门，还动用公安武警拦阻。每见此状，你就会从心底发问，"这还是人民的政府吗"？因私见官难，因公见官也不易。新华网2007年12月31日报道说，2007年12月25日，陕西省绥德县职业中学校长高勇，为落实国家对贫困生补助款，去找县长签字，却赶上县长要去参加重要会议。心急的校长追着县长，两次打开车门要求签了字再走。结果校长被认为"妨碍公务"，根据《治安管理处罚法》对其行政拘留7天。现阶段，县长掌控全县经济大权，钱让那个部门化、花多少，有重大决定权。校长找县长签字，讨要国家对贫困学生补助的款项，实属公事，理应好办，不须非得拦截县长的车子，只因不容易解决，才出此下策，惹得这位县长"大老爷"不高兴，遭到教育局停职、派出所拘留的惩罚。对这种极端恶劣的情况，中央媒体给予了不留情面的披露。

　　再次，对官员的批评。

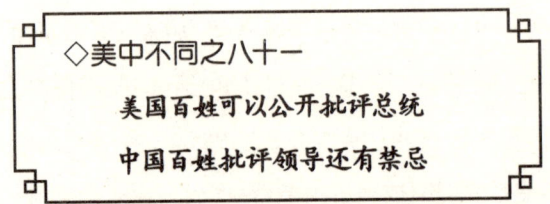

◇美中不同之八十一

美国百姓可以公开批评总统

中国百姓批评领导还有禁忌

在美国，媒体和百姓可以公开批评总统的政策和行为，用漫画丑化总统，批评他，攻击他，这不等于不爱国，也不能治罪。媒体批评总统和他领导的政府，百姓不满政府的政策，要求总统下台，很正常。因为政府是他们建立的，总统是他们选举的。2001年初小布什刚当总统那阵子，媒体常有文章嘲笑他缺乏国际知识，不懂外交礼节，闹出很多笑话，比如称呼普京总统"鸵鸟腿"。2005年，美国媒体在愚人节来临之际推出了已经连续举办6年的全美"愚人排行榜"，对1030名美国人进行了电话调查，结果，时任总统小布什凭借近56%的"支持率"当选第五号愚人，一半受访者认为他是年度最愚蠢的美国人之一。美国杂志编辑协会（ASME）的52位资深编辑在136种杂志过去40年中的444个候选封面中评出42个最佳封面，其中第31张选自2000年11月新闻周刊（*Newsweek*），封面以白宫为背景的人像左边一半是戈尔，右边一半是布什。大标题是*The Winner Is...*（当选的是……）。

2000年美国总统选举是一次赢得普选多数票的胜者没当选的例子。戈尔占有微弱的普选多数票（0.5%）优势，但布什以271：266张选举人票取胜。封面以此表示布什当选很勉强。

旧中国，谁敢批评皇帝？不用说有意批评，一不留心，说错话，犯了皇家大忌，还会被置于死地。"文革"期间，谁敢说中央文革领导的坏话就是犯罪，反党反社会主义。改革开放后，有了变化，人们说话随便多了。但有些禁忌是不能冒犯的，政治的话题、敏感的话题还是要注意的。党和国家领导人是不可以拿来开玩笑，嘲弄的。这就是中国，中国的文化和当今的政治环境。加利福尼亚大学洛杉矶分校专门研究中国文化的学者周泓翔（音）说："美国人什么事情都会拿来开玩笑。中国人是有所禁忌的。决不会拿祖先来开玩笑。他们也不会嘲笑本国领导人。"

最后，对官员这份职业。

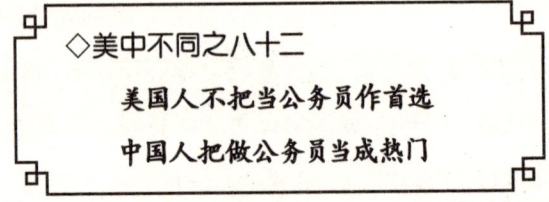

◇美中不同之八十二

美国人不把当公务员作首选

中国人把做公务员当成热门

作为一种职业，美国人不会首选做政府公务员。美国人的观点是，一流人才进企业，二流人才搞政治、当公务员。主要原因是公务员收入不多，而且社会地位远不像在中国这样高。从2003年美国劳工部劳动统计署公布的部分美国人职业收入排名中，可以看出，公务员的收入虽高于全国平均水平，但远不是高收入阶层。

目前，在中国做公务员算热门职业，而且就近几年情况看，热度未见消褪。河北青年报2007年11月3日报道，大学生热考公务员最热门岗位供需比已达1∶3592。文章说，2007年11月2日结束的2008年国家公务员报名，再次掀起热潮，最热门岗位供需比达1∶3592。这个最热门的岗位是农业部办公厅综合处科员。当然，这是近年来的一个最高数，一般每个公务员岗位，报考的平均人数在400-500左右。足见当公务员是中国目前的热门。

2. 对待国家——爱国与爱政府

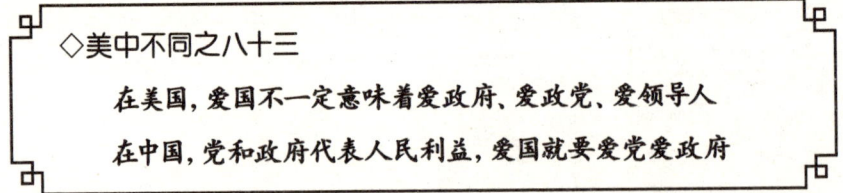

◇美中不同之八十三

在美国，爱国不一定意味着爱政府、爱政党、爱领导人

在中国，党和政府代表人民利益，爱国就要爱党爱政府

这个话题有一定敏感性，作为过来人，我们深知政治斗争的险恶。20世纪80年代后出生的年轻人没有这种经历。但中国特有的历史文化环境，年轻人也还是明白的。难怪有青年人在网上发一个讨论此话题的帖子时，充满担心地写道："冒死发，爱党与爱国。不能发就删吧。"

为什么讨论一下"爱党与爱国"就要"冒死"呢？可见此类话题风险之大。中国人害怕是有原因的。中国封建社会的文字狱相当厉害。新中国成立后因"说错话"而遭受打击迫害的人也不少。改革开放以来，政治环境宽松多了，私下说几句不满的话，似乎没人告密了。邓小平胸怀宽广，知道一些人"端起碗来吃肉，放下筷子骂娘"，也没有给谁治罪。但在公开场合，那还是"不合时宜"的。政治环境的宽松是有限度的。

记得80年代初做外事接待时，一位中文名叫白醒龙的美国驻华使馆二等秘书，公开说到对当时美国总统的不满，让我感到吃惊。我不无担心地问他会不会招致麻烦，他说，不会，我只是对这一届政府的政策不满意，希望总统快下台，我没有不满意国家，我是爱国的。那时，我不明白，他对政府不满还算爱国？在新中国，党、政府和国家是一体的。国家是共产党领导的，政府也是共产党领导的，党和国家的利益与老百姓的根本利益是一致的。共产党执政，共产党领导的政府让这个国家走向富强。爱这个国家，能不爱管理这个国家的政府，不爱执政的共产党吗？说不过去。所以，爱党、爱政府才算爱国。

到了美国之后，看到许多事实，我才理解了那个美国人的话。正如前美国驻华使馆文化事务官员方大为先生在《中国这边 美国那边》这部书上所说："美国的爱国主义是独特的。因为美国的爱国主义确实是爱国，而不一定意味着爱政府、爱领导、爱政党。你爱的是一个国家，这个国家在现任政府没有成立时已经存在了。这个国家代表的是一些永恒的政治观点。在美国，爱国主义并不意味你要赞同总统说的每一句话，它意味着在你不同意他的看法时，你不但有权利，而且有责任、有义务说出自己的观点，来改善美国。在这一点上，爱国主义是很独特的。国家不等于政府、政党或某一个人。"

方大为先生说："作为一个美国人，我有可能同意总统或政府，也有可能不同意。我不同意并不意味着我不爱国家。归根到底，我爱的是一个国家，这是不能改变的。我们爱的是国家所代表的历史悠久的价值观点。这一届的美国总统大选进行得热火朝天。那些竞选的民主党候选人，整天在各种问题上对布什总统提出不客气地批评，但是没有任何人说这些人自己不爱他们的国家。"

方大为先生列举了三个例子，说明美国人认为什么样的人是不爱国的。他说，

"我记得冷战时期有一对夫妇将核武器秘密出卖给了苏联。他们被看作是卖国的。出卖国家机密，被认为是卖国。上世纪50年代，麦卡锡主义盛行。支持共产主义被认为是不爱国的，甚至卓别林也不例外。但那是在极端的政治气氛和环境下发生的事情，将来不会发生。波斯湾战争、越战和反恐战争时期，有美国人批评战争，都被视为主流思想的一部分。通过上世纪50年代的教训，绝大多数美国人同意不能再像麦卡锡主义那样行事。"

在中国，爱国是与爱国土、爱文化、爱政府紧密相连的。华侨投资国内四化建设被认为是爱国的；收回失地、收回香港被认为是爱国壮举。对于普通人，爱国有三个层面。第一，不可分裂疆土，台独分子被认为不爱国；第二，文化忠诚，如果你说"当中国人当够了"，那么你被认为是不爱国的。如果你表现的像假洋鬼子，总是说，"外国怎样怎样"，那么你就有可能站在不爱国的边缘了；第三，公开地强烈地批评政府。当然，改革开放30年来，一个很大的变化是，一般地批评政府具体人某件事情上的错误，已经不会被认为是不爱国的了。

"五四运动"被称为爱国运动。"一二·九"抗日救亡运动也被认为是爱国的。当时，学生们反对的是反动的卖国政府。

中华人民共和国是中国共产党领导全中国人民建立的，是中国人民自己的政府。在社会主义中国，爱国与爱党（中国共产党）爱政府（中华人民共和国中央人民政府）是分不开的。国家是由政府管理的，政府是由共产党领导的。爱国就不能反政府，反对党的领导。政府有缺点，政府的领导人有问题，可以批评，但不能打倒。

第二节　对待工作与职业的态度

美国有太多的事令人费解。国会的传奇人物，来自南卡罗来纳州的参议员斯特罗姆·瑟蒙德（Strom Thurmond）便是其中之一。他100岁时居然还站在国家政治活动的舞台上，堪称美国政坛的"老古董"。

2002年12月5日他在国会山度过了100岁生日。就在此前不到两个月的10月9日，还上演了一场大闹国会的闹剧。他在国会大发雷霆，斥责参议院违背诺言，未能通过其前任助手丹尼斯·赛德担任巡回法官的总统任命。他在美国政界德高望重，此举得到不少议员的支持，连白宫发言人也站出来为他说话。此后，不少人都担心他能否撑得住，甚至有人猜测，这次将是瑟蒙德在国会的"告别演说"。

2003年1月5日，瑟蒙德退休，那时，他已在国会工作了48年。他的健康体魄和长久的政治生命力都曾是美国国会的传奇故事。1952年首次当选参议员，曾参加过总统竞选。他保持着两项国会纪录，一个是自己的年龄，另一个是演讲时间。1957年，他为阻挠一份人权法案通过，曾演讲超过24小时，迄今国会还未有人破此纪录。

瑟蒙德生于1902年12月5日，1933年投身政坛，在大萧条时期曾以民主党员的身份任州参议员。1942年至1946年间在美国陆军服役，参加了诺曼底登陆的空降行动。1947年至1951年间，担任南卡罗来纳州州长。1948年，在大选中败给杜鲁门，与总统职位失之交臂。自1952年当选国会民主党参议员起，多次连任，直至退休。2003年6月26日去世。

在美国政界，八九十岁还战斗在工作岗位上的人物绝不止瑟蒙德一人。中国改革开放后，作为政治体制改革的一项标志，废除了领导干部终身制。美国就是怪，它怎么就不废除呢？

1. 工作年限

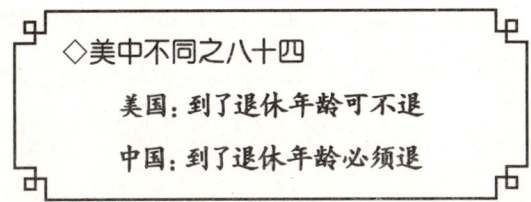

◇美中不同之八十四

美国：到了退休年龄可不退

中国：到了退休年龄必须退

美国有法定的退休年龄标准。这个标准根据出生年份不同而有所不同，不是"一刀切"的。有一个可以享受退休金的基本年龄标准。政府发放全额社会福利保障金的最低年龄是65岁左右，减额（非足额）是62岁左右，所以许多人都选择在这个岁数前后退休。如果想在退休后过得舒适一些，许多人就会选择推迟退休。1983年，美国时任总统里根签署《社会保障法案》，规定从当年至2017年，美国退休年龄将由65岁逐步提高到67岁。具体掌握的标准"退休年龄是：1937年及之前出生的为65岁，1940年之后出生的为65岁半，1943年出生的为66岁，1957年出生的为66岁半，1960年出生的为67岁。美国鼓励70岁以下的人继续工作，并允许退休人员继续工作而不影响领取退休金"。

美国没有固定的公务员不再担任公职的年龄限制，企业也没有职工必须退休的年龄限制。虽然可以享受退休金的年龄为65岁，到了退休年龄，可以选择退，也可以选择不退，继续工作。企业职工和国家公务员都一样。行政长官包括总统、内阁成员、州长、国会议员、大法官等没有法定必须停止担任公职的年龄限制。如：1980年11月，69岁的里根当选美国第40任总统，成为当选年龄最大的总统。本节开始讲到的联邦参议员瑟蒙德100岁退休，成为美国历史上年龄最大的参议员。无独有偶，2006年初，88岁高龄的美国民主党人罗伯特·卡莱尔·伯德已经连任联邦参议员近48年，然而，他壮心不已，继续参加第9次联邦参议员竞选。结果，在他89岁生日前两周竞选成功。参议员每届任期6年，到6年任期结束时，他将是95岁高龄，成为美国连任时间最长的联邦参议员。

企业老板、媒体大腕的工作年限都没有年龄限制。美国哥伦比亚广播公司(CBS)新闻专题节目《60分钟》的"台柱子"，在美国家喻户晓的以提问尖锐使来宾难以招架而闻名的主持人迈克·华莱士(Mike Wallace)，2006年3月14日宣布退休。这一天，离他88岁的生日(5月9日)还有50多天。1986年，当西方国家对中国一无所知的时候，CBS播放了他采访中国领导人邓小平的全过程，由此在全球掀起一股"小平热"。当时他68岁。2000年，他已经82岁，还专程赶到北京采访即将访美的时任国家主席江泽民。

企业职工到年龄可以退休，退休后可以再到别处工作，不受年龄歧视——美国人招工不许问年龄。如果职工愿意在原单位继续工作，政府或企业不得因年龄原因辞退。否则会因年龄歧视遭受诉讼罚款。中新网2006年7月13日就发表一则这样的报道：

据美国《侨报》报道，美国公平就业机会委员会11日宣布，圣荷西市府已答应支付35000元，偿付一起年龄歧视诉讼案的罚款。该案的原告就是一名现年74岁的华裔工程师杰姆斯·余 (James Yu)。

两年前，杰姆斯·余被拒绝继续担任圣荷西市府水质污染和植物控制机械师的工作。据悉，这位华裔机械师被辞退的主要原因是他的年龄。该市市府此次支付的罚款是支付他累计的工资数额。美国公平就业机会委员会律师汤马亚 (William Tamayo)针对该案发表讲话，指出就业委员会所讨论的议题必须是就业人士的成就和能力，而不是年龄。他说，余先生是一个有活力和完全合格的就业人员，与同事们相处愉快并倍受尊敬。有许多人在74岁前就退休，但是，余先生却想继续留在自己的工作岗位上，愿意用自己的技术、知识和经验为市府奉献才华。遗憾的是，圣荷西市府却以年龄为由，拒绝继续聘用余先生，无疑违背了就业准则，伤害了年老员工的工作热情。

杰姆斯·余分别在中国和美国都从事机械专业，在该行业拥有50年的经验，而且他明确表示虽年届74，尚没有任何退休的计划。他称热爱自己的工作，自从移民到美后工作已成为他生活的一部分。

根据美国有关规定，公务员任职20年就可以退休，由政府提供退休金。对一些公务员来说，工作20年后，收入增幅已不会太大，若职务晋升无望，一般就会考虑退休。公务员退休待遇优厚，美国公务员退休后的生活要好过得多。在美国，公务员的平均退休金占公务员原工资的56%；而私营部门工作人员的退休金只占职工原工资的30%左右。公务员在政府部门工作30年以上，退休时将拿到退休前工资的50%，如果加上联邦政府发放的退休金，工资替代率将达到80%左右。退休两年后，养老金将根据物价指数每年予以调整。

中国有简单明确的法定退休年龄，一般情况，年龄到了，必须退休，企业和党政机关都一样。中国法定的企业职工退休年龄是：男年满60周岁，女年满50周岁。国家规定的公务员退休年龄为：男年满60周岁，女年满55周岁。按照2005年4月27日通过的《中华人民共和国公务员法》规定，公务员未到法定退休年龄，符合下列条件之一的，本人自愿提出申请，经任免机关批准，可以提前退休：(一)工作年限满三十年的；(二)距国家规定的退休年龄不足五年，且工作年限满二十年的；(三)符合国家规定的可以提前退休的其他情形的。对于担任省以上领导职务的, 退休年龄分别有所延长。中国人口多, 就业压力大, 退休是为了把岗位腾给年轻人。

资料4

美国法定退休年龄规定

何时才能退休并开始领取养老金给付, 美国规定了三个年龄界线: 一是正常退休年龄; 二是提前退休年龄; 三是推迟退休年龄。正常退休年龄的标准是动态的 (见下表), 只有达到正常退休年龄的人才能获得完全的退休给付; 提前退休年龄不得低于62岁, 提前退休者只能获得低于正常退休年龄的退休给付; 相反, 美国鼓励推延退休, 因此, 凡是推迟退休者, 均能获得大于正常退休年龄的退休给付, 但最大奖励退休年龄不能超过70岁。

OASDI正常退休年龄表

出生年份	正常退休年龄	出生年份	正常退休年龄
1937年及以前	65岁	1955	66岁+2个月
1938	65岁+2个月	1956	66岁+4个月
1939	65岁+4个月	1957	66岁+6个月
1940	65岁+6个月	1958	66岁+8个月
1941	65岁+8个月	1959	66岁+10个月
1942	65岁+10个月	1960年及以后	67岁
1943—1954	66岁		

---

2. 择业和就业观念

◇美中不同之八十五

美国人找工作看重是否适合自己

中国人找工作看重报酬是否合适

美国人看重找到一份适合自己的工作。他们并不总是等大学毕业才开始找工作, 往往是一边上学一边找工作, 上大学只是手段, 一旦有了工作就不上学。失业后不好找工作就再上学, 去进修, 或者改学别的专业, 目的还是为了找工作。他们的大学实行学分制, 可以不连续读完, 保留学籍, 什么时间修满学分就毕业。这样的例子并不鲜见。如, 因影片《辛德勒的名单》获奥斯卡最佳影片和最佳导演奖的大导演斯皮尔伯格历时33年大学才毕业，原因是入大学三年后，取得一份好莱坞制片公司的合约，于是决定离开大学，发展他的电影事业。2002年他重新注册入学，终于完成了学业，取得了电影和电子艺术学士学位。2003年5月31日，55岁的斯皮尔伯格参加了毕业典礼。微软创始人、全球首富比尔·盖茨，大名鼎鼎家喻户晓，但人们未必知道，他1973年进入哈佛大学，大三辍学，终止学业，与同窗保罗·艾伦一起创办微软公司，推出了DOS和WINDOWS。

中国人读完大学才开始找工作。大学一般连续读，中间不停顿。上学期间找工作的情况比较少。所以如此，不是学生不乐意，而是大学的管理制度不允许。中国的大学，改革前，不实行学分制，按计划招生，到规定的时间毕业。你中途休学，外出工作，学校保留你的学籍和学分，若干年后你再来，此等好事，几乎没有。近几年向国外学习，实行学分制，中间可以申请休学，但不知可否停下来去挣钱，挣够钱再来上学。另外，大学生就业压力大，多数用人单位要看你的毕业证，没有毕业证，就不要你或者不给相应待遇。

美国人选择职业时不太看重眼前能拿多少工资，而关注职业选择是否对自己的人生设计有益，这样的人不在少数。而且，在美国人的择业观中，还有"先就业再择业"的思想，他们反对"一次择业定终身"，认为先有个工作，"骑着马找马"更好。

美国人不反对跳槽，但跳槽的行为多在自己的专业和熟悉的领域内，他们认为这样更能利用他们的所学发挥自身的优势。因此，美国人才的流动性很大，一个人一生平均更换职业多达12次。

美国的父母也支持子女选择自己喜欢的工作。孩子从小喜欢小虫子，大学选择生物专业，父母会支持他，毕业了研究虫子，照样支持他。比如，2003年笔者还在美国工作期间，媒体就透露，布什总统的女儿将来想当老师，父母对她的选择表示支持。果然，她最后真的当了一名老师。中国新闻网2004年12月以《布什一个女儿确定工作：在穷人学校担任英语老师》为题作了如下报道：

中新网12月16日电　据俄新社报道，15日，美国白宫官方发言人宣布，布什总统22岁的女儿詹娜将在华盛顿一所为穷人开办的学校担任英语教师。

发言人称,布什总统为自己的女儿能够在生活中从事自己所喜欢的事业而感到欣慰。

今年,詹娜已获得了英语语言文学专业高等教育证书。

2007年8月18日大洋网—广州日报的文章《美国"第一女儿"詹娜订婚》进一步证实了这一点:美国白宫16日宣布,总统布什的女儿詹娜已经与男友亨利·黑格订婚。

文章说,"今年25岁的詹娜·布什2004年从得克萨斯州大学英语专业毕业。毕业后在华盛顿的一家小学里当老师,一年半后参加了联合国儿童基金会在巴拿马的一项实习计划,刚刚返回美国不久。"

按照一般中国人的世俗观念,总统的女儿,要么将来从政,要么当大老板,怎么也不会当教书先生,更不会在一所为穷人开办的学校教书。

为什么美国人找工作比较注重自己的兴趣,干自己喜欢干的工作?主要原因是他们的福利和社会保障体系比较完备。养老保险和医疗保险由所在工作单位或企业负责,失业保险国家负责,高中以下子女教育由国家负担,费用全包,只有大学要个人承担。他们多数没有像中国人担心的个人养老、看病、子女教育(幼儿园、高中、大学)等那样沉重的负担。况且,工薪阶层的工资在各个行当之间整体差别不是太大。所以,他们可以干自己想干的,不必以工资收入多少为主要择业标准,重点考虑选择的工作是否适合自己。

中国的大学生往往把薪酬视为择业的标准,对专业方向、未来发展空间考虑得相对较少,而且倾向于一次择业定终身,求稳怕变。一般追求找一个稳定的工作。眼下,进外企、开公司、入政府成为人才流向的大趋势。专业是否合适、自己感不感兴趣无所谓,首要是报酬合适。

近年来,中国大学毕业生报考国家公务员成为热门,而且热得几乎失去理智。请看如下一则报道:《大学生热考公务员 最热门岗位供需比已达1:3592》。

11月2日结束的2008年国家公务员报名,再次掀起热潮,最热门岗位供需比达1:3592。在报考者中,大学应届毕业生占了相当一部分,其竞争激烈程度远远超过了一年一度的高考和研究生考试。山东大学26岁的陈雷今年研究生毕业,他告诉记者,几乎身边每个同学都在报考公务员。国家公务员也是他心目中最理想的职业,除了国家公务员考试以外,他还准备参加几个省的公务员考试。

当问其原因时，陈雷说，"公务员收入虽不太高，但是十分稳定，享有完善的社会保障，福利待遇好；社会地位高，个人上升空间较大。大多数同学宁愿当公务员拿2000元的工资，也不愿到企业去拿5000元的工资。"

（《长沙晚报》2007年11月4日）

在美国进政府做公务员虽然也是不错的选择，但绝对不是年轻人择业的首选。美国人的观点是，一流的人才进企业，二流的人才搞政治、当公务员。这里给出2003年美国劳工部劳动统计署公布的部分美国人职业收入排名，从中可以看出公务员收入情况。

美国职业收入排名（美元/年）

(1) 外科医生		137050
(2) 妇产科医生		133430
(3) 麻醉医师		131680
(4) 内科主治医生		126940
(5) 儿科主治医生		116550
(6) 精神病医生		113570
(7) 家庭医生		110020
(8) 牙医		110820
(9) 首席经营主管		107670
(10) 飞机正、副驾驶员；航空工程师		99400
(11) 足病医生		94500
(12) 律师		91920
(13) 验光师		88100
(14) 电脑及资讯系统管理人员		83890
(15) 物理学家（自然科学工作者）		83750
(16) 空中交通管制人员		83350

(17) 石油工程技术人员	81800
(18) 原子能工程技术人员	80200
(19) 法官、地方司法官员	79540
(20) 市场营销管理人员	78410

上表中，法官排在19位。法官属美国公务员。由此可知，美国的官员不是高收入阶层。美国的高收入阶层是那些著名职业球星、影星、著名电视节目主持人等，他们的年薪有的高达上百万甚至上千万美元。官员的收入，除总统、副总统外，最高者为国会议员，年薪约16万美元，政府部长级别的官员年薪约8—14万美元，普通公务员平均5—6万美元。他们的收入略高于全国平均水平。此为2003年前后的情况。这个数字随后几年略有变动。如国会议员2008年年薪已涨至16.93万美元，涨幅达4100美元。2008年希拉里还是纽约州选举的联邦参议员。2008年12月11日新华社专电说，目前，作为联邦参议员，希拉里的年薪是16.93万美元。

第三节　婚姻与家庭观念

1. 对待婚姻

首先，对待异性婚姻。

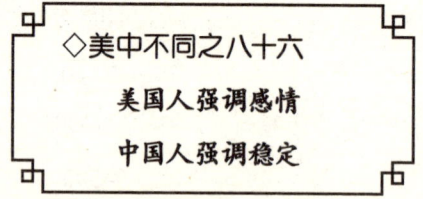

◇美中不同之八十六

美国人强调感情

中国人强调稳定

婚姻是美好的，但婚后生活又是一件复杂的事情。一个民族对待婚姻和家庭的态度，涉及宗教习俗、文化背景、经济发展阶段等诸多因素，无论强调感情还是强调稳定，都是各自的选择和各自国情决定的。

在婚姻和家庭方面，美国人也希望婚姻美满家庭幸福。现实生活中夫妻恩爱相互忠贞白头偕老的例子也不少。但总体讲，由于其个人主义价值观，他们更强调自身的感受和感情，对另一方的感受，考虑不多。他们主张，喜欢对方就在一起生活，或同居或结婚，没有感情就离婚散伙，不搞什么"从一而终"。一生中只有一次婚姻的人很少。另外，老一代人和年轻一代人，持不同宗教信仰的人，对待婚姻和家庭的态度也有较大差别。我认识的一位美国朋友，他是上世纪50年代结婚的人，相对现在的美国年轻人，属于比较传统和保守的类型，对婚姻和家庭比较认真负责。他有三个儿子和一个女儿，老俩口都近80岁了，还一直生活在一起。据说，美国的犹太人在婚姻和家庭上也非常严肃、负责。这与他们的宗教信仰有关。

中国历来主张家庭稳定。夫妻白头偕老，"从一而终"是传统美德。落后的封建思想导致民间还有"嫁鸡随鸡，嫁狗随狗"说法，不管夫妻是否恩爱，是否有感情，都不愿离婚拆散家庭。法律对结婚和离婚规定很严，一方面尊重男女当事人双方的感情，另一方面，为了保护妇女与儿童的幸福，保护家庭的稳定。电影《中国式离婚》描述的一对夫妻，相互矛盾很大，吵吵打打，生活痛苦，离婚的过程曲折复杂，在一定程度上说明中国人对待婚姻的态度和婚姻生活状况。

在美国，中国人是少数。"物以稀为贵"。人家拍婚纱照，我们凑热闹，把我们围在中间，新郎新娘挤到旁边。照片上穿白色婚纱的显然是新娘，她笑得很开心，但年龄大了些。中国女孩，过了二十八九即成"大龄青年"。美国女孩，30岁之前结婚的不算多，三十四五都属正常。也许，这位不是第一次做新娘了。美国人离婚率高，第一次婚姻到15年时，一半已经解体。

要说明中美两国人对待婚姻和家庭态度上的不同，少数个例不能反映一个社会的基本情况，必须从大量的统计数字比较中得出。因为，现实生活中，美国也有不少对婚姻持慎重态度，主张夫妻和睦家庭稳定的人，中国也有不少视婚姻为儿戏，夫妻相互不忠，婚姻变化频繁的现象。

根据美国人口普查局的统计报告，2000年，美国有240万对办理结婚登记，120万对办理离婚，离婚占结婚数量的50%。全国每千人离婚率为4.1。第一次婚姻平均持续7.8年，第二次婚姻平均持续7.3年。婚姻持续5周年、10周年和15周年的比率分别为82%、65%和52%。

据新华网2004年5月7日报道，2003年全国办理结婚登记811.4万对，比上年增加25.4万对，其中内地居民登记结婚803.6万对，涉外及华侨、港澳台居民登记结婚7.8万对，比上年增加0.5万对；结婚率为12.6‰，比上年上升0.4个千分点。离婚133.1万对，比上年增加15.4万对，离婚率为2.1‰，比上年上升了0.3个千分点。

依据双方的统计报告，2003年中国人离婚数量占结婚数量的16%，2000年美国占50%；中国每千人离婚率2003年为2.1，美国2000年为4.1。美国每千人离婚率4.1比中国的千人离婚率2.1高一倍。美国人第一次婚姻15年时，一半已经解体。有数字显示，中国的离婚率这些年一直在攀升，从1985年0.9‰上升到2001年2.0‰，15年内翻了一番。尽管如此，还是比美国人低一倍。综上可以看出：中国现今婚姻和家庭状况比美国人要稳定很多。

其次，对待同性恋婚姻。

◇美中不同之八十七

美国： 同性恋不违法，可结婚，可收养孩子

中国： 同性恋不合法，有点灰色，让人反感

在美国，同性恋不违法，政府无权禁止。同性恋者结婚合法，可以收养孩子，组成家庭。

美国是一个最初由清教徒建立起来的基督教国家，占人口80%以上的公民是基

督徒，一些地方的保守程度会让一贯正襟危坐的亚洲人自叹弗如。宗教的力量在美国社会生活中极为重要，一些虔诚的教徒禁烟禁酒，禁任何含有咖啡因的饮料，禁说脏话，禁止非婚姻性行为，禁止离婚，严格按照圣经中要求的最纯洁的方式生活。

美国同性恋者为争取自身权益经历了上百年漫长的斗争历史。1924年，美国历史上第一个正式的同性恋活动组织在芝加哥成立。1969年，同性恋酒吧"石头墙旅馆（Stonewall Inn）"的顾客们抵制了警员对该酒吧的强制关闭，被视为同性恋维权运动的开始。1975年，前全美橄榄球联赛选手大卫·科倍公开宣布自己是同性恋，这是第一个如此宣布的职业运动员。1977年，宗教活动领导人安妮塔·布朗特号召全国性运动来阻止同性恋维权。1986年，最高法院在乔治亚州Bowers一案中判定鸡奸为犯罪，维护了该州反鸡奸法的正当性。1987年，纽约Act Up大规模示威游行，开始向爱滋病宣战。1992年，华盛顿州国民警卫队警官玛格丽特·卡麦梅尔因为公开承认自己是女同性恋而遭到解雇（后来又被恢复职位）。1993年，数千名同性恋维权支持者在华盛顿游行。1996年，高等法院宣布同性恋者享有宪法保护的平等权利。2000年，佛蒙特州允许同性恋者组成名义上的家庭，称为"Civil Unions"。2001年，联邦判决支持禁止同性恋者领养的法律。2003年6月，美国最高法院推翻了得克萨斯州的一项同性恋性行为的禁令，这是多年来最重要的一起同性恋权利案件。提出诉讼的两名得克萨斯男子于1998年在私人住所进行性行为时被捕。他们争辩说，得州的严禁男同性恋性行为的法律侵犯了他们的隐私权，他们没有得到法律的平等保护。这次判决被誉为近百年来最开明的判决之一，意义和1973年最高法院决定给予妇女流产权一样重大。2003年，圣公会教会将一位公开同性恋牧师基恩·罗宾逊升职为新罕布什尔州的主教，同时允许地方教堂保佑同性婚姻。目前，美国仍有13个州正式将成人间在对方同意的情况下于私下场合的口交或肛交视为非法。相比之下，50年前，几乎所有的州都有这样的规定。

在中国，同性恋在很多人心目中还是一个灰色、神秘甚至有些让人反感的词。1997年到1998年间，张美川教授对486位男同性恋者作了一个调查，她发现，25%的人曾经受到过异性恋的侮辱，包括殴打、辱骂，35%因为社会对他们的各种不正确的认识使他们产生过自杀的念头，10%曾经有过自杀的行为，说明同性恋在国内还是相当受压抑与受歧视的。北京电影学院副教授、同性恋者崔子恩在受到处理之前，被建议去北医三院看精神科医生。不久前颁布的《中国精神障碍与诊断标准》中，不再将同性恋划为心理异常病态，是第一次对于同性恋在医学角度上的修正。不再认为同性恋现象是一种"病"，是一个进步，对人们的错误观念是一种矫正。

目前，同性恋在中国没有得到法律承认。虽然法律对同性恋者并不友好，但是同性恋行为或双性恋行为（成年人之间的、私人场所、自愿发生）也不违法，没有当作犯罪行为治罪。

自20世纪80年代以来，由于学术界和大众传媒对同性恋现象的关注，中国人对同性恋的认知状态已经有所改变。但中国的社会环境、文化传统导致公众舆论对同性恋的看法并没有由灰暗变得"阳光灿烂"。

2. 对待生养孩子

◇美中不同之八十八

美国不限制生育，生几个孩子是父母的选择

中国实行计划生育，有效控制人口过快增长

中国实行计划生育，与美国不同。于是，美国经常拿中国的计划生育说事儿，上世纪八九十年代尤为激烈。到了美国，我自然也关注美国关于生养孩子的情况。

生儿育女本是人类自身延续的需要。由于生产力发展水平、政治、宗教、文化传统的不同，美中两国在生育观和生育政策方面差别很大。中国根据自己的国情，实行计划生育。美国有美国的国情，不限制生育，甚至还对多子女家庭给与照顾。国情不同，治理国家的政策不同，无可非议。

美国的主流文化是基督教文化，对生育奉行"不干预主义"，不赞成堕胎，对中国在世界上绝无先例地大规模实施计划生育，许多人从价值观上不接受，且一些地方在执行政策中简单粗暴，更成为一些媒体和政客攻击中国的口实。

美国不限制生育，国家也没有计划生育的法律法规，要生几个孩子是夫妻双方的选择。由于工业化和城市化的结果，上世纪六七十年代以来，一些发达国家，在经历一段时间的人口增长后，重新出现人口低增长甚至停滞现象，如日本、韩国、意大利、德国和俄罗斯。现在，这种人口出生率低于世代更替水平的现象，已经蔓延至世界绝大多数国家，就连一向认为高出生率的非洲和穆斯林社会也不例外。美国是最发达的国家，工业化和城市化水平都非常高，但美国人口却出现了相反的情况。新华网北京2007年12月22日电称，据《今日美国报》日前报道，美国人口生育率已升至1971年以来的最高水平。美国全国卫生统计中心本月早些时候公布的估算结果显示，2006年的时候，美国的生育状况是平均每名妇女生育2.1个孩子，足以使人口总数保持原有水平。这标志着，美国自"二战"结束后至上世纪60年代期间的"婴儿潮"结束以来，人口出生率首次达到"置换水平"。联合国人口司生育科负责人何塞·奥尔特加说："重要的是，美国也许是为数甚少的几个生育率接近或达到'置换水平'的工业化国家之一。"高生育率对工业化国家很重要。当出生率低的时候，填补工作岗位和赡养老人的人会变少。美国人口普查局预计，到2040年前后，美国人口数量将增至4亿。

美国是一个以追求个人自由、平等、幸福为核心价值观的国家，为了个人幸福，美国相当一部分育龄妇女不愿意生孩子，更不愿意多要孩子。大部分成功的职业妇女对要孩子的兴趣不大，甚至不要孩子。单身家庭越来越多。有1/5的育龄妇女是在35岁以后才有第一个孩子。20世纪70年代中期以来，30岁以后生育第一个孩子的妇女人数增加了4倍。另外，自己不生，收养孩子也很常见（收养当地黑人的孩子，收养俄罗斯、韩国、中国的孩子也很多）。

美国能保持较高生育率，重要原因是国家鼓励生育，有极好的福利政策，特别是儿童福利政策。美国人养育孩子不像其他国家那样负担沉重，美国的福利制度相应的减轻了家庭的负担，并且美国人生育小孩的间隔比较均匀，一般三年以上，不集中，因此人们感觉负担并不重。美国有着全免费的12年制的义务教育，中午还供应免费的午餐。免费供应学生一部分服装。三岁到六岁有政府免费供应的幼儿园，当然也免费供应午餐及免费接送。大学有很高的补助额，基本勉强够上学，也需要自己拿出一部分钱。妇女生产更有优惠，产假一年，工资福利照发。男性产假三个月，工资福利照发。生育费用国家全包，生育越多奖励越多，凡是生育第三个孩子的，除了以上所有待遇外，还给这个小孩发工资，从0岁到18岁，只是工资不高，相当于成年人工资的20%。第四个孩子类似。总之，美国有着各种对生养小孩的优惠措施，加上人们本能喜爱小孩，以及各种有利于生育的宣传，因此，美国家庭生育的小孩比较多，带来美国的人口增长也很快。美国鼓励生育的福利措施，在100年前没有这么好，是逐渐提高的，原因是那时没有现在富裕。

中国人传统上对生养孩子兴趣大、愿望强和责任大。旧中国的妇女，"不孝有三，无后为大"，妇女不能生育自己的孩子，特别是传宗接代的儿子，按照封建礼教是最大的不孝。妻子不能生育儿子的要遭受丈夫、家庭和社会的歧视、虐待和惩罚。资料显示，在封建社会，为了支持战争和维持生产，统治阶级多采取鼓励生育的政策。孔子说："地有余而民不足，君子耻之"。西汉时，把人口增长量与官员的升迁挂钩。所以，西汉时人口一下从先秦时的1000万—2000万，增加到5900万。东汉至隋，由于战乱经年不息，使人口趋向减少。唐代人口达到9045万，到南宋末年人口达到7600万，元朝时人口达到9830万，明朝人口为1.6亿左右，到清代（1834年）人口突破4亿，1947年全国解放前夕，中国人口为54887万。建国初期国家没有及时提出计划生育，曾一度鼓励生育。由于社会经济的稳步发展，人民生活水平的提高，医疗保障制度的健全与发展，人口死亡水平大幅度下降。中国人口在停滞了一百多年后，于1949年后再次快速增长，由1949年的5.5亿增加到1959年的6.6亿，1970年的8.5亿，1976年的9.5亿，再到1980年的10亿。对人口的过快增长问题，中国政府非常重视，20世纪60年代国家提出的政策为"一个不少、两个正好、三个多了"，70年代的政策为"晚、稀、少"，80年代实行独生子女政策。

中国坚持不懈地在全国范围推行计划生育是中国的国情决定的。中国是世界上人口最多的发展中国家。人口众多、资源相对不足、环境承载能力较弱是中国现阶段的基本国情，短时间内难以改变。经过30年的艰苦努力，中国在经济还不发达的情况下，有效地控制了人口过快增长，把生育水平降到了更替水平以下，实现了人口再生产类型由高出生率、低死亡率、高自然增长率向低出生率、低死亡率、低自然增长率的历史性转变,促进了中国综合国力的提高、社会的进步和人民生活的改善,对稳定世界人口做出了积极的贡献。(**新华网**2008年11月3日报道:据国家统计局3日发布的报告显示,计划生育政策实施30多年来,中国少生4亿多人。)虽然中国已经进入低生育率国家行列,但由于人口增长的惯性作用,当前和今后十几年,中国人口仍将以年均800万—1000万的速度增长。按照目前总和生育率1.8预测,2010年和2020年,中国人口总量将分别达到13.7亿和14.6亿;人口总量高峰将出现在2033年前后,达15亿左右。2006年2月9日,中国国务院发布《国家中长期科学和技术发展规划纲要(2006—2020年)》,提出未来15年的人口目标是将人口数量控制在15亿以内。

3. 对待家庭和事业的关系

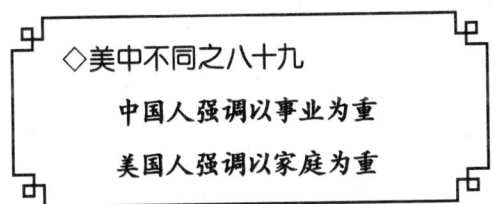

◇美中不同之八十九

中国人强调以事业为重

美国人强调以家庭为重

中美两国人民都重视家庭,喜欢与家人在一起,共享天伦之乐。既能从事自己喜欢的事业,又能照顾家庭,应是社会的常态,并且多数情况下是可以做到的。但是,因为种种原因,二者之间有时会出现矛盾,特别是已婚女性,现阶段人类社会赋予她们比男人更多的照顾家庭的责任,更容易出现事业与家庭之间的矛盾。在两者之间如何抉择,涉及不同的社会制度、价值观念以及主流意识形态。

为说明这种不同,讲述两位女性的真实故事。一位是我早年工作单位的同事,另一位是我在美工作期间美国媒体高调报道的布什总统的高级助手。

我原单位的同事是位工作标兵、模范人物,是我们的学习榜样。她大我们几岁,当时孩子是九岁还是十岁,记不准了。因为工作积极努力,是单位连续多年表彰的模范,也是单位领导班子中唯一的年轻女党委委员,我们都敬佩她。但事隔多年,让我们常常想起她的却是因为她那位傻儿子。这孩子不是因为出生时缺氧,就是在娘肚子里出了问题,总之智力发育极差,还有肢体问题,不能站立。十岁左右的孩子,大小便不能控制，不会说话，只会乱喊。我们的食堂在坡上，他家的那栋楼在坡底，是吃饭必经之地。那孩子住在二楼，天气好时，我们买了饭，蹲在食堂外边吃，每每吃饭，他在阳台上看到我们都兴奋得吱吱叫。一听到这叫声，我们心里就不是滋味。

据说，这孩子一生下来医院就建议丢掉，另生一个，因为十分不正常，活不大，还给家庭和社会带来沉重负担。但是作为母亲，女委员不忍心，坚持留下了。我们佩服她的高尚母爱。为什么这孩子会是这样呢？人们说是因为她工作责任心强，怀孕期间，不仅工作经常加班，还带领大家搞体育锻炼，参加重体力劳动。

至今，我们对那位女同志也是尊敬的。那时的人们就是那样，那个年代提倡的就是那样，个人的事再大也是小事，决不让个人的家庭小事影响工作。可以说，很多人都有类似的经历，这样的例子不胜枚举，那位同事仅是代表之一。

另一位是美国前总统布什首届任内的顾问凯伦·休斯。

休斯在布什的政治生涯中占据重要地位。休斯生于军人家庭，曾在电视台担任时事记者。自1994年布什首次参加得克萨斯州长竞选以来，就一直追随着布什，为他出谋划策，是布什最信任的助手之一。在休斯的帮助下，布什两度登上州长的宝座。在2000年总统大选中，休斯又成了布什竞选的新闻主管，是布什最信赖的发言人。2001年布什入主白宫后，担任总统顾问，位列三大顾问之首。她是布什总统最亲密、最信任的助手，也是最了解总统想法的人。布什总统的很多演讲稿都要经过她亲笔修改和润色。她也不害怕当面指出布什的错误和缺点。

2002年4月23日，休斯突然召集常驻白宫的记者，出人意料地宣布了一条简短但却令大家震惊的消息：她准备辞去总统顾问的职务，打道回府，举家迁回得州老家生活！她说："今年夏天晚些时候，我将改变为总统工作的方式。我和丈夫已经做出一个非常困难但我们觉得却是正确的决定，准备举家搬回得克萨斯。"她希望她回得州后还能继续给布什总统就大的政策方面提一些建议，用休斯自己的话说是："只是为总统服务的方式稍稍改变了一下。"

得知休斯突然提出辞职，布什总统说他也感到非常地意外和震惊，当即表示虽然他尊重休斯的个人意见，但希望她能慎重考虑一下收回辞呈。然而，休斯铁下心，并告诉布什说："丈夫和儿子是我生命中最珍贵的东西，而他们只有回到得克萨斯州才能活得更开心，所以我必须立即离开华盛顿。"

休斯告诉记者说，她之所以作出辞职的决定，完全是因为这关系到正在华盛顿上高中、今年秋季将考大学的儿子的去留问题。这个儿子跟她算是吃尽了苦头，一年半前布什总统选举时，她不得不把儿子带在身边，有时甚至带着儿子跟竞选的专机全国四处奔波。今年15岁的儿子罗伯特在华盛顿过得并不快乐，对母亲没日没夜扑在工作上根本顾不上家和亲情交流非常不高兴。还有，她的夫君杰里是得克萨斯州相当成功的一个律师，在奥斯汀开有一家自己的公司，但自打他到华盛顿后，公司的业绩一落千丈，而杰里在华盛顿又打不开局面，所以情绪非常差。在大国家与小家庭之间，她现在只能选择让儿子和夫君快乐以及家庭幸福，所以只能弃职回得州。

在2004年8月再次出山为布什总统服务前出版的新书中，休斯再次说明了当时的境况。在白宫的南草坪，休斯向布什总统正式宣布："我爱你，总统先生！但是我需要为了我的家庭迁往得克萨斯。在家庭和工作中间，我不得不作出痛苦的选择。"

休斯因照顾家庭而辞职的举动引起社会广泛关注，媒体甚至赞誉她是"家庭比事业更重要的贤妻良母"。如今，在美国的许多电视节目中，都在宣传着家庭最重要的理念，在各类儿童节目中，家庭的价值也会被常常提起。

公而忘私，舍家为国，是中华民族的传统美德。历史上，我们有大禹治水三过家门而不入的故事。现阶段，虽然中国已经实行市场经济体制，但我们的主流意识形态和我们的价值观与美国不同，我们提倡先公后私，先集体后个人，先事业后家庭。看看我们宣传报道的那些英雄模范人物，从建国初期到现在，无一不是为了事业舍去了、忘记了或者牺牲了家庭利益。

有趣的是，中国和俄罗斯曾经有相同的意识形态，在处理家庭与事业的关系上，两国人民也有相同之处。共青团真理报曾在一周之内登出两篇专访，一篇是采访美国大导演斯皮尔伯格，另一篇是采访俄罗斯歌唱家兼作曲家亚历山大罗森堡。记者向他们提出的最后一个问题都是：对您来说，工作和家庭哪个更重要？在俄罗斯长大的罗森堡说：我想工作还是主要的。而生长在美国的斯皮尔伯格回答：当然是家庭。

第四节　对待性问题

1. 性观念

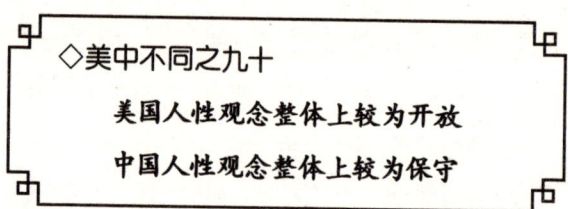

◇美中不同之九十

美国人性观念整体上较为开放

中国人性观念整体上较为保守

美国人上世纪60—70年代有过"性解放"运动，对美国家庭和社会产生了较大影响。以婚前性行为为例。据1974年美国全国成年人调查发现，到25岁为止，美国已有97%的男性和81%的女性有过婚前性行为。

纽约戈特马切 (Guttmacher) 研究所一名研究主任法纳作了一项反映婚前性行为变迁的研究，法纳曾与38000多人进行访谈，其中33000多人为女性，访谈时间分别为1982、1988、1995及2002年。法纳表示，美国人发生婚前性行为的比例，从1950年代以来就一直保持稳定，虽然今天的人会选择较晚结婚，并且在更长的时间里过着独身而性活跃的生活。该研究还发现，女性发生婚前性行为的比例几乎与男性相同。在1950至1978年出生的受访女性中，至少有91%的人在30岁以前发生过婚前性行为，而在1940年代出生的女性中，则有88%的人在44岁以前如此。

美国青少年发生性行为的年龄小比例大。据环球时报2002年3月27日的一篇文章报道，1995年，美国政府研究机构在一项调查中发现，15岁-19岁的青少年中，19%的女孩和21%的男孩承认自己14岁之前有过性行为。9—12年级的高中生中，70%的男生和50%的女生有过不同方式的性经历。据《中国日报》2007年1月11日文章说，北京宣武区2300名中学生参加的调查显示，学生发生初次性行为的平均年龄为15岁，一半以上的受访学生认为"一夜情"没什么错，6.2%的人承认他们有过性行为。据安全套制造商杜蕾丝公司2005年的一项调查，全球初次性行为的平均年龄为17.3岁。

青少年性行为带来的后果之一是怀孕。少女妈妈是美国三大社会顽疾之一。美国巴尔的摩《太阳》报2003年5月21文章 "Sexual Experience Before 15" 披露，有过性行为的14岁女孩大约1/7发生怀孕, 全国总数约为2万人, 其中8000人生育。(15—19岁年龄段中, 怀孕数约85万人, 45万人生孩子。)

中国人的性观念整体上比较保守, 但近些年变化很快。中国人传统上羞于谈性, 认为性是肮脏的。封建礼教之一是"男女授受不亲"。革命年代和"文革"时期, 人们谈性色变。一些人因不合时宜的"不正当两性关系"—中国的替代说法叫"生活作风问题"受到惩戒, 包括批评、处分甚至处罚。近些年受西方文化的影响, 加上科技知识的普及, 性观念发生了显著变化, 不再像过去那么保守、那么认真了。青少年早恋、发生性关系, 大学生校外同居, 已婚成年人的婚外恋和"一夜情"等现象都出现了。

性观念的变化在年轻人身上反映最为明显。美联社2008年3月3日文章《中国年轻人对性问题更加开放》说, "中国正处在性解放的过程中, 这是生活逐渐富裕和政府对私生活限制逐渐减少的副产品。人们对'性'的轻松态度与当年不分男女一律穿蓝色制服以及严格禁止谈论性话题的毛泽东时代形成鲜明对比。"

文章说, "北京的大学周围的一些小旅馆周末常常被大学生情侣占据着。他们通常会到灯光昏暗的小旅馆中订上一个房间, 享受一下私人空间。离北京某大学只有10分钟路程的一个小旅馆, 有一半以上的房间是学生订的。"

北京青年报2005年3月9日的文章《当代青年学生性状况报告》说, 目前的本科在校生大都出生在1978年以后, 受西方的价值体系和生活方式影响很深, 他们多数为独生子女, 从小生活条件优越, 往往我行我素相信自己的选择, 对待性的问题更加开放, 贞洁已经不对他们造成心理压力, 而对待同居的态度还会生出类似互相攀比的心理。

变化的不只是年轻人, 中老年人的态度也有变化。已婚中年夫妇中出现了婚外情、"包二奶", 甚至还有什么"换妻俱乐部", 这些在上世纪80年代以前是很少有的。"夕阳红"老年婚姻的增加则是老年人性观念变化的一个例证。老年人不仅需要伴儿, 也需要性生活, 已为社会悄然接受。

据中国性专家李银河的研究表明, 目前有大约60%到70%的中国年轻人尝试过婚前性行为, 而1989年时, 这个比率为15%。她说, 婚前性行为现在是有相当大比例的, 80年代末调查只有15%的人有婚前性行为, 但最近根据国家计生委的调查, 依据婚前检查发现的婚前性行为,调查出的数据是60%、70%。

尽管改革开放以来,整个社会对待性问题宽松多了,人们不再羞于谈性,也不再认为性是肮脏的,"食色,性也"已作为自然状态被接受,但总体而言,中国人的性观念相对于美国人而言,比较保守,美国人要更开放些。

2. 性教育

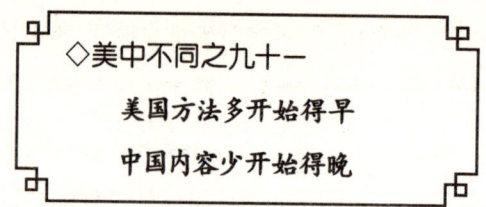

◇美中不同之九十一

美国方法多开始得早

中国内容少开始得晚

美国人从五岁开始有相应的性知识教育。国家有一整套完整的从幼儿园大班起到高中毕业关于性教育的纲要,各学校按照纲要,分四个阶段 (5—8岁, 9—12岁, 13—15岁, 16—18岁) 讲授相关知识。另外,美国的父母本身这方面的观念和知识都较中国父母更强些,也较早地对孩子给予了这方面的教育。中国的父母在子女面前很少谈到性,所能给予孩子的相关知识和指导很少,孩子们很少的性知识多数是从小伙伴那里和书中获取的。

有资料表明,美国对青少年的性教育是多元化的。目前主要有三种模式:一是以安全为导向的模式,既然避免不了,索性给学生发安全套;二是以纯洁为导向的模式,提出要把贞节保留到结婚;三是综合模式,既讲性道德,又主张教会孩子如何避免性伤害。

中国学生直到初中甚至高中才有青春期教育课,性及性健康方面的内容很少涉及。2010年11月10日,央视今日说法栏目播出节目《男生宿舍的罪恶》,披露一起中学生性犯罪事件。究其原因,其中之一是对学生缺乏应有的青春期性知识教育。事发学校的老师说,他们的中学教材只有一页性生理知识,并且没有老师讲这一课。

现今中国青少年学生的性观念开放程度常常令他们的父辈惊讶,但与他们开放的性观念形成鲜明对比的是,他们所掌握的性知识非常贫乏。在发生过性行为的学生中，30%以上的人在初次性行为时没有采取避孕措施。大部分学生不知道到哪里去买避孕药具，极少数知道的也表示不会购买，原因很简单—害臊。为什么大部分中学生不懂得避孕知识、不知道到哪里购买避孕药具？他们说："老师又不教，我们怎么知道。"沈阳市一所中学曾对该校的学生作过一次调查，学生们的性知识80%以上是来自于书报杂志、影视作品和电脑网络；11%来自别人的谈论；从老师处获取的仅占3%；听父母讲的更是寥寥无几。长期的性禁忌导致的性神秘、性愚昧，加上社会不良风气的影响，越来越多的中学生的性知识"来路不正"，这些渠道包括色情光碟、色情网站，甚至还有充斥着淫秽画面的"黄色卡通"。

性知识教育开始晚且内容少，造成中国人在性及性健康方面的知识远远落后。2001年1月22日，中国在北京启动了一项涉及10万人的"中国男性生活质量调查"。据《北京青年报》报道，该调查方案的设计者、性健康专家王河指出，成年人性及性健康知识少，疾病多，有了疾病也羞于就诊。在成年人中，尤其是男性，就诊率很低，男性专业病有160种以上，其中30多种为多发病，但男性看医生的频率比女性至少低25%。医院原来很少有男性疾病专科，大多是以泌尿科充替，现在有的有了，但水平一般，就医者少。

第五节 对待妇女、老人与儿童

1. 对待妇女

美中两国妇女在社会中的地位，目前都比较高，也都有改善的空间，两相比较，各有不同。主要表现在妇女参政、男女同工同酬和自主意识三个方面。

首先，妇女参政。

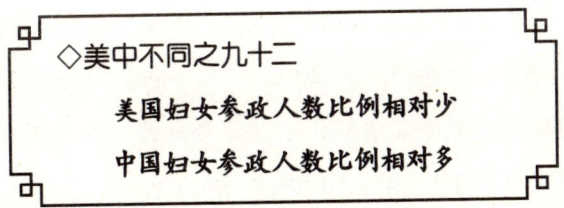

◇美中不同之九十二
美国妇女参政人数比例相对少
中国妇女参政人数比例相对多

政治平等是最重要的权利，也是人们首先注意到的。美国妇女获得与男人同等政治权利的时间还不太长，中国妇女则是从1949年新中国成立后才广泛享有的。

美国1776年建国，当时妇女还不能参政，没有选举权。美国妇女争取投票权的斗争要追溯到1839年，当时在伦敦召开的有关奴隶制的大会上，柳克丽霞·莫特被拒绝同她丈夫一起入席。但是直到许多年后，苏珊·B·安东尼才说服一位国会议员提出一项关于给与妇女投票权的宪法修正案。1920年8月26日，美国妇女才在全国范围内获得选举权。美国建国200多年，妇女参政权是140年后才获得的。

在几千年的封建社会和百余年的半殖民地半封建社会中，中国妇女曾经有过长期受压迫、受屈辱、受摧残的悲惨历史。从20世纪上半叶起，广大妇女在中国共产党的领导下，为了民族和自身的解放，经过几十年不屈不挠的英勇奋斗，直到1949年中华人民共和国成立，占全世界妇女总数四分之一的中国妇女终于获得了历史性的解放。 新中国成立不久，1953年公布的《中华人民共和国选举法》明确规定，妇女有与男子同等的选举权和被选举权。同年12月开始在全国范围内进行的基层选举，是中国有史以来第一次大规模的普选运动，90%以上的妇女踊跃参加了投票，当选为基层人民代表的妇女占代表总数的17%。在此后选举出的全国人民代表大会代表中，女代表占12%，其中少数民族女代表占少数民族代表总数的11%。这表明，新中国成立不久，中国各族妇女便不仅在法律上而且在事实上开始参与国家和社会事务的管理。

美国女性人口占全美总人口的51%。2003年美国共有59名妇女当选国会众议员，14人当选参议员，分别占到众、参两院议员总数的13.6%和14%。2008年第110届美国国会中，女议员有88名，其中参议院16名，占16%；众议员72名，占16.6%。截至2007年12月，在美国州一级行政办公室任职的女性有73人，占23.2%；在州议会中，女性占23.7%。截至2008年7月，在全美最大的100个城市中只有11名女市长。

中国女性人口占总人口的48.4%。2003年，第十届全国人大会议，有女代表604人，占代表总数的20.2%，其中女常委21人，占常委总数的13.2%，有三位女性当选全国人大常委会副委员长；国务院副总理和国务委员中各有一位女性，分别占副总理总数和国务委员总数的20%。2008年"在国家一级,包括在党中央、全国人大、国务院和全国政协,女性高层领导人员有8位。中央国家机关的女部长、女副部长,各省区市的女省长、副省长等,合计有230多位女性省部级高层领导。中央国家一级的8位女性和中央国家机关以及地方的省部级女官员,数量之多、素质之好,是历史上最好的时期。而且在国家的公务员的队伍中,女干部已经占干部总数的40%以上"。中国重视选拔和使用女干部,"乡乡都有女乡长,县县都有女县长",每一个市都有女市长,每一个省都有女省长,这是美国没有的现象。

旧中国,妇女的地位非常低下。新中国成立后,国家有意识提高妇女的社会地位,保护妇女的合法权益。中国妇女权益提高很快。

一是制定各种法律,保护妇女权益,提高妇女地位。依据宪法确定的原则,新中国陆续颁布了《婚姻法》、《选举法》、《继承法》、《民法》、《刑法》等十余部基本法,国务院及所属部委颁布了40余种行政法规与条例,地方政府制定了80余种地方性法规,这些法规都明确规定了保护妇女权益的条款。

二是规定相应比例,提高妇女参政数量。全国人民代表大会和地方各级人民代表大会选举法规定,全国人民代表大会和地方各级人民代表大会的代表中,应当有适当数量的妇女代表,并逐步提高妇女代表的比例。1954年9月第一届全国人民代表大会代表中,女代表占12%。到2009年2月,第十一届全国人大代表名单中,有妇女代表637名,占代表总数21.33%。国家还规定,在各权力机关中,妇女都要占有一定比例和名额。

目前,中国女性从业人员已占社会总从业人员的44%左右,高于世界34.5%这个比例。

其次,男女同工同酬。

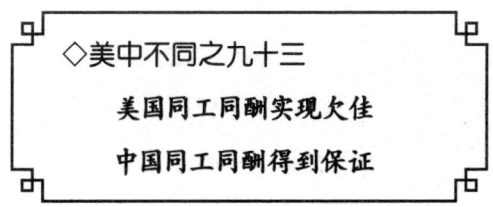

◇美中不同之九十三

美国同工同酬实现欠佳

中国同工同酬得到保证

美国企业对女性员工歧视严重，没有实现男女同工同酬。据美国就业机会均等委员会统计，2007年该委员会共收到基于性别方面的就业歧视的指控24826件，占30.1%。因为怀孕或者准备怀孕而受到雇主不公平待遇的妇女数量呈上升趋势。妇女的平均收入低于男性。据美人口普查局2008年8月公布的统计数字，美国全职女性2007年的收入为35102美元，男性为45113美元，女性收入为男性的78%。美国早在1963年就颁布了同酬法案，但进展十分缓慢。每一天，数百万的美国妇女和少数族裔却遭受职场待遇歧视，付出同等劳动，却得不到相同的工资。女性收入从1963年约占男性收入的59%，上升到2008年的77%。美国的这种状况有望得到好转。奥巴马总统在参加竞选时说，一样的工作，美国女性的工资是男性工资的70%，他支持立法要求同工同酬。美国众议院2009年1月9日通过两项法案。这两项法案为《莉莉·列得贝塔同工同酬法案》(The Lilly Ledbetter Fair Pay Act)和《公平薪酬法案》(The Fair Paycheck Act)，分别以247票比171票，以及256票比163票通过。奥巴马总统1月29日在白宫签署了劳工平权法《莉莉·列得贝塔同工同酬法案》，为女性争取同工同酬迈出历史性一步。事情的起因是，列得贝塔女士为一家全球知名的轮胎公司固特异服务长达30年，在退休后才知道自己的劳动报酬比身边的男同事少了40%，于是向法院提起诉讼。国会也因此立法。

男女同工同酬在中国得到较好保证。中国在政策上保护妇女的合法权利。男女不仅政治平等，经济上也平等。计划经济时代，工资是由国家统一规定，男女同工同酬，甚至还照顾妇女，给以特殊补贴。实行市场经济体制后，男女同工同酬原则也得到较好实行。在中国，同一行业、同一工种中技术熟练程度相同的劳动者，都可以获得同等报酬。因为男女同工不同酬与单位和企业发生纠纷的案件比较少见。但是，由于目前男女职工文化业务素质和职业构成的差异，男女实际收入尚有一定差距。在就业问题上，少数企业存在同等条件下不愿招收女性的歧视现象。这些问题亟待解决，但不属于同工同酬的范畴。

再次，自主意识。

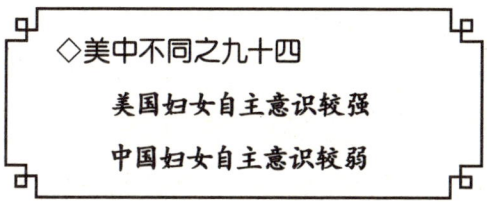

◇美中不同之九十四

美国妇女自主意识较强

中国妇女自主意识较弱

美国妇女自主意识较强。美国是一个崇尚个人"自由、独立"的社会，父母对子女的教育也是教会他们更好地适应社会。在本书关于儿童教育的章节，谈到美中两国在这方面的不同：同样是爱护孩子，美国人从小培养他们自主、独立。因此，美国妇女从小就讲究独立，不依赖他人。她们早在达到结婚年龄以前，便已开始逐步不受母亲的监护；在她们还完全没有走出童年时期，就已经自己独立思考，自由发表自己的见解，自己单独行动；人生的宏大场面不断地展现在她们的面前，父母不但不干预她们去看这个场面，而且让她们每天细致地去观察它，叫她们学会冷静正确地去正视它。因此，社会上的邪恶和危险很早就呈现在她们的面前；她们能够看清这些邪恶和危险，在作判断时不抱任何幻想，并且敢于面对它们，因为她们相信自己有足够的力量来应付。

美国妇女，不管年龄大小，都很少表现出孩子气的怯懦和无知。其实，人们不难看到，美国妇女甚至在年纪轻轻的时候，便已完全是自己的主人；她们尽情享受一切被允许的享乐，但从不沉湎于任何一种享乐；尽管她们往往好像随随便便，但她们的理智决不会失去其控制作用。

在美国，决没有早婚现象。原因很简单，妇女只有在她们的理智经过锻炼和达到成熟的时候，才决定结婚；中国的妇女，通常是在结婚之后才开始锻炼她们的理智，使其成熟，开始独自生活，学习自己面对社会。实际上很多人，即便结婚后，依旧大事小情依赖父母。说严重一点，许多人甚至到父母过世之后才真正地被迫独立。我了解过一些美国的女孩，其中一位叫Dana White，大学毕业已经二十七八岁，读大学时一边打工一边读书，不足部分靠自己贷款，毕业后四五年才能还清。（有的欠贷款2万多美元，按她们的消费方式，即便努力节省，也需要几年才能还清。）不像国内绝大多数由父母花钱让孩子一口气读完四年大学，二十二三岁毕业，工作一两年，二十四五就结婚了。中国女孩，过了二十八九即成"大龄青年"了。美国女孩，30岁之前结婚的不算多，三十四五都属正常。那时，她们的人生经历更丰富了，已经有经济条件支撑家庭，做一个称职的母亲完全没问题。而且，并没有因为结婚导致自己独立性的减少。

法国作家维托克先生在《美国式民主》一书中谈及美国年轻女性怎样习得为妻之道时说："择偶的时期一到，自由的世界观所培养和加固的那个冷静而严肃的理智便告诉美国妇女：结婚后继续轻浮和自我作主只能造成无休无止的争吵，而决不会得到乐趣；未婚女青年的娱乐不能成为已婚妇女的消遣，已婚妇女的幸福源泉是她丈夫的家。由于她们事先就已看清，只有一条道路可以使其家庭得到最大幸福，所以她们一开始便沿着这条道路走下去，一直走到头而不后退。"

美国是一个有着基督教传统的国家，妇女对婚姻、家庭还是相当慎重的。如果说她们在情窦初开的年华或未婚之前还比较放松（结婚前可以试婚，可以同居，也会有一夜情，合不来就分手）的话，那么面对婚姻和家庭则是严肃的。当然，严肃并不是不离婚，当婚姻和家庭严重影响她们的自主独立和幸福时，她们也会表现得毫不犹豫。

中国妇女，旧思想是靠男人供养，所谓"嫁汉嫁汉，穿衣吃饭"。受此影响，现在农村中，少数家长认为女孩上学不上学不要紧，将来嫁个好人家就行了。城市中，部分家长对女孩的要求也是，有无本事无所谓，找个好老公就行了。时下的流行语是：学得好不如嫁得好。

2007年1月8日《新京报》刊登了李万刚撰写的报道《学生自主意识需要制度滋养》，报道说，"历时一年多、横跨4个国家、156所学校7304名高中生参与的中日韩美四国'高中生生活意识比较'课题调查结果显示，不甘于平淡生活的中国学生容易接受被人安排，自主意识偏弱。"报道认为，当代中学生这种个体"精神体质"的缺陷，不只是年轻人的自主努力不够，或者传统家族文化中个体自主精神的缺乏，整个社会在中小学生入学、大学生就业等社会制度公平方面的缺陷，也要为此担责。如何为他们创建一个公平竞争的制度环境，尤为重要。报道例举：一些父母动辄利用自己的关系或财富，就可以让自己孩子进入好的学校学习；而越来越多的大学毕业生认为，自己的努力往往比不上有关系的"父母"。报道还说，有调查显示，有41.61%的学生已经坦然承认：通过家庭和个人社会关系、托熟人是最有效的求职途径；在来自大城市的学生中，这一比例更是高达51.29%。报道所要表达的是，学生自主意识偏弱的背后，不公平竞争的关系风起到了推波助澜的作用，而根本原因在于保障公平竞争的现代制度亟待健全。我赞同作者的看法，社会要为培养学生自主意识创造公平竞争的制度环境。同时，我也认为，要为广大青少年特别是青少年女性，创造一个有利于她们自主意识形成的文化环境。

2. 对待老人

人都会老，是自然规律，无法抗拒。人老了不仅会失去工作和劳动能力，还会生病，生活不能自理，需要他人照养。美国的"老有所养"是怎样解决的呢，与中国有什么不同？

首先，法律规定不同。

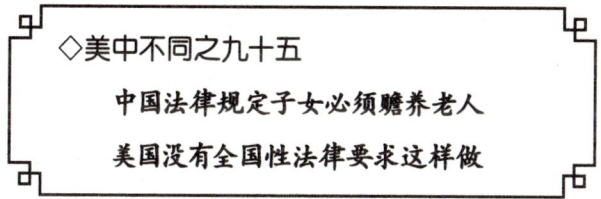

◇美中不同之九十五

中国法律规定子女必须赡养老人

美国没有全国性法律要求这样做

中国法律规定，子女必须赡养老人。《婚姻法》第二十一条规定："子女对父母有赡养扶助的义务。子女不履行赡养义务时，无劳动能力的或生活困难的父母有要求子女付给赡养费的权利。"在中国，子女赡养父母不是子女想不想、愿不愿的问题，而是法定的义务。

在美国，成年儿女一般来说对照顾年老父母没有法律和经济上的义务。目前，美国50个州当中，有30个州的法律要求子女在年老的父母无法照顾自己的情况下赡养他们，其余20个州没有这方面的要求。美国没有要求儿女赡养老人的全国性法律，即使在有法律规定的30个州，也几乎从来没有实施过。由州政府强迫儿女为没钱的父母出钱的想法，几乎得不到任何社会和政治方面的支持。

　　为何如此？首先，美国人口地域分布很广。美国社会强调个人自立，儿女成人后只身去闯天下，很多都远在他乡，不在父母身边，为赡养老人造成了很多实际困难。其次，美国一半婚姻以离婚告终，如果父母一方在孩子年幼时没有和他们生活在一起，那么孩子在父母年老时是否有义务照顾他（她）呢？再者，如果要求子女赡养老年人，会使子女家庭的收入减少，现在很多美国家庭面临经济压力，如果夫妻有一方给自己父母寄钱，就可能使另一方不满，从而造成家庭矛盾，使夫妻关系紧张。再一个非常重要的原因是，老年人自己不愿意依赖儿女，希望保持独立。联邦和各州有各种计划，为老年人提供生活和养老保障。

　　全美老年人法律研究院主席、俄亥俄州律师威廉姆·布朗宁分析说："在美国，如果父亲是罪犯，子女在法律上不受父亲不法行为的束缚。反之，如果父亲非常成功，他也没有义务给子女留下任何遗产。从传统上讲，美国的社会是建立在个人主义、个人自由和个人责任基础之上的。"

　　威斯康辛州大学法学院教授格蕾琴·瓦伊尼说："这个制度听上去似乎很残酷，好像这个国家的人不关心上年纪的家人。我认为这可能是误解。虽然成年子女没有照顾年老父母的法律义务，但大多数被指定为监护人的人都关心自己的父母和家庭成员。"

　　在美国，大多数父母不和子女住在一起，他们往往独立生活，或者由养老院及陪助型公寓照顾。如果老年人因病失去独立生活能力或经济上出现问题，法律如何保护他们呢？美国各州都有针对老年人的监护法。如果老年人失去了判断能力，有必要通过州政府帮他寻找一名监护人，负责他所有的法律决定。首先，失去判断能力的人需要监护人为他的生活作出决定，医疗保健就是一项非常重要的决定。其次，一旦失去独立生活的能力，监护人要安排他住进养老院。而且，失去判断能力的人还需要监护人代管产业和钱财。什么人可以成为法律监护人呢？美国法律倾向于让家庭成员，而不是让老年人不熟悉的专业人士担任监护人。只有在没有家庭成员或家庭成员不愿意作监护人的情况下，法庭才在家庭成员以外寻找其他监护人，因为法庭的看法是，家庭成员最了解情况。一旦实施监护权，监护人就有法律规定的权利和义务。法律监护人不能剥夺被监护者的宪法权利，例如被监护者依然有权信奉自己的宗教等。但是，他的决定权要移交给监护人。然而，监护人没有偿付被监护的老年人的债务的责任。如果子女成为父母的监护人，而父母住在养老院里，他就要用父母的钱财支付养老院的费用。一旦父母的钱财用完，孩子没有义务自己掏腰包继续支付养老院的费用。这个时候，就要由政府通过医疗援助计划提供帮助。人们可以在有判断力时指定自己的监护人，或者在医疗保健和财政委托书上签字，这样将来就不会有被指定的监护人了。很多时候，人们提前为自己将来可能发生的一切作好准备，法庭就不需要再指定监护人了。法庭指定监护人的情形，只有在人们事先没有为自己一旦失去判断能力作好准备的情况下才会出现。

如果发生虐待老年人的情况，法庭可以进行干预。虐待老年人的情况，可能是身体虐待，也可能是经济虐待，还可能是精神虐待。法庭以及各州的老年人保护服务机构可以介入，代表老年人寻求服务，把虐待老年人的人赶出家，或者更换监护人等。

凡事都有特例。我看过关于美国子女孝敬老人的报道，如《环球时报》2003年4月2日文章《常回家多关心老人 在美国孝敬父母是种幸福》，文中提到，在休斯敦某养老院工作了14年的麦琪女士是一位地道的孝顺女。她的父母都年近80岁，父亲因病生活不能自理，全靠母亲勉强伺候。麦琪是家中的长女，两个弟妹都住在外州，为方便照顾，她将父母从休斯敦郊外接到了城里，并在一家老年公寓为他们租了套房子。她每周看望父母两三次。她每天都在为父母的身体操心，为他们的生活奔波，但她一点都不觉得苦，反倒觉得这是一种责任，也是一种幸福。文章还提到，20岁出头的非裔姑娘芭芭拉每周回父母家一次，并坚持给父母生活费，她在接受记者采访时说，"钱多钱少不重要，关键是表达孝心。"她的两个哥哥也定期给父母零花钱，不过数量不一。芭芭拉说，他们兄弟姐妹之间没有约定各自的赡养义务，完全根据自己的能力看着办，即使不给也无所谓。应该说，美国的子女也不是不考虑让父母晚年生活不觉得孤单。但做多做少，凭个人尽心而已，不是责任。

我也听到国人这样讲，"美国是儿童的天堂，老人的坟墓"。一位很有孝心的中国年轻人在自己的博客中写道，当他看到80多岁白发苍苍美国老人和自己40来岁中年儿子在餐馆吃饭后，老人用颤抖的手掏出钱包，拿出五十美元自己付账时，他惊呆了。难道这就是美国人？难道在老人用他那长满皱纹的手伸出来付钱时他不感到羞耻？他还提到一位叫Scott的朋友，一边打工一边上学，开支不够时向父母要钱，每次父母都要用笔记下每一笔账，然后说将来向他索要，朋友很苦恼。由此，他想到，等Scott到了他父亲这个年龄，就可能会像上面讲过的那个人一样对待他的父亲。也必定会像他父亲对待他那样对待他的儿子，这样循环下去。社会冷漠，没有人情味，美国老人的命运是悲惨的，从一开始就为自己挖好了坟墓，等着自己跳下去。

上述两例，无疑也是事实。美国老人的生活的确让习惯了大家庭儿孙满堂的中国人感到几许孤独，其实，因为文化背景不同，彼此对什么是晚年幸福的感受相差甚远。美国老人习惯于独立生活，有退休金和较完善的社会保障体系，其晚年生活并不是所谓"坟墓"。总体而言，美国老人的各种物质保障比中国老年人，特别是广大农村的老年人，还是要好很多。

中国经济发展不平衡和社会整体保障制度还不完备，广大农村生活水平与城市差距较大，少数农村子女不履行赡养父母的义务，或者履行得不好，致使一些农村老人生活无着，晚年凄凉。这样的事情每每见诸报端：如贵州省《黔西南日报》2009年5月27日报道，"5月20日，一位98岁的老人迈着艰难的步履走进晴隆县公安局安谷乡派出所，民警将其扶到接待室后了解得知：老人住安谷乡塘上村，其六个儿子不履行赡养义务，老人经常吃不上饭，这天是走了五个小时的路到派出所找民警寻求帮助。"四川省《泸州日报》2008年12月2日报道，"11月25日，叙永县法院执行局一行10人，前往后山镇王华村执行王某申请执行的赡养纠纷案。年近八旬的王某妻子早年去世，他既当爹又当妈把儿子王甲、王乙及女儿王丙拉扯成人，现三个子女均已成人。由于几个子女分家后，丧失劳动能力的王某无人接收，致生活无着。老人无奈向叙永县法院起诉，要求子女三人共同承担自己的生活费、医疗费。叙永县法院受理此案后作出判决：王某随王甲生活；王乙、王丙从2007年5月起每人每月支付王某生活费100元，其间产生的医疗费由二人均摊。判决生效后，王丙自觉履行了义务，但王乙拒绝执行。为此，王某向法院申请强制执行。"看来，在中国，法律规定子女必须赡养老人实有必要。

其次，老人的社会保障不同。

◇美中不同之九十六

美国社会保障体系较完备，老人晚年生活有保证

中国社会保障体系不健全，农村老人生活较困难

美国老年人能享受较好的社会福利。在美国，由家庭成员赡养老人的观念，越来越多地转变为依靠社会福利制度和税收来满足老年人的需要，例如州政府，特别是联邦政府通过各种现金、补助金、养老院和住房补助以及食物券等方式向老年人提供帮助。第一项重要的福利是社会保险。美国法律规定，凡交纳社会保险税，年满65岁的公民都可以享受养老退休金。这项退休保险是强制性的，雇主和雇员共同投保，从雇员的工资中扣除。第二项福利是针对老年人和残疾人的医疗照顾计划。这是为65岁以上老年人提供的全国统一医疗保险计划。这个保险分两部分，第一部分主要用于支付住院费用；第二部分是第一部分的补充，包括医生诊疗费等。医疗照顾计划实施以来，已使90%多的老年人得到医疗保险。在美国，大多数老年人的基本医疗保健需要都由医疗照顾计划支付。医疗照顾计划是美国唯一不以收入为基础的医疗保险计划。任何人只要年满65岁，或者终身残废，领取退休社会福利，就有资格享受这个计划。另外，还有一个"医疗援助计划"，由联邦和州政府共同资助，各州具体负责实施。这项计划主要针对低收入者和穷人，没有年龄限制。在很多州，这项计划帮助支付所有的医疗保健费用。这两个医疗计划的区别在于：医疗照顾计划支付的是重病治疗费用，而不是长期的医疗保健费用。它支付住院费和化验费，但不支付养老院费用，只有在病人住院一段时间后要出院，但又不能马上回家的情况下，医疗照顾计划才可以支付20多天住养老院的费用。医疗援助计划是唯一由联邦政府资助的帮助支付养老院费用的计划，按照经济需要，为那些住不起养老院的老年人提供有关费用。

虽然美国老年人依靠社会福利制度作为基本的养老来源，但他们的经济情况好于以往任何时候。这一代的美国老年人比历史上任何时期的老年人都积累了更多的财富。这并不是说所有老年人都很富有，但如今生活贫困的老年人远远少于以往几

代人。

中国社会保障体系还不健全，尤其在农村，老年人能享受的人数和数额还较低。美国经济高度发达，已经建立比较完备的社会保障体系。美国人口98%生活在城市，而中国的城镇化率低，2007年只有44.9%。根据全国老龄工作委员会办公室所作《中国城乡老年人口状况追踪调查》，截至2006年6月1日零时，全国60岁以上老年人口总数为14657万人。其中城市老年人3856万人，占26.3%，农村老年人10801万人，占73.7%；城市老年人独立居住的比例占49.7%，农村老年人独立居住的占38.3%，与其他家庭成员一起居住的占61.7%；城市享受退休（养老）金的老年人平均月退休金为990元，农村684元。城市老年人平均年收入为11963元，农村老年人平均年现金收入为2722元。不能享受任何医疗保障的为25.9%。农村老年人缺医少药、看病难、看不起病的现象还很严重。城市老年人中感觉幸福和比较幸福的占56.9%，差不多的占39.4%，较不幸福的占3.7%；农村老年人中感觉幸福和比较幸福的占33.1%，差不多的占56.2%，较不幸福的占10.7%，城乡差异明显。近来，这种情况开始有所转变，部分农村老人开始按月领取养老金。尽管每人每月享受的数额还只有几十上百元，但在解决农村老人生活困难方面已经迈出关键一步。

对老人来说，要保证晚年生活幸福，最重要的是退休金和医疗保险。中国城市老年人领取退休金（养老金）的比率为78.0%，农村为4.8%。城市老年人享受各类医疗保

西弗吉尼亚是美国的山区州，不少居民以农牧为生。照片上的老人是该州一位地道的农民，老夫妻二人有自己的农场，生活轻松自在。他喜欢玩乐器，尤爱吉他，常自弹自唱，被戏称为"老玩童"。我也装模作样，潇洒一把。其实自参加工作就无暇玩乐器了。退休后可以，我有退休金。可在广大中国农村，有几多老人能像我？像他？

障的占74.1%，农村老年人不能享受任何医疗保障的为55.3%。美国绝大部分人口生活在城市，没有退休金的是极少数。美国全国没有医疗保险的人为1/6 (16.6%)，也就是说，83.4%都享受医疗保险，老年人的比例数更高，前面谈到为90%多，应当属实。

由上述调查可以看出，要保证1.4657亿中国老年人，特别是占老年人口73.7%的农村老年人能度过一个幸福的晚年，对中国来说，制定和落实老龄事业发展战略规划和政策，逐步建立覆盖城乡居民的养老保障制度作为社会保障体系建设的重点，构建以居家养老为基础、社区服务为依托、机构照料为补充的养老服务体系，还是一项亟待解决的问题。

2010年中国政府出台相关政策，扩大农村养老保险制度，改善老年人生活状况。

3. 对待儿童——儿童保护

2009年1月21日晚，央视12频道法律讲堂栏目讲述了一个故事，题目是《爸爸，别碰我》。故事的女主人公刘桢是一位在美国生活时间不长的中国妇女。她的丈夫赵刚，是一名非常称职的丈夫。六岁的女儿隐私处发生疾病，父亲亲自为她换药，照顾她，很快康复。女儿在美国学校读书，老师讲述隐私部位卫生知识时，孩子无意中讲述了爸爸为自己换药的事情。老师认为，女孩遭到性侵害。随后，警察局逮捕了父亲赵刚，还要控告母亲刘桢监护不利。结果，女儿被儿童保护组织带走，剥夺了夫妻二人的监护权。故事告诉中国观众：美国的法律保护儿童权益，包括不允许异性父母接触幼年子女的隐私部位。这对夫妻因为不了解美国的儿童保护法，给自己带来严重后果。

儿童是一个国家和民族的希望与未来，中美两国，不论政府还是民间，都对儿童的健康成长给以极高的关爱和关注，但方式方法有鲜明不同。

首先，儿童权益。

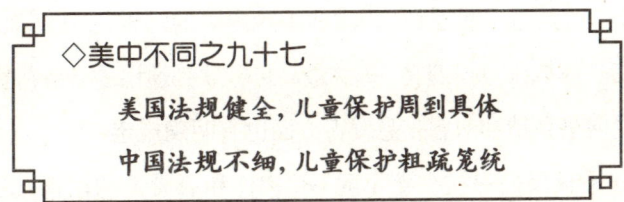

◇美中不同之九十七

美国法规健全，儿童保护周到具体

中国法规不细，儿童保护粗疏笼统

美国关于保护儿童的生命和身心健康制订有严格的法律,少年儿童的利益受到全社会的高度重视。在美国,父母不准打骂子女,如果发生,子女可以控告父母。对12岁以下的儿童,不准大人离开身边无人照看,否则被告发、取消监护权,把孩子带走。

联邦政府在健康及公共服务部内专门设立一个处理虐待和忽视儿童事务办公室,同时配有国家虐待儿童信息交流中心、虐待和忽视儿童咨询委员会,在司法部下设少年司法与犯罪预防办公室,并建有国家少年司法和犯罪预防研究会。

美国法律规定,虐待和忽略儿童都是伤害罪。美国各州对儿童保护都有立法。如密歇根州于1989年3月开始实行经过修改的《密歇根儿童保护法》,其中修改的许多部分反映了美国这些年来对儿童保护的重视。修改后的法律对伤害儿童作了两个定义,一为虐待儿童,一为忽略儿童。"虐待儿童"指家长、法律监护人或任何负责儿童健康和福利的人(包括儿童健康和福利工作者、学校老师等)对儿童造成的实际伤害和威胁,包括故意造成的肉体和精神伤害、性侵犯、性剥削和虐待。"忽略儿童"则包括:没有给儿童提供足够的食品、衣物、住房和医疗条件;将儿童放置在可能对他们的健康和福利造成伤害的环境里,或者发现这种情况,有能力制止而不去制止。该法律还要求各公共卫生机构建立中央档案,保存所有违法案例。

在保护未成年人不受不良信息侵害方面有严格措施。美国的电影分为G、PG-13、R三级。G为适合于所有观众观看的电影;PG-13为可以让13岁以上的儿童观看的电影,但必须在父母的指导之下;而R级则为儿童不宜观看。美国各大电视台几年前也开始对电视节目实行内容等级制度,基本分为G (general, 大众) 和M (mature, 成人观众)。据中新网2006年6月17日报道,香港大公报援引美联社消息说,美国总统布什星期四签署一项严惩媒体内容涉及淫亵及不雅的立法,凡是内容越过"不雅界线"的节目将面临比以前高十倍的罚款。布什在签字仪式上说,该立法将迫使业界人士"认真地负责,保持广播频道不受淫秽、亵渎和不雅内容的污染"。在广播和电视频道上讲淫秽语言或有失体统地暴露身体,每次最高可被联邦通讯委员会罚款32.5万美元。在保护儿童不受网络色情和有害信息侵害方面也有明确规定。

美国的法律不仅仅是保护少年儿童不受肉体和心灵上的伤害,也防止青少年从小养成坏习惯。在美国，卖给21岁以下青少年香烟和含酒精的饮料是违法的。美国司法机关对青少年抽烟和酗酒问题倾注了极大的力量。有些商店和超市的收银机在扫描酒类物品时，还必须将顾客的年龄打进去，否则就能不继续工作。为了对商家进行监督，便衣警察经常会"雇用"未成年人到杂货店买香烟，一旦他们成功，商店老板就会面临巨额罚款。

引起人们广泛关注和兴趣的例子是布什家族的后辈子女。2003年有媒体报道，布什总统一对双胞胎女儿詹娜和芭芭拉两姐妹虽未成年，酒瘾却大得吓人，屡屡传出在派对中酗酒的坏名声。2001年5月，詹娜在酒店里使用他人身份证买酒被警察抓住，接着芭芭拉又因未成年喝酒而被控。事后，姐妹俩答应改过自新才逃脱了警方的起诉，代价是各自被罚100美元，此外还要在社区当义工和参加戒酒治疗班。布什总统的侄女诺埃勒却没能逃脱。2002年1月她试图以伪造的医生处方购买一种抗焦虑的镇定药物时被捕，被法庭判处进入戒毒所接受治疗。在康复治疗期间，她曾经两次犯规，结果被怀特黑德法官两次送进监狱，一次是在2002年7月藏匿处方药被发现，结果被关进监狱三天，还有一次是2002年10月在她鞋子里发现了少量可卡因，于是又被送进监狱10天。

对于在美生活时间不长的年轻华人父母来说，由于对美国文化和法律了解不多，加之受中国传统文化的影响，认为孩子是自己的，想怎么管就怎么管，另外还相信"不打不成才"的传统管理方式，因此随意打骂孩子、忽视孩子的正当需要，这在美国稍不注意就很容易铸成大错，甚至引发法律纠纷。本节开始的故事即是一例。还有一位朋友也有类似经历。朋友的女儿因弱智在一家特别学校读书，学校老师为了防止这些孩子的家庭有暴力倾向或虐待行为，经常提示性地询问孩子。朋友的女儿说母亲在家里经常给她冲凉，老师们马上警觉起来，问洗澡时父亲是否在场。孩子说"在"。老师于是拿出一个布娃娃，问父亲经常触摸她的什么地方。孩子说爸爸经常给她挠痒痒。于是，这被认为是对儿童进行性虐待，社会工作者很快登门将他们的独生女儿领走，并把她过继给另外一对美国夫妇。朋友倾家荡产打官司，也没有能将孩子要回来。最后夫妻只好"离婚"，孩子才回到了母亲的身边。类似的事当然不仅限于华人，许多家境不太好的白人和黑人家庭也常常会被控"虐待孩子"，眼睁睁看着孩子被社会工作者带走。

尽管美国的法律很严格，但美国发生的虐待和忽视儿童权益的行为却很严重。儿童是性侵害的受害者。据2005年3月3日新华网刊登的《2004美国人权纪录》，美国每年大约有40万名儿童被迫在街头卖淫或从事各类色情活动。离家出走或无家可归的孩子是儿童性侵犯的最大受害者。从1998年到2003年，美国全国失踪和被剥削儿童中心收到的有关儿童受到性剥削的报告由4573起上升到81987起。近年来，美国不断爆出教堂神职人员对儿童实施性虐待的丑闻。据美国天主教主教会议发表的报告，2004年，美国共有756名天主教神父和其他神职人员涉嫌对儿童进行性骚扰而被起诉。据信，在1950年到2002年间，有超过10600名男孩和女孩遭到过近4400名各种神职人员的性侵犯。此外，美国每年有450多万学生在幼儿园和学校受到不轨性行为的袭扰，每十个孩子中就有一人受害。暴力伤害频繁发生。据调查，有近20%的青少年生活在有枪的家庭中。在华盛顿特区，2004年，有24个18岁以下的青少年被杀害，是2003年的两倍。在巴尔的摩市，到2004年9月27日，当年已经有29名青少年被杀害，2003年该市因暴力犯罪被杀害的青少年达35人。据美国司法部2004年11月29日公布的报告，2003年，约9%的9至12岁的美国学生报告在学校受到伤害威胁或遭到武器袭击致伤。越来越多的学生因为没有安全感而不愿去学校。虐待和忽视儿童的现象

春节前夕，中国驻美使馆举办美国家庭收养的中国儿童聚会，时任大使李肇星的夫人秦小梅发表致辞。这种活动差不多每年都搞，让孩子常接触中国文化。美国人收养中国孩子，让福利院收留的部分弃婴有了归宿。中国人怎么不去收养美国孩子？怎么让弃婴的事不再发生呢？

大量发生。据《太阳报》2004年5月18日报道，2002年美国有90万青少年受到虐待，近1400人死亡。每年每10万青少年中有1.98人被他们的父母或监护人杀害，马里兰州的比例更高，每10万青少年中被他们的父母或监护人杀害达2.4人。据《休斯敦纪事报》2004年10月2日报道，德克萨斯州负责保护儿童权益部门每人每月要受理50件虐待和忽视儿童的案件。有三分之二的美国青少年拘留中心关押着患有精神疾病的青少年，每天有2000名青少年因为不能得到社区精神健康服务而被关押，有33个州的青少年拘留中心关押着患有精神疾病的青少年，但对他们没有任何指控。

中国政府同样非常重视儿童的权益保护，制定了相应的法律，各级政府都有专门的儿童工作部门，公安部门严厉打击针对儿童的各类刑事犯罪，在儿童权益保护方面取得了举世公认的成绩。但是，由于美中两国在经济发展水平所处的阶段不同，中国社会总体富裕程度还比较低，所以，国家在儿童保护方面投入的资金还比较有限。另外，中国虽然也制订了保护儿童合法权益的相关法律，但比较起来，不够详细具体。

比如，美国的法律明确界定对儿童身体上的虐待一般是指任何发生在儿童身上的非事故性身体伤害。有些州法律列举了父母对儿童进行身体伤害的典型行为，如抓、烧、打、踢或咬等。儿童伤害被列举包括烧伤、骨折、脱臼或者可构成虐待的破裂伤。对儿童的"性虐待"通常被给予一个相对明确的定义。性虐待通常包括强奸，将生殖器或手插入儿童的生殖器或肛门，将生殖器与儿童的嘴、生殖器或肛门接触，故意抚摸（包括隔着衣服抚摸）儿童的肛门、胸部或生殖器，或者在儿童面前暴露生殖器对儿童进行性刺激等。由于长期遗留的封建家长思想作祟，中国父母为了管教子女，打骂现象时有发生。而我们的儿童保护法没有明确界定打骂子女到什么程度算父母违法，只是笼统的表述为"父母或者其他监护人应当依法履行对未成年人的监护职责和抚养义务，不得虐待、遗弃未成年人。"怎样算虐待？没有明确界定。

对于未成年人的吸烟、酗酒等，中国没有作为法律过失，要求进行惩处，只是要求"父母或者其他监护人应当以健康的思想、品行和适当的方法教育未成年人，引导未成年人进行有益身心健康的活动，预防和制止未成年人吸烟、酗酒、流浪以及聚赌、吸毒、卖淫"。中国未成年人抽烟、酗酒的数量很大，特别是在广大农村，如果作为法律条文加以禁止，现在可能较难实现。

对于家长或者法定监护人没有尽到监护责任，忽略儿童的安全而造成儿童受到或可能受到的伤害，惩处的力度也不一样。在美国，法律明确规定，家长不得将未成年人独自留在家中。如果未成年人在家长的监护范围内受到任何伤害，都将对家长做出严厉惩罚，甚至可能取消家长对孩子的监护权。在中国，父母为了工作上班或其他事情，把婴幼儿独自留在家中的事情是常有的，造成对孩子伤害的事情屡见不鲜。2007年1月16日早8点，中央电视台10频道报道了一位名叫嚎嚎的三岁男孩，妈妈外出卖菜，把他一人独自留在家中。他自己到厕所解手，因年龄太小，家中的蹲便池对他来说太宽，一步没跨过去，一只脚滑进便池的下水道内，卡在里边，拽不出来。妈妈回来发现后，在自己施救没有成功的情况下，拨打110电话，请警察帮助。经过几个小时，打碎了便池，从楼下锯断了下水管道，才将孩子的脚安全拔出。

作为父母或者监护人，面对孩子受到的伤害，尽管他们后悔不已，但并没有因此受到法律惩处。原因是中国的法律规定不明确。中国的法律这样说，"父母或者其他监护人不履行监护职责或者侵害被监护的未成年人的合法权益的，应当依法承担责任。父母或者其他监护人有前款所列行为，经教育不改的，人民法院可以根据有关人员或者有关单位的申请，撤销其监护人的资格；依照民法通则第十六条的规定，第十二条另行确定监护人。"只是规定"依法应当承担责任"，承担什么责任没有明确说明。而且对忽视儿童的惩处设定了条件，前提是"经教育不改"。也就是说，教育后改了，就可以不承担责任。为什么不惩处呢？个人分析，中国现阶段经济发展水平不高，广大的农村妇女、进城务工人员中的年轻母亲，上养老下养小，在家庭收入拮据的情况下，要增加家庭收入，维持生计，不得不又带孩子又劳动，一时疏于对孩子的照管，也是无奈。假如仅仅因为疏忽，就剥夺他们的监护权的话，那么在现阶段国家和社会还没有能力承担的情况下，谁来监护这些孩子？还得靠孩子的父母。因此，还不能过分惩处这些父母，法律也要宽严适度。

中国的父母打骂子女现象较多。中国传统的家教观念"不打不成器"根深蒂固。

今天，当赏识教育、快乐教育等新教育理念冲击传统教育理念的时候，总有不少父母抱怨：打，不行；但不打，教不好。不久前的热门话题"丁丁案"中，丁丁妈妈与"继父"在使丁丁身心严重受创之后，居然还直言不讳"我们打她是因为爱她"！据北京师范大学教育政策与发展研究所在北京、上海、山东、湖北等十省市所进行的"少年儿童人身伤害问题研究"随机抽样调查表明，父母在管教孩子时，采取打或骂方式的大有人在。在被调查的5846份有效问卷中，分别有60.9%的孩子在家中挨打，有84%的孩子在家里挨过骂，有14.1%的父母打孩子时打得很重，并留下了伤痕。相信"打一顿"管用的，农村高于城市，父亲高于母亲。

其次，对儿童的关爱。

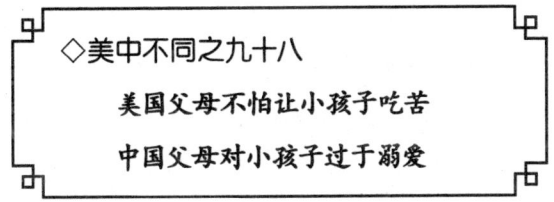

◇美中不同之九十八

美国父母不怕让小孩子吃苦

中国父母对小孩子过于溺爱

美国的父母同中国的父母一样爱孩子，关心孩子，希望他们健康成长，但爱的方法却大不一样。美国社会竞争非常激烈，孩子们将来要面对残酷的社会竞争，不仅需要健壮的体魄，还需要勇敢顽强、不怕困难的精神。因此美国人从小教育孩子自立。如：孩子出生后自己单独睡一张小床，稍大一点就单独睡在一个屋。中国的孩子出生以后，起码三四岁之前是跟着妈妈睡。有房子紧张的原因，更主要是要照看孩子。到稍稍懂事的年龄，如上幼儿园之后，才开始考虑让孩子单独睡一间房，这是在城市。在广大农村，小孩子与父母同睡一室是非常普遍的现象，十一二岁、十三四岁甚至十五六岁也不为怪。这里既有生活习惯，节省家庭开支等原因，更主要是照顾子女安全，特别是女孩子。

对小孩子，美国人让他们摔打、吃苦。摔倒了不马上去扶，让孩子自己起来再接着玩。我曾居住在华盛顿康涅狄格大街4601号，那是一幢临街的公寓楼，周围是富人区，家家是一栋栋独立的豪宅。公寓后面除免费的足球场、棒球场和网球场之外，还有一处专供小孩子玩耍的儿童游乐场。沙坑、跷跷板、秋千、滑梯、小篮球场等应有尽有。园内有各种塑料玩具, 小篮子、小铲子、小足球、儿童三轮车等, 是社区免费提供的, 所有的孩子都可以玩, 但不能带回自己家。夏日的周末或傍晚, 我们经常在那里休闲纳凉, 看孩子们玩耍。有不少年轻的妈妈带着刚会走的孩子来玩。妈妈坐在一边, 任孩子自己满地跑。孩子摔倒了, 妈妈并不去扶, 而是鼓励孩子, 让孩子自己爬起来, 更不会批评训斥, 责怪孩子。小孩子呢, 摔倒了也不哭, 尽管有时也表现出委屈或害怕的样子, 但在大人的鼓励下, 自己爬起来接着玩。当然, 那里是比较安全的, 地面上是细细的沙子或者碎木屑, 不会对孩子构成大的危害。有的家长甚至让小孩子光着小脚丫跑来跑去, 不怕木屑刺伤孩子的脚。对比起来, 中国人对步履蹒跚的幼儿, 肯定是寸步不离, 尤其是当爷爷奶奶带孙子孙女的时候。小孩子满怀喜悦, 自己刚走两步, 很得意, 一不小心摔个跟头, 马上就会被扶起来, 嘴里肯定会说: "好乖乖, 别哭, 让奶奶 (妈妈) 看看摔坏了没有?" 这时孩子肯定会以为自己不小心犯了错误, 因此不知所措地哭起来。爷爷奶奶马上会说: "别哭, 别哭, 谁让你不小心呢?!" 于是, 小孩子哭声越来越大。中国人对孩子, 总是批评教训的多, 赞扬鼓励的少。

美国人从小就让孩子自己干事情, 管理自己的房间, 分担部分家务, 不是爸爸妈妈样样事情都替他们干。在机场、车站, 经常看到一家人外出旅行时, 小孩子自己负责自己的行李, 不是象征性的, 是真格的, 吃的喝的玩的自己背着, 那个包虽说不特别大, 但让中国人看来和孩子的年龄很不相称。美国的男人, 简单的房屋维修喜欢自个干, 我们亲眼看到八九岁的男孩周末帮父亲扛木料修房屋。

中国人对孩子溺爱, 特别是现在的独生子女, 除了学习, 一切都不用管, 洗衣服、收拾房间、整理书包等都让父母包办代替了, 孩子自己很少动手。结果, 成了不爱劳动也不会劳动的"小皇帝"。常听同事们说起, 不少孩子读初中、高中在学校住宿, 自己不会洗衣服, 周末回家, 大包大包的脏衣服带回家, 让父母为自己洗。更有甚者, 上了大学, 去了其他城市, 照样把脏衣服拿回来让父母洗, 或者父母干脆过去, 在学校附近租房子, 为的是帮助料理孩子的生活。这种事情让美国人听起来是笑话, 但在中国并非少见多怪。

《黑龙江晨报》2006年9月29日发表了一篇文章, 标题是《担心孩子生活不能自理父母辞职专陪子女上大学》。报道说，9月25日，记者在哈尔滨市南岗区学府路某高校的教学楼外，见到了正在等孩子下课的李爱琴。李爱琴的网兜里装着一个饭盒，还有洗好的葡萄和苹果。她说："我们家是萝北县的，孩子开学报到那天，我也一起来报到了。""我女儿12点20才下课，下午1点半又要上课，时间紧，我就把饭送到学校来了，省得孩子来回跑耽误时间。"提起女儿，李爱琴显得很自豪："我女儿凭自己的努力考上了大学，而且还是国际贸易专业，我和她爸别提多高兴了！"临开学前，李爱琴和丈夫非常担忧：女儿从小到大连袜子都没洗过，甚至连被子都没整理过，上了大学可怎么办？连生活都不能自理，还哪有精力学习？李爱琴和丈夫商量来商量去，决定由她到哈尔滨陪读，为此她还辞掉了工作。

再次，孩子的课业负担。

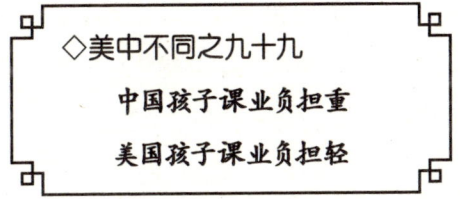

◇美中不同之九十九

中国孩子课业负担重

美国孩子课业负担轻

中国的孩子课业负担重。中国的教育方针是培养德智体美劳全面发展的孩子，但中国的升学方式是以分数高低录取学生，迫使家长和学校只看重学生的智育培养，主要是学习成绩，不太看重孩子们的其他方面。为了让孩子有好的成绩，学校和家长普遍采用加大课业负担的办法。孩子们很辛苦。学校的课时长，放学后还有很多作业，很少玩耍的时间。家长们也无奈，自己心疼孩子没用，孩子学习成绩不好，考不上大学，前途一切都受影响。为了让孩子能考上好一点的大学，家长们不得不削尖脑袋，从怀孕开始，就要给好的胎教，上幼儿园要选一流的，上小学、中学要上重点的。一句最能反应家长心态的经典话语叫做"不能让孩子输在起跑线上"。在幼儿园和小学阶段，不少家长往往还给孩子报各种各样的周末课外班，什么钢琴班、美术班、奥数班等等。孩子们平时课业已经很重了，参加了课外班，星期六星期日也很少捞到休息玩耍。

美国的孩子课业没有这样重。第一，他们上课时间短，比如小学，课时少，有的全天只有五六节课,下午很早就放学了。第二,家庭作业少。作业一般在学校就完成了,回家基本不用做作业。第三,老师讲课启发式,不用死记硬背。孩子们玩耍的时间比较多,无怪乎有人说,"美国是儿童们的天堂"。话虽偏颇,但的确反映美国的孩子课业负担较轻。

中国孩子学习负担重,原因是从小学到大学,到研究生,都是靠考试分数决定能否升级,能否上大学、读研究生、读博士。我1959年上小学时就是这样了,到1966年"文化大革命"开始,没有变化。"文革"期间,批判旧的教育制度,学校搞教育改革,开门办学,缩短学制,取消考试。1978年恢复高考制度,按分数录取,形成所谓"一考定终身"。既然高考以分数为标准,分数自然成了评价学生质量最有说服力的标准。作为衡量学校教育质量高低的标准,各个学校都把升学率作为第一目标。为了有好的分数,学校不得不加大孩子们的课业负担。

现在,中国教育改革的最后一道坎儿就是高考了。只有大学不再唯一按分数录取学生,中国的孩子们才可能从繁重的课业负担中解脱出来。

第六节　对待疾病与健康

1. 对待疾病

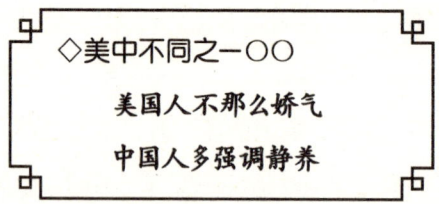

◇美中不同之一〇〇

美国人不那么娇气

中国人多强调静养

保持健康、少得疾病,这是人所共有的希望,美中两国人民自然也不例外。但是,对待疾病的态度和如何保持健康的方式有所不同。

美国人对待身体和疾病不那么娇气。生了病抓紧治疗,这和我们一样,但同样的病,他们住院治疗时间很短,短得让人不可思议。

记得2002年夏天,使馆一位领导因工作劳累,一大早上班突然晕倒在使馆门口。

工作人员急忙叫来救护车，把领导送往华盛顿大学附属医院。那里医疗条件不错，美方医生也十分优秀，很快查明是心血管堵塞，要做搭桥手术。心脏搭桥，当时在国内算是很大的手术（现在也是大手术），只有北京少数大医院技术水平可以。在美国这种技术已经很成熟。馆领导的手术非常成功。手术期间医院既不让探视，也不让陪床。一周后出院了，我们到领导家中看望才知道，美国的医院真神速，做心脏搭桥手术，一次做了七处搭桥，医院规定，术后第一天卧床，第二天可以坐起，第三天下床活动，一周出院回家。这让我们大为吃惊，在中国，别说七根搭桥，一根两根起码也要在医院住上十天半月。"三天能自己下床吗？""刀口愈合得了吗？""万一伤口感染了怎么办？"所有人都表示疑问。说来也怪，按他们的要求做，愣是没事儿。其他疾病，一般住院时间都比中国时间短些。美国人就那样，他们承受得了。据说是经过精确计算，没有问题。

在美国，妇女生孩子也没有"坐月子"一说。临产前几小时到医院，生产完，大人小孩经医生观察几个小时，检查没有问题，即可出院，七日内去医院回诊一次。女人生完孩子一两天就洗澡，冰水、凉奶照样喝（平时就那样），许多事情自己干，没有婆婆妈妈照顾，也不闹什么"月子病"。中国女人有"坐月子"之说，规矩很多，很讲究。现在条件好了，孕妇尽量到医院去生产，除非难产，一般住院也不过三五天即可回家。回家后会很认真的。对于"坐月子"，传统上有许多说道——婆婆或妈妈会说，多躺躺、少下床、离窗子远点、别吹着、不能吃凉的、不能碰冷水、不能洗头、一个月不能洗澡、不能……你若不听，会被警告：不好好听老人的会落下"月子病"。据说，生活在中国东北的朝鲜族同胞跟汉人就不一样，妇女"坐月子"不像汉族妇女那样"娇气"。

话又说回来，我们生活在中国，环境和美国不同，在中国得按中国的规矩办，特别是在广大农村，卫生条件不同，饮食习惯不同，身体底子也不同，不注意可能真出问题。解放前，因为生活和医疗条件差，中国母婴的死亡率就很高。现在，条件改善了，但传统的习惯还没有很快改变。

对待疾病，在强调治疗的同时，中国人更强调静养。中国人对待疾病有一套自己的理论, 如"防治结合, 重在预防", 还有"不治已病治未病"之说。生病之后, 则强调所谓"三分治疗, 七分静养"。中国人认为, 治只能治标, 养才能治本。静养被看得比治疗更重要。中国看望病人时最爱说的话是叮嘱病人好好配合医生治疗, 好好休息静养。静养的好处在于好好休息, 调养身心, 提高自身免疫力, 从而达到不药而愈, 少药而愈的目的。静养之道是中国古人养生四道之一。中医典籍中"静者寿, 躁者夭","静者神藏, 躁者消亡","静而日充者以壮, 躁而日耗者以老", 说明"静养"可以少耗神气, 神日以充, 故寿; 反之, 不顾生理和心理的承受能力, 过多地透支自己生命要素, 烦扰不定则耗神, 催人衰老而易夭。

中美文化不同, 很少看到美国人强调病后静养的文章。他们不懂也不大认同中医。

2. 如何保持健康

◇美中不同之一〇一

美国人主张动、大运动量, 参加锻炼的人数比例高

中国人偏向静、运动量小舒缓, 锻炼的人数比例少

"生命在于运动"的观念为现代人普遍接受, 中美两国人民都重视通过体育锻炼增进健康, 不同之处:

一是美国参加体育锻炼的人数比例多于中国。美国人爱好体育运动, 凡到过美国的人很容易发现, 每日黄昏, 都能看到在草地上及草地周边的小路上锻炼身体的美国人; 周末或假日, 常常会看见他们全家出动, 在草地上嬉笑玩耍。因为生活富裕, 城镇化水平高, 美国人在健康上的投入也多, 总体参加体育锻炼的人数比例高。我在华盛顿生活了几年, 美国人喜爱体育锻炼的气氛让我难忘: 在华盛顿街头, 随时随地都有可能看到美国人跑步, 大晌午有之, 晚上11点后也有之, 下午和傍晚自不待说。为什么? 他们是根据自己的歇班时间安排锻炼, 不管是上午还是下午, 一定不会放过。周末锻炼的人更多, 或单个, 或三五成群, 到处可以看到人们在运动, 跑步、骑自行车

（我们是交通工具，美国是锻炼器械）、溜旱冰（在我们住处不远的山间公园里有专门山路可以旱冰速滑）、在波多马克河中参加皮划艇比赛。有趣的是，常看到一些年轻的职业女性，每人胳膊上或者手腕上戴着一种装置，看上去像医院病人佩戴的24小时监测器。我起初有所不解：戴监测器跑步，是不是检测心脏的承受力？不对！同事告诉我，那是计时器——不少大公司有规定，员工必须锻炼身体，规定一定时间数量，必须完成。这样做一来保证员工身体健康，工作效率高，二来也是更重要的，员工生病少，请假少，老板支付的医疗保险费用也少。美国人爱锻炼，多数人是自觉自愿的，但对付个别不爱动的女孩子是要想点办法才行。

在中国，没人不认为锻炼身体是一件好事。城市人群中注意体育锻炼的人数比较多，但在农村，除学生有体育课外，成年人和老年人几乎没有体育锻炼。这与他们的生

在华盛顿街头，随时都可能看到美国人跑步，大晌午有之，晚上11点后也有之，下午和傍晚自不待说。为什么？他们是根据自己的歇班时间安排锻炼，不管是上午还是下午，一定不会放过。

活环境密切相关。一来整天强体力劳动已经使身体很累了，再者农村没有城市中那样用来锻炼的场所和器械。他们习惯于日出而做日落而息的生活方式。广大农村人口的生活水平还没有富裕到必须有体育消费这种地步，能使他们参加经常性体育锻炼的环境和氛围还有待发展。中国农村人口占大头，总体而言，中国参加体育锻炼的人数比例小于美国。随着中国城镇化进程加快和人民生活水平提高，中国人参加体育锻炼的比例会逐步提高。

二是美国年轻人比中国年轻人参与运动的多。参加体育锻炼的美国人中男女老少都有，尤其是年轻人，他们打网球，练橄榄球，跑步，骑自行车的人数很多。在美国的初中和高中，体育锻炼已经显得很重要、很受重视了。有一本著名的书叫《星期五晚上的灯光》(*Friday Night Lights*)。这本十几年以前出版的书曾获媒体最高奖——普利策奖，它讲述的是一个城市狂热支持一支高中橄榄球队的故事。这个城市每周五晚上去看球队比赛的人数达到两万，在许多国家的职业比赛里，都很难出现这种场面，足见美国人对运动的重视程度有多么高。美国的孩子，在学校重视体育运动，离开学校参加工作后，依然坚持。曾在美国驻华使馆工作过的方大为先生就是一例。他说，"我个人最喜欢的运动是踢足球。我踢了27年足球。2002年8月我来中国工作，一直到次年5月份。在那期间，我每周都踢一两次足球。在美国，足球也受到广泛喜欢，许多人都积极参与。"相比之下，重视体育锻炼的中国年轻人少。中小学校学生，有规定数量的体育课，大学里锻炼的年轻人也不少。一旦离开学校参加工作，年轻人锻炼就少了。不论早晨还是黄昏，锻炼身体的多是中老年人。当然，他们一有时间二有锻炼身体的愿望和要求：想健康长寿啊！年轻人则不同，他们给自己找理由（不能说不是理由）：一是因为"忙"：要挣钱养家糊口，还要面对"生存竞争"，要加班，要应酬（求人帮忙、为人帮忙的事情很多）；二是自以为年轻"身体好"，而常常忽视锻炼。

美国的年轻人也面临同样的压力和挑战，但他们仍旧进行体育锻炼。主要原因是从小养成的习惯和整个社会大环境。美国人重视锻炼身体，运动是美国人日常生活中不可缺少的部分。注重身体锻炼，有利于培养积极的生活态度。美国年轻人让人一看就有一股子劲头，敢闯敢干，积极进取！而中国的年轻人则显得朝气不足。

三是参加体育锻炼时，美国人不仅主张动而且喜好大运动量，中国人偏重静和舒缓。这一点从老人活动可以窥见一般。美国七八十岁的老人仍参加体育锻炼，有的是剧烈的运动，如长跑、疾走。我认识一位美国老人，当时76岁了，常年坚持跑步、快走。78岁时来中国，与女儿一起爬八达岭长城，速度比

照片中这位老先生，常年坚持跑步、快走，你看他的精神劲头。78岁时来中国，与女儿一起爬长城，速度比女儿一点不慢。美国人主张动，大运动量，中国人主张静养加适度运动。

女儿一点不慢。我和爱人紧随其后，心里始终捏着一把汗，担心他身体吃不消，更担心万一心脏出问题，我们背也背不动，抬也抬不了。结果他硬是爬到了最高处。直到下山，我们提着的心才算落地。原来老人每天坚持快走很长时间，心脏能适应较大的运动量。

关于健康，中国人主张动静结合，静养加适度运动。特别是对老年人，更强调缓慢运动。所以，早晨常见他们在公园里舞剑、打太极、跳扇舞、练气功，但鲜有跑步的。中国的年轻人在学校跑步、打篮球，剧烈运动较多。参加了工作，稍微上点岁数，跑步、打篮球就少了。另外，老人的心里状态也有很大不同。美国老人可说是"老不服老"，中国老人用"未老先衰"形容一点不过分。有一个真实的笑话，标题可叫：不到美国不知道自己还年轻。

话说某省组织了一个代表团出访美国。出发前在北京集合，大家聊天时谈到自己的特色。其中几位，自觉自己在代表团内甚至省直机关也是颇具"特色"、堪称"之最"的。首先是团长，老省委副书记，时任省政协主席，六十七八岁，德高望重，号称自己最老；第二位是文化厅的领导，皮肤黑，比一般人的确黑些，自称皮肤不好，"色儿最重"；第三位是宣传部副部长，中等个头，体重100公斤，自觉自己身材不苗条，在本

部和本系统属"块头最大"。谁知去了一趟美国，他们的看法都变了，不再说自己"最老"、"色儿最重"、"块头最大"了。开总结会时，各自幽默地说了一句话。团长说，"不到美国还不知道自己年轻"；厅长说，"不到美国还不知道自己肤色好"；部长说，"不到美国还不知道自己苗条"。变化为啥这么大呢？原来，到了美国一看，他们傻眼了：美国是世界人种大熔炉，块头大的人多得是，德裔的、非裔的，又高又粗又壮，100公斤体重的中国人与之相比，简直是"小巫见大巫"，部长顿时觉得自己身材还真是苗条；讲色儿重，随便挑一个拉美裔的人，比厅长都有过之而无不及，更遑论那些移民不久的非裔，色儿重得跟黑炭一样，厅长当然觉得自己还真是肤色好；团长受到震撼最大——给团长开车的是位老人，州政府派来的正式司机，团长上楼梯时，双手捧着保温茶杯，旁边有年轻团员搀扶，边走边说"老了，爬不动了"，而那位司机，提着团长的行李箱腾腾腾就上楼了。出于礼貌，团长问起司机师傅的年龄，当告知是73岁时，他简直不敢相信，年龄比自己还大，精神劲头还那么足，只好承认，"我总觉得自己已经很老很老了，和人家一比，自己真的还年轻。"

第七节　对待少数民族

◇美中不同之一〇二

美国种族歧视比较严重，属社会顽疾久治难愈

中国各民族一律平等，支持帮助少数民族发展

美国首都华盛顿是一座漂亮的花园城市，凡到过华盛顿的人，无不赞美。殊不知，它与英国的伦敦和法国的巴黎一样，也有富人区和穷人区，而且界限分明。市区西部，有一条自北向南流过的小溪名曰石溪，石溪以西的地区和国务院附近俗称"雾底"的地区，那里高档公寓多，豪华别墅多，环境安静优美，为白色人居住，是富人区。东部，特别是东北地区，多是政府盖的老旧公寓楼，人口密集，卫生和治安状况差，那里是黑人的居住区。这种差别不需要别人介绍，你只要乘车自西向东走上一

趋，立刻会看得出来。没有法律规定白人和黑人必须分开居住，分开住是长久以来人们自然选择形成的。有钱人买得起好房子，选择富人区，没钱的人，只能住政府盖的廉价房，选择穷人区。

生活在富人区的白人和穷人区的黑人，所从事的工作也是有差别的。华盛顿的展览馆、博物馆、纪念馆、图书馆众多，那里的工作人员（保安、门卫、清洁工、讲解员）多数是黑人。在旅馆、超市、酒店、银行、邮局、加油站等服务行业工作的人员中，黑人的身影比比皆是。而在大公司、大媒体、政府机关等单位的高层管理人员中，黑人很少。黑人多从事较低层次的工作。原因之一是，黑人本身在华盛顿所占人口的比例大（约70%），居全美领先地位。另一个原因是他们普遍受教育水平低，至少有30%的成年白人拥有学士学位，但只有17%的成年黑人和12%的成年西班牙裔美国人拥有学士学位。受教育水平低，职场竞争力自然就低，适应工作的范围和挑选工作的余地就会受到限制，只能从事较低层次的工作。工作层级低，收入就低，自然属于穷人。

黑人是美国社会的少数族裔，造成今天黑人普遍比较贫困的状况，美国历史上和现实生活中的种族歧视扮演了不光彩的角色。

美国种族歧视比较严重。美国的种族歧视，主要是指白人对黑人（正确称呼为有色人种），多数族裔对少数族裔的歧视。美国人口中，白人占70%以上，数量上占优势。早期的黑人是作为奴隶从非洲贩运来的，一开始就处于被奴役的地位，能活命就不错了，哪里来的政治平等？经过黑人不断斗争，并得到进步的白人统治者支持，黑人奴隶逐步得到解放，才有了后来的地位。在美国，法律上种族歧视是不允许的，但现实生活中，对黑人或其他少数民族的歧视现象还比较严重。应该承认，美国的社会在不断进步，特别是在消除种族歧视方面，有了长足进展。但作为一个无可争议的社会的痼疾，美国的种族歧视至今阴魂不散。

对于美国的种族歧视，许多成功的有色种族名人如鲍威尔、现任总统奥巴马等都有切肤之痛。鲍威尔在其自传《我的美国之路》中讲述了他本人、他的家庭和广大美国黑人受到的种族歧视和侮辱。他是一名美国军官，但不能与白人在同一饭店吃饭，不能用同一厕所，甚至走在大街上连看一眼白人妇女也犯法。他结婚时不能住一间像样的旅馆，只能把市郊简陋的汽车旅馆作洞房。"一次在乘车返回纽约的路上，我更深切地尝到了种族主义的滋味。途中在几个加油站休息，那里的加油站有三个厕所：男厕所、女厕所、有色人厕所。我只能进有色人厕所。看来黑人似乎已超越了时代，男女不分了。在到达华盛顿以前，我一直提心吊胆，惴惴不安，过了巴尔的摩向北走，我才感到安全放心。我不由得回想起阿波罗剧院的那段古老的台词：'嘿，兄弟，打哪儿来？''亚拉巴马。''嘿，欢迎你来美国，只希望你平安过境。'"面对这样的经历，鲍威尔先是愤怒，再是思索，最后是加倍努力而求得成功。鲍威尔在歧视的目光中最终走向了成功之路，在他上任美国国务卿不久，他就敦促出台美国将停止实行种族歧视性安全检查的相关法规，为真正消除种族歧视作出努力。

奥巴马在回忆录中讲述了他父亲早年的遭遇：我的父亲和外祖父以及其他一些朋友一起，在当地的一家怀基基海滩的酒吧里聚会。每个人都兴高采烈地听着调子和缓的吉他乐，吃吃喝喝。突然，一个白人用在场每个人都能听到的音量，对酒吧招待宣称，他不能"坐在黑鬼旁边"品尝佳酿。酒吧里顿时安静下来，人们都看着我的父亲，觉得他们要打上一架了。然而，我父亲站起身，走向那个人，面带微笑地给他上了一堂课，一堂关于固执的愚蠢、美国梦的承诺以及每个人都享有人权的课。外祖父说，"巴拉克讲完之后，那个小伙子羞愧难当，他当场从口袋里掏出一百美元给巴拉克，付了那晚我们所有的酒水费和小吃费，剩下的部分还够你父亲那个月余下的租金。"关于父母的结合，奥巴马这样写道："种族通婚"这个词扭曲、丑陋，就像"战前状态"或者黑白混血儿一样，预示着一种畸形的结果。然而直到1967年——那一年我度过了六岁生日，那一年吉米·亨德里克斯正在蒙特里指挥表演，那一年金博士（马丁·路德·金）已经获得诺贝尔和平奖三年了，那时美国人已经开始对黑人要求平等的呼声感到厌倦，以为种族歧视问题已经得到了解决——美国最高法院才宣判弗吉尼亚州对种族通婚的限制违反了宪法。1960年，也就是我父母结婚的那年，在半数以上的州里"种族通婚"仍然是重罪。

关于美国的种族歧视状况，中国政府的白皮书每年都有专门章节讲述。美国政府多年来一直对中国的人权状况说三道四。"有来无往非礼也"。中国国务院新闻办从2002年起每年也发表美国的人权状况，选用的材料都是美国和西方媒体公开发表的。其中，《2004年美国的人权纪录》这样说：美国有色人种普遍贫困，生存状况远不如白人。据英国《卫报》2004年10月9日报道，2002年，白人家庭净资产是8.8万美元，是拉美裔家庭的11倍，接近非裔家庭的15倍。

据统计，生活在贫困线以下的黑人人数是白人的3倍。黑人的平均预期寿命比白人少6岁。

美国的少数民族受到就业和职业歧视。据《今日美国报》2004年5月5日报道，2003年美国平等就业机会委员会收到有关工作场所种族偏见方面的指控29000件。美国劳工部公布的统计数字表明，到2004年11月，黑人的失业率为10.8%，白人是4.7%，前者是后者的两倍多。

纪录说，美国学校普遍盛行种族隔离式教育。美国南方有八分之一的黑人学生上的是黑人学生占99%的学校，约有三分之一的黑人学生上的是少数民族占90%以上的学校；在北方，超过一半以上的黑人学生上这种黑人和少数民族学生占绝大多数的学校。

美国种族偏见和偏执造成社会矛盾激化，仇恨犯罪增加。据美国联邦调查局2004年11月22日公布的对16%的执法单位有关报告的统计，2003年美国发生的总共7489件仇恨犯罪案中，有3844宗与族裔仇恨有关。其中，针对黑人的族裔仇恨犯罪案达2548宗，占51.4%，是针对其他所有种族的此类犯罪总数的两倍多，有3150名黑人成为受害者。而犯罪人当中62.3%是白人。

纪录指出，美国司法领域种族歧视司空见惯。有色人种被判刑和在监狱中被关押的比例明显高于白人。根据美国司法部2004年11月公布的报告，有色人种占美国在押囚犯人数的70%以上。

到2003年底，美国联邦和州监狱关押的被判处1年以上有期徒刑的140万名犯人中，44%是黑人。犯同样的罪，黑人平均服刑期比白人长6个月，黑人被逮捕后被关进监狱的可能性比白人大3倍，而且黑人犯罪比白人更难得到缓刑。

奥巴马就任总统后，美国人怎样看待自己的种族歧视现状呢？《华盛顿邮报》与美国广播公司（ABC）联合展开的调查显示，只有四分之一以上的美国人仍然把种族主义视为"大问题"，这比1996年的54%少了一半以上。同时，有很大部分的受调查者相信，奥巴马执政期间，美国的种族关系会改善。

中国不是移民国家，各民族有自己世世代代相对固定的居住区域，西藏、青海、内蒙、新疆、宁夏、广西、云南等都是少数民族居住地区。历史上，居住在中原地带的汉族与周边的少数民族之间多有冲突。保持与少数民族的和睦相处的良好关系一直被看得非常重要。

现阶段，中国各民族一律平等。中国没有对少数族裔实行种族隔离的历史。城市中极少像美国那样的（黑人区、拉美裔区、亚裔区）被视为种族隔离或者种族歧视现象的少数族裔区。中国的法律保证少数民族与汉族享有同等的权利。为保护少数民族的利益，中央政府对少数民族还有许多优惠政策，比如全国人大、政协、妇联组织保证一定数量的少数民族代表，在教育、计划生育方面有特殊照顾政策（如少数民族夫妇可以多生一个孩子）。在现今中国，因文化、习俗、经济发展水平等方面不同的原因，不同民族之间有矛盾，甚至偶发冲突，但很少特定的针对少数民族的在就业、教育等方面的歧视。中国各民族之间的肤色相近，没有明显差别，中国的法律也从无条文规定对特定少数民族的不平等待遇。

1949年中华人民共和国成立以来，面对中国56个民族长期共存且发展极不平衡，少数民族的经济社会发展比汉族相对滞后的实际情况，中国政府逐步制定了一整套解决中国民族问题的政策体系，其主要内容如下：

（一）民族平等政策。从中华人民共和国建立的第一天起，《中国人民政治协商会议共同纲领》中就明确规定："中华人民共和国境内各民族一律平等"，"禁止民族间的歧视、压迫和分裂各民族团结的行为"。1954年中华人民共和国的第一部《宪法》规定了相同的内容。

（二）民族团结政策。1951年5月，中央人民政府政务院颁布专门法令，废止历史遗留下来的种种带有歧视和侮辱少数民族性质的称谓、地名、碑碣和匾联等。其后颁布的《宪法》规定："国家维护和发展各民族的平等、团结、互助关系"，"禁止破坏民族团结和制造民族分裂的行为"。1984年颁布的《民族区域自治法》,也有类似论述。

(三) 民族区域自治政策。在国家的统一领导下,在各少数民族聚居的地方实行区域自治,设立自治机关,行使自治权,国家充分尊重和保障各民族管理本民族内部事务权利的政治制度。

(四) 各民族共同发展,共同繁荣的政策。包含以下一系列具体政策。

(1) 帮助少数民族和民族地区经济文化发展的政策。(2) 尊重和发展少数民族语言文字的政策。(3) 尊重少数民族风俗习惯的政策。(4) 宗教信仰自由的政策。

为推动各民族尽快走上共同发展、共同繁荣的道路,国家还在财政、税收、金融、贸易、资源开发、文化、教育、医疗卫生以及民族干部的培养等方面,采取了一系列具体的特殊优惠政策帮助少数民族加快发展。

仅以财政支持为例,60年来,中央和地方各级政府逐步加大对民族地区的财政转移支付力度。

据不完全统计,从实行民主改革的1959年到2008年,中央给予西藏的财政补助累计达2019亿元,年均增长近12%;从自治区成立的1955年到2008年,中央给予新疆的财政补助累计达3752.02亿元,年均增长11%,其中2008年达685.6亿元。

第八节　对待战争和战俘

1. 对待战争

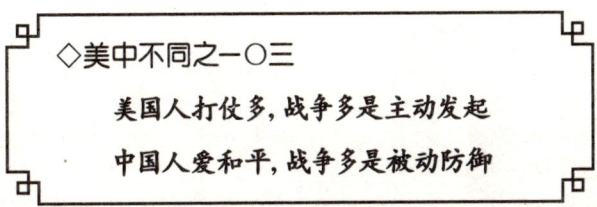

◇美中不同之一〇三

美国人打仗多,战争多是主动发起

中国人爱和平,战争多是被动防御

从2000年到2003年,我在美短短数年,美国发动了两次大的对外战争。然而,从上世纪50年代初到本世纪初,我在中国生活了近50年,中国与其他国家发生的战争和武装冲突只有四次 (抗美援朝,中印、中苏、中越边境反击战)。和很多人一样,不免心生疑问: 美国是否喜欢诉诸武力? 仅凭三五年或三五十年的事, 便说别国好战, 未必准确, 需要更长的时间和更多的事实支持。

　　中国人对美国并非天生有抵触, 中国人对美国开始是赞美的, 是后来美国的做法让中国人对它的看法发生变化。美国的名字The United States of America——美利坚合众国, 在中国被译为"美国", 字面上是"美丽的国家", 使一个不了解美国的中国人对她自然产生好感。1900年发生过八国联军攻入北京的事件, 北京的皇家建筑圆明园再次被毁, 珍宝文物被洗劫一空, 中国还被迫签订了屈辱的条约。但是中国人对这八国中首先记住的是英国、法国和日本。因为此前不久他们都对中国进行过侵略战争, 而美国后来又退还了中国部分赔款, 中国人并没单独记恨美国。近代中国革命的先行者孙中山先生, 多次公开重申要以美国为师, 他提出的"三民主义"在很大程度上是受林肯的"民有"、"民治"、"民享"思想的影响。中国共产党的领袖毛泽东在少年时代阅读过一本《世界英豪传》, 被书中华盛顿、林肯等人的事迹感染, 他说: "中国也要有这样的人物。"自从中国人知道华盛顿, 他作为美利坚民族的象征, 作为美国"国父", 一直深受中国人的尊敬, 受到这样尊敬的另一个美国人就是林肯。中国人民没有忘记, "二战"期间美国曾派遣志愿者帮助中国反抗日本的侵略。但是, 美国后来帮助中国的国民党打共产党。新中国成立后, 美国封锁和孤立中国, 不久又有朝鲜战争中两国军队大规模正面对抗。于是, 中国人对美国的看法变得复杂化。

　　让我们回望更久远的历史星空, 美中双方走过的轨迹便清晰展现出来。

我身旁这位雍容华贵的女人是陈香梅女士, 已故美国空军陈纳德将军的遗孀。"二战"期间陈纳德率飞虎队帮助中国的抗日, 中国也救助了美国飞行员。为纪念中美军民在"二战"中的密切合作, 2002年10月, 在首都华盛顿举办《历史的记忆》大型展览, 我向她转交了时任国新办主任赵启正的亲笔信, 邀她出席开幕仪式。

美国的历史上战争连绵不断。

首先，战争帮助美国扩大了疆土。美国独立战争（1775—1783），战胜英国统治者，获得13州的独立。1776年7月4日，北美13个殖民地宣布独立时，领土只有约80万平方公里。1783年，英国承认美国独立，并先后把13个州以外大西洋沿岸的大部分土地划归美国，美国领土达到230万平方公里。1803年美国乘法军镇压海地革命遭到失败和法国忙于欧洲战争的时机，以1500万美元的价格，从拿破仑政府手中获得了面积达260万平方公里的土地，使当时美国的领土面积扩大了一倍。1814年，美国人大规模进军佛罗里达。西班牙意识到对这一区域的统治已力不从心。1819年2月22日，美西签订条约，美国仅花了500万美元就获得15万多平方公里的佛罗里达。1841年，美国陆续向加利福尼亚移民。为了得到这块土地，美国屡屡出高价购买，遭墨西哥断然拒绝。于是，美国萌生了以武力满足领土欲望的念头。美国又开始了军事挑衅行为。1846年，美国总统波尔克派军队进入两国边境有争议地区。墨方提出强烈抗议，却没有任何效果。4月24日，墨西哥军队与美军发生小规模冲突，打死3名美国人。这一事件正好给美国以开战的借口。5月，美国正式向墨西哥宣战，派出5万军队从陆地和海上侵入墨西哥。墨西哥军队缺乏训练和先进的武器装备，很快就败下阵来。1848年2月2日，美国与墨西哥签订条约，美国只象征性地支付1500万美元，就得到了包括加利福尼亚、新墨西哥地区在内的近140万平方公里土地。1889年美西战争，西班牙战败，美国夺取了古巴（先占领后独立）、菲律宾（先占领后独立）、波多黎各和关岛。1893年1月，在美国政府的暗中策划下，美国驻夏威夷公使和美国海军陆战队配合当地美国移民推翻了夏威夷女王，建立了新政府，并写信给美国政府，请求并入美国。美国于1897年6月和夏威夷王国在华盛顿签署合并条约。1898到1899年，美国占领了东萨摩亚、中途岛及威克岛等。在100多年中，美国靠战争和不多的金钱，夺取了相当于独立初期3倍多的领土。

其次，战争帮助美国获得了海外利益。如果说美国用战争和金钱手段实现了在北美本土扩张的目的，那么美国实现从本土扩张到海外扩张、从海外扩张到全球扩张的战略，武装干涉是它最终和最有效的办法。建国以后对外（出兵）军事干预数百次，近20年大规模军事干预超过10次。2001年美国海军分析中心统计，第二次世界大战结束后，美国对外用兵次数超过240次。其中规模最大的有三次：1950年至1953年的朝鲜战争，1961年至1975年的越南战争，1991年的海湾战争。海湾战争后，美国的对外用兵（1992—2001年）又有10多次，包括索马里（1992—1994）、南斯拉夫（1992—1994）、波斯尼亚（1993—1995）、海地（1994—1996）、克罗地亚（1995）、刚果（扎伊尔）（1996—1997）、利比里亚（1997）、阿尔巴尼亚（1997）、苏丹（1998）、阿富汗（1998）、伊拉克（1998）、南斯拉夫（1999）、也门（2000）、马其顿（2001）、阿富汗（2001）。2001年攻打阿富汗之后，2003年又大举出兵伊拉克。

再次，靠战争，美国的安全和势力范围得到保护。为了保护美国的安全和利益，美国在海外有大量的军事基地和驻军。这些驻军随时参加美国的对外武装干涉。据新华网2003年3月26日《美国国防军事力量全面解析》一文，截至1998年2月，美军在海外军事设施203个，遍布世界32个国家或地区，其中陆军102个，海军32个，海军陆战队9个，空军50个，其余为国防部和联合勤务设施。美国在海外驻军总数约为37万人。2004年8月，布什总统宣布，美国将在未来的10年内把驻欧洲和亚洲的军队削减6万至7万人。（2009年1月30日新华网登载的美国国情资料显示：美国在"海外驻军约为28.78万人。）

纵观美国的历史，可以说，战争在实现其国家利益方面发挥了不可替代的作用。建国200多年来，美国对外用兵次数之多，为世界之最，说美国喜欢诉诸武力，应不为过。当然，美国人民也是热爱和平的，是美国政府的对外政策把美国人民更多地投入战争。

中国人生性温和，热爱和平。

中国历史上曾战乱频仍。各诸侯国之间，与入侵的外族之间多发战争。曾大江在其著作《新轴心时代》好战的人类一节中说，人类的历史就是一部战争史，"中国的历史也是一部战争史。中国从公元前841年到1911年有文字记载的战争就多达3761次，平均每年1.37次。"中国历史上所发生的这些战争，大多是为了求得自身的和平与安宁。中国的战争多是防御性的。战争都是在自己的国土上进行或协助邻国与对手开战的。

中国战争的防御性这一特点在近代表现最为明显。中国从没有远涉重洋到地球另一端与人作战，也没有在他国驻扎军队。

中国明朝曾有郑和七下西洋的事情。究其原因，还是为了防御。明王朝为了江山稳固，在北部大修长城，在南部，针对海上方向组建了郑和舟师，震慑和打击倭寇和反明势力，从海上实施战略包抄，对西北方向进行战略上的牵制，从而减轻明朝北部的压力。关于郑和七下西洋，国外多有评价。英国著名科学家、英国皇家学会会员、英国学术院院士、中国科技史大师李约瑟说：东方的航海家中国人从容温顺，不计前仇，慷慨大方，从不威胁他人的生存；他们全副武装，却从不征服异族，也不建立要塞。《1421：中国发现世界》的作者加文·孟席斯认为：在我的考证中，郑和的航海根本带着和平的欲望，并非一些史籍中所说是"耀兵异邦"。郑和在近20年的7次出海航行中，除了几次针对海盗的防卫作战外，没有证据显示，船队对沿途居民实施主动进攻，更无史料显示，郑和的船队意图征服异邦。这与以后西方的航海家征服性、侵略性的远征具有根本的不同。因此，郑和是一个出色的航海家、外交家、世界贸易家，是和平文化的象征。

在美国总统眼中，中国是个贪图安宁不好战的民族。中国封建社会从明中叶开始闭关自守，此后300年，中国被搞得贫穷落后，愚昧无知。到清朝晚期，更沦为"东亚病夫"，在外部列强面前不堪一击。中国人不可能对别国发动侵略。对此，美国人看得很清楚。第一次世界大战前的1899年4月10日，为纪念美国内战结束34周年，总统西奥多·罗斯福在芝加哥发表演讲。他以中国为负面典型，告诫全体国民："我们决不能扮演中国的角色，要是我们重蹈中国的覆辙，自满自足，贪图在自己疆域内的安宁享乐，渐渐地腐败堕落，对国外的事情毫无兴趣，沉溺于纸醉金迷之中，忘掉了奋发向上、苦干冒险的高尚生活，整天忙碌于我们肉体暂时的欲望，那么，毫无疑问，总有一天我们会突然发现中国今天已经发生的这个事实：惧怕战争、闭关锁国、贪图安宁享乐的民族，在其他好战、爱冒险的民族的进攻面前是肯定要衰败的……"他的演讲告诉人们：当时的中国闭关锁国，实力衰微；统治阶级腐败堕落、惧怕战争、沉溺于纸醉金迷之中；这个民族不好战，不爱冒险，喜欢和平宁静的生活。

1911年中国封建社会被推翻。国内军阀混战，外部遭到日本侵略。中国没有发动以征服和占领他国为目的对外战争。1949年新中国成立，中国依然奉行防御性的国防政策，抗美援朝、中印边界自卫反击、中苏边境自卫反击、中越边界自卫反击等有限的几次战事都是自己国家已遭入侵或面临入侵时被迫进行的。60年来，中国始终奉行防御性的国防政策，在海外没有驻扎一兵一卒。

2. 对待战俘

◇美中不同之一〇四

美国人看重生命，战场可投降，获释后仍视为英雄

中国人历来提倡宁可战死决不投降，当俘虏很丢人

撞机事件的被俘人员成为英雄。2001年4月1日上午，一架EP-3型美军侦察机未经允许，进入中国领空，降落在海南岛陵水机场。这架飞机非法进入中国领空并且降落在中国机场，是侵犯中国主权的行为，中方扣押了美侦察机和24名机组成员。那几天，我们驻美使馆的电话几乎被打爆，只要一接电话，就是美国人的骂声和质问："你们为什么关押我们的人员，为什么不放他们回来？"（骂人的话我省去了。）考虑到如果把美国24个人扣在中国时间太长，会引起美国民众的强烈反感；美国的复活节（4月20日）即将来临，这在美国是一个很重要的节日，如果到那时美机组人员还不能与其家人团聚，也会造成美国民众的反感，对我国的外交斗争会造成不利影响。在4月11日美国驻华大使普理赫向中国外交部长唐家璇递交了致歉信后，4月12日，被中方扣押了11天的美机组人员，被允许按中方要求，乘坐C-17包机离开。我当时想，让这些人灰溜溜回去吧。没想到包机在夏威夷希开姆空军基地降落时有那么多人迎接他们，还派了军乐队，高奏《上帝保佑美国》。基地内的美军将领、夏威夷州议员等倾巢出动，那阵式不像是迎接被关押过的美军俘虏，倒像是迎接凯旋而归的将军。5月18日，为表扬他们在军机相撞事件中的表现，美国国防部长拉姆斯菲尔德主持仪式，代表总统布什给24名机组人员颁发奖章，机长奥斯本获颁最高荣誉的飞行十字章。对此，

我感到纳闷：曾经毫无抵抗地落入对方手中，被关押了11天的俘虏，回国后竟然被当作英雄欢迎。

后来，伊拉克战争中被俘女兵林奇归国后的待遇再次引起了我的关注。一个一枪未发的女俘虏成了女英雄。事情是这样的：

2003年3月23日，19岁的女兵林奇在纳西里耶被伊拉克军队俘虏。林奇和战友当时是在执行任务中走错了路，因此遇到敌方火力，因为枪被卡住而不能开枪，在混乱中翻车导致多次骨折，昏迷被俘前，她所做的只是向上帝祷告，而不是如最初被媒体误报的那样英勇抵抗、弹尽而被敌人击中。林奇4月1日被救出，后被送回国内。7月21日，林奇在首都华盛顿获得了三枚沉甸甸的奖章，分别是黄铜星章、紫心奖章和战俘奖章。黄铜星章是颁给作战有功人员，紫心奖章通常颁发给那些在作战中受伤的人员，战俘奖章则颁发给战俘人员。22日林奇回到她在西弗吉尼亚的家中。家乡沃特郡组织了从来没有过的大型庆祝活动迎接林奇回家，林奇也从来没有见过自己的家乡沃特郡像现在这个样子：很多树上都飘着黄丝带，道路两边的杂草被清除干净，大街小巷打扫得一尘不染。

这样的事情没有结束。2003年4月20日，7名在伊拉克战争中被俘虏的美国人于当地时间19日抵达美国时，受到了英雄般的欢迎，如同打了胜仗的英雄凯旋一样。机场甚至还成立了专门的欢迎委员会，组织人员到跑道上献花。

作为美国人怕死的笑料，早在小学时就听说，参加朝鲜战争的美国士兵每人随身带着上级统一配发的印有多种文字的投降书。还听说，在1991年的海湾战争中，美国军方事先就规定了士兵被俘时可以透露的军情范围，目的是避免遭受酷刑。

后来，又查了一些资料，得到更多例证。1945年9月2日，日本投降仪式在美军"密苏里"号战舰上举行。道格拉斯·麦克阿瑟代表盟军在投降书上签字。他突然招呼陆军少将温赖特和英国陆军中校帕西瓦尔，请他们站在自己的身后。而温赖特和帕西瓦尔分别于菲律宾和新加坡率部苦战之后向日军投降，成为战俘。1942年5月3日，与日军作战的温赖特将军通过无线电，命令陷入重围的整个菲律宾的美菲部队停止抵抗，拒绝投降者以逃兵论处。向日军投降的美菲联军共7.8万人，被日军虐待损失两万多人。温赖特将军被关押在中国吉林。日军投降时，美军解救小组前去接他，他极度窖怕，害怕被认为是卖国贼。但营救人员对他说，"你是功臣，如果当时你不这样做，那现在的几万军人将不会存在。"麦克阿瑟签署英、日两种文本的投降书用了五支笔，第一支笔写完"道格"即回身送给了温赖特，第二支笔续写了"拉斯"之后送给珀西瓦尔，其它的笔在完成所有签字后分赠给美国政府档案馆、西点军校（其母校）和他夫人。后来，全部获救战俘回到美国旧金山时，受到人们热烈的夹道欢迎，得到英雄回归的接待。

原来，美国人对待自己的被俘人员仍作为英雄看待。

最让人不可思议的是美国南北战争中被战败的李将军仍然被视为英雄。南北战争发生于1861年4月—1865年4月。由于南方11州脱离联邦，并于1861年2月成立"南部同盟"，另立以杰斐逊·戴维斯为总统的政府，林肯总统4月15日发布讨伐令，内战爆发。南军（同盟军）总司令，即"叛军"的总司令是罗伯特·李将军。战争中他曾率南军重创北军，但经数月苦战，深感没有获胜希望。为了减少民众和士兵的进一步伤亡，1865年4月9日，李将军率部2.8万人向联邦军投降。李将军在他给战士们的最后一份文告里说："只是因为感到英勇和忠诚是无法补偿继续战斗所招致的损失，所以我决定避免无谓的牺牲。"南北战争结束，美国恢复统一。就是这样一位"叛军"和"败军"的总司令，美国人对他和战胜他的格兰特将军，同表敬意。美国驻华使馆编印的《美国历史简介》一书这样写道："罗伯特·李将军，既因为他卓越的指挥才能，又因为它失败时的高尚风格而受到国人广泛的敬仰。"

对待战俘的态度，包括敌方的俘虏和自己的被俘官兵，涉及深层的文化传统和价值观念，与社会制度有关，与各自的文化传统和人类文明的进程也有关。

总的说，对抓获的敌方俘虏，历史上许多国家都有奴役、虐待和残杀的行为，这是人类共有的人性缺陷，也是人类自身文明进程中的野蛮阶段。远的不说，仅"二战"以来德军对盟军的俘虏、苏军对德军俘虏、日军在南京对中国军人、国民党在渣滓洞集中营对共产党人，都曾实行大屠杀。不过，人类总是在不断完善自己，变得更加人道和人性化。否则，不会产生联合国《日内瓦公约》（其中之一是《关于战俘待遇之日内瓦公约》)。但人类的进步不是一蹴而就的,世界各国对公约的执行也存在很大差异。如近年的伊拉克战争中,一再爆出美军和英军虐俘丑闻。

中国的社会制度、法律、历史、文化、传统、价值观等等与美国差别很大,有的甚至完全相反,在对待军人和战俘的态度上有不同,是客观使然。

中国共产党优待敌方的俘虏,早在革命战争年代就有优待俘虏的政策。主要是为了发展壮大自己的力量,搞统一战线。优待俘虏作为"三大纪律八项注意"之一。八路军抓住日军俘虏,吸收为自己服务,大批的国民党士兵投诚加入解放军,成为解放军的重要部分。我们成功地改造关在监狱中的国民党将领,改造朝鲜战争抓获的美军俘虏。可以说,中国共产党对待敌方的俘虏的政策令世人称道。然而,我们的价值观念和执行政策中"左"的行为,导致对待自己的被俘人员,就比较苛刻,更谈不上优待了。

中国历来提倡,"不成功便成仁"、"杀身成仁","宁为玉碎,不为瓦全","大丈夫宁可战死决不投降"。军人在战场上不准投降,要战斗到最后一个人,流尽最后一滴血,不管在什么情况下,在战场上缴械投降,都被视为不可饶恕的"千古罪人"。所以,历史上我们有许多宁死不降的英雄,革命战争年代也有狼牙山五壮士、八女投江等英雄故事。对于叛军和降将,中国人不会把他们视为英雄的。在战场上被敌人抓了俘虏,是很丢人的,即使活着回来,也被人另眼相看,不被重视。

近年来出版的新书披露,在朝鲜战争中,志愿军官兵先后有2万多名被俘。原中国人民志愿军第三兵团第六十军第一八〇师一次就有近7000人被俘,占志愿军全部战俘的三分之一。遣返战俘时,有1.4万多人选择去了台湾,7000人选择回国。这7000赤诚忠心的爱国者归来后,境遇悲惨。1954年6月,上级下达了对这批遣返人员的具体处理结果,被遣返的6400多人中,绝大部分离开了军队。一八〇师代政委、政治部主任吴成德,是所有志愿军被俘官兵中职务最高的一位。当年被打散后,吴成德和部队在敌后坚持14个月后被俘,回国审查后被开除党籍、军籍,安置在辽宁省盘锦农垦局大洼农场任副场长,直到1982年3月才恢复党籍,恢复老红军待遇。一八〇师的覆亡成了中国军人心中永远的痛,一八〇师师长郑其贵被撤职留党察看一年,副师长段龙章被撤职留党察看一年。

中央对待我被俘人员的"二十字方针"是：热情关怀，耐心教育，严格审查，慎重处理，妥善安排。中央的政策是明确的，也是非常正确的。然而，在那个思想狂热激进的年代里，许多人对战俘存在着偏激的认识，在他们头脑里，"战俘"这个词与"叛徒"、"特务"之类的名词没有太大的区别。他们认为，不管在什么情况下，被俘本身就是怕死，就是可耻的。不然的话，为什么不和敌人拼命或自尽？所以，在执行中央政策过程中，出现较大偏差。

据贺明在《忠诚——志愿军战俘归来人员的坎坷经历》一书中说，6064名归来人员中约700人被开除军籍，4600余人只承认被俘前的军籍。2900多名共产党员，91.8%被开除党籍，保留党籍者只有120余人，但也分别给予了警告或留党察看处分。我了解到的情况是：

（一）原师级干部吴成德：叛党、叛国，开除军籍、党籍；

（二）原共产主义团结会的正副书记们：恢复军籍、党籍，未受处分者2人；恢复军籍、党籍，受党内警告者3人；恢复军籍、留党察看者2人；恢复军籍、开除党籍者3人；恢复军籍、党籍悬系者3人；军籍、党籍双开除者1人。

（三）原"共团会"委员共20人：恢复军籍、党籍，未受处分者1人；恢复军籍、党内受警告处分者3人；恢复军籍、党籍悬系者2人；恢复军籍、开除党籍者4人；承认被俘前军籍、开除党籍者10人。

中央的政策是有错必纠。1980年，中共中央下发了《关于志愿军被俘归来人员问题的复查处理意见》的第74号文件，全面地、正确地规定了对志愿军被俘归来人员的重新审查、正确处理办法。经过组织部门的重新鉴定与处理，吴成德享受部队军级干部待遇，具体事项由地方负责。

第六章　在日常习俗方面的不同

第一节　礼节礼貌

1. 女士优先

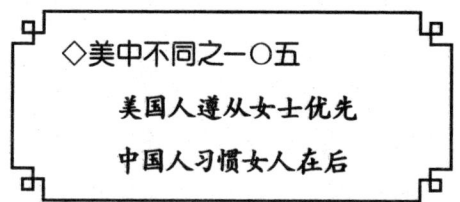

◇美中不同之一○五

美国人遵从女士优先

中国人习惯女人在后

　　"女士优先"是西方的社交礼仪之一，美国社会普遍遵守。在公共场合和社交场合，随处可以看到，上下车、上下电梯、进出饭店或宾馆，他们让女士优先。这不是虚伪，也不是故作姿态，而是自觉实行。

　　中国属于东方，东方礼仪文化中没有这种元素。为什么号称文明古国、礼仪之邦的中国传统文化中没有"女士优先"的礼节、现实生活中这种礼节也未被广泛接纳呢？很简单，旧中国妇女社会地位低下，处于最下层。孔子要求妇女"三从四德"（三从——未嫁从父，即嫁从夫，夫死从子），妇女没有独立的地位。毛泽东1926年撰写的《湖南农民运动考察报告》指出：中国妇女深受政权、族权、神权、夫权四重压迫。这说明旧中国女人不仅在社会上地位低下，在家庭中还要受到丈夫压迫。受封建思想影响，现实生活中，虽说中国广大妇女的政治地位已经与男人平等，但习俗上并没有给女士优先的礼遇，多数情况下，女人还是跟随在自家男人身后。我们提倡文明礼貌，但就是有些年轻人不重视礼仪道德修养，上下车拥挤、车上抢座、购物不排队，他们连中国"尊老爱幼"照顾老人和年幼者的传统都不遵守，何谈西方的女士优先？

　　礼节就是礼节，在美国"女士优先"不等于社会生活中女人的社会地位比男人高，也不等于家庭生活中不发生女人遭受男人暴力侵害的事情，只是在公共场合，女人普遍受到照顾。中国有些男人大男子主义思想严重，不尊重妇女，连起码的礼节礼貌也不讲, 总归是一种不文明的行为。

2. 行车遇并道

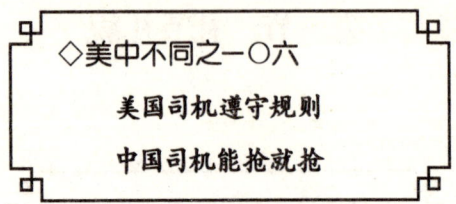

◇美中不同之一〇六

美国司机遵守规则

中国司机能抢就抢

凡驾车的人都会遇到因修路或事故需要并道。常见我们有的司机能抢就抢, 能挤救挤, 不少人还以能 "钻" 为能事, 结果塞车越来越厉害, 最终堵死, 谁也走不了。

到美国后, 我发现美国人和中国人不同。不论在华盛顿的环城高速 (Belt way) 还是在狭窄的河边路 (Rock Creek Road) 上, 美国人并道时, 每一辆车都很自觉, 左一辆右一辆, 交替行进, 在直行道的那一位不会因为自己在直行道上, 就紧跟前面的车, 不让左道车或者右道车进来, 而一定是等左边或者右边进来一辆后自己再进。没有警察指挥, 没有鸣喇叭催促。这样人人守规则, 人人有机会, 虽然速度慢, 但绝对形不成 "堵死"。还有一条特殊的路, 从城西的乔治城沿M街东行过来右转下河边路, 与从市内西行出来左转弯下河边路对接, 下坡的路只有一条, 左转弯的要通过这条路, 右转弯也要通过这条路。只有一辆车时好办, 转弯下坡即可, 遇到双方都有车且多辆车等待转弯下坡时怎么办? 好办, 仍旧是按规矩, 左边下坡一辆, 右边下坡一辆, 没有人指挥, 没有人抢道, 也没有喇叭声。

2003年回国之后, 发现国内的交通秩序状况没有明显转变, 而且由于车辆增加, 新手多, 问题还有愈演愈烈之势。高速路上遇并道, 不少司机不讲文明, 直行道上的车不让并道的车进来, 紧随前车; 并道的车强行并入, 有时不得不鸣笛告知, 结果本该比较顺利通过的, 反倒慢了起来。遇到车祸, 司机们你挤我挤, 塞成数公里的长龙阵。一些不讲规矩的小车甚至把紧急停车道也占满了, 抢险的车只能逆行。如果没有交警指挥, 恐怕谁也过不去。这种状况像目前的中国社会, 引入了市场竞争机制, 但人们的法制意识没跟上, 有法不依执法不严, 造成某种程度的无序竞争, 谁抢了机会就是谁的。还说交通，大城市如北京、上海，人们交通法规意识强些，中小城市差得很远。我所在的省会城市是个中等城市，历史不长，不少人还没有养成自觉遵守交通法规的意识。左转弯让直行，本是起码的行车常识，在这里，如果是小路口，没有单独的左转弯指示灯，绿灯一亮，肯定是左转弯的车抢先拐弯，而且一辆紧随一辆，结果对面来的直行车反倒让起左转车了。很多次，因为被转弯车抢道，逼得我急刹车，气得只想骂娘。不按交通规则办的人是少数，但这少数人的危害极大，一辆车不按规矩办，很多车辆立刻就会受到影响。

礼貌行车，与人方便，最终也是与己方便。抢了别人的道，最后把自己堵死。

3. 办事排队

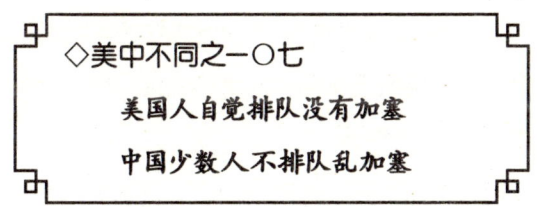

◇美中不同之一〇七

美国人自觉排队没有加塞

中国少数人不排队乱加塞

在美国几年，没有看到美国人排队加塞现象。不管是上公交车，超市购物结账，还是购买正在热播的电影大片入场券，排队常有，但乱加塞现象不常见。

排队加塞现象恐怕要算咱中国人不文明行为又一表现。说来不是大事，且为少数人所为，但却是较常见的社会现象，让人烦，让人生气，在国内影响人们之间的和气，在国际上影响中国的形象。

一是不习惯排队。医院挂号、食堂打饭、车站购票等，人不多，三五人也挤作一团。二是排队加塞。只要有排队，不管长短，总会有人加塞，这事恐怕没有人没遇到过。加塞现象之所以烦人，因为这种社会现象不是偶然发生，而是随时可见。虽是不大的恶习，可是多少年了，就是改不了。

一位女士这样记载自己的遭遇：今天带孩子去中学报名，看到的一些排队加塞现象，使我想起了前几天去国际娱乐中心游玩遇到的同样的现象。今天上午8:00以前，许多家长和同学们就按照通知要求来到校门口等待登记。学校开门后，人们就乱哄哄地一拥而入。来到办理登记的办公桌前，老师让排队，于是出现了如下现象：一部分人自觉去排队，一部分人还是拥挤在办公桌前。前者几乎都是学生，后者都是家长。办理过程中，还不断有家长加塞，一位家长看不下去说话了："老师们，你们是否要维持一下秩序？你们站起来看看，现在是什么现象，孩子们全部站在太阳底下晒得冒汗，而这些家长们则挤在前面，你们还在给他们办理？太不像话了。"一位老师站起来一看，真是的。她赶紧停下去维持秩序。经过她的维持还真是见效。这样办理的速度相应也快了。其实，在这之前这位家长已经和一位加塞的家长吵了起来，确切的说不是她吵，而是说服，可是那位加塞的家长太不讲道理，气得这位家长只能说"太没有素质了，太不像话了"。

"去娱乐中心游玩的时候，也是如此。由于玩的人特别多，每玩一项都要排长龙，我们不管在那里排队，都会有加塞的人。我观察过那些加塞人的特点是：旁若无人，面不改色，心不跳。在你毫无准备的情况下，突然窜到你前面。好像这个世界就他一个人一样。真是佩服这种人的行为。"

还有一位北京的网友讲述自己乘地铁因劝阻一位加塞的乘客遭到谩骂并险些拳脚相向的遭遇。你看看，排队加塞确属小事，惹人生气甚至导致动手打架，真的需要改一改。

4. 行动做派

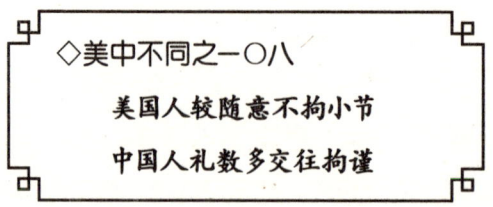

◇美中不同之一〇八
美国人较随意不拘小节
中国人礼数多交往拘谨

人们常说，美国人以不拘礼节著称于世，实际上是指他们随意，不拘小节，而不是不讲礼节，依我所见，必须和必要的礼节礼貌他们还蛮讲究。如正式场合的会见、宴请、参加庆典等，着装很讲究。只是在日常生活中，他们不拘小节，比较随意。在写字楼里，人们常常发现一些"白领"不穿外套、不系领带地坐在自己的办公室里工作，有时电话与人交谈，他们会朝椅背一靠，把双脚往桌子上一搁，悠哉悠哉地在电话里"侃"上个半天。在大学校园里，美国教授身穿牛仔裤、足蹬耐克鞋来教室讲课的例子数不胜数。更有甚者，美国教授讲到来劲之处，会一屁股往讲台上一坐，神采飞扬地滔滔不绝一番，不分年龄，不分性别。更常见的情形是美国父子之间、母女之间的轻松、随和。无论是在电影里，还是在实际生活中，常有美国的晚辈与长辈互拍肩膀、无拘无束的情景。所有这一切都源于美国人不拘小节的习性。

从文化角度上讲，美国人的这种习性与他们的民主平等观念相关。美国历史发展进程中，没有封建社会这一阶段。贵族、平民、等级、王室等欧洲大陆盛行的一套东西，在美国没有实际意义。人们对父辈的家庭、地位、身份不十分看重，主要看重的是当事人本身的实际成就。这种产生于美国早期开发阶段的观念很大程度上成了美国文化传统中的"沉淀物"。因为大家珍视平等的权利，人们互相交往中就没有必要过分讲究各种各样的繁文缛节。上级与下级之间，家长与子女之间，老板与员工之间，教授与学生之间，都是如此。关于这一点，人们只要注意一下美国人与人见面时的打招呼方式即可一清二楚了。不管是下属见到上司，还是学生见到师长，美国人一般只需笑一笑，说声"嗨"(Hi) 或者"哈罗"(Hello) 即可，而不必加上各种头衔。还有，美国人在社交场合散席或者业务会议散会时，较少与人一一道别，而是向大家挥手说一声"好啦，我们再见吧"(Well, so long everybody)。这样做并不表示人们相互间缺少敬意，而是人们长年累月讲究简洁实用的习惯使然。

相对于美国人，中国人与人交往时显得拘谨。中国素称礼仪之邦，曾有长期的封建礼教，造成人们太过注重所谓"礼节"。上下、左右、师徒、长幼、男女、各行各业之间，各有礼数，如不注意，轻则被人嘲笑"不懂礼貌"、"不懂规矩"，重则遭杀身之祸。如封建社会，皇家有所避讳，平民百姓如若不慎失口冒犯忌讳，要问罪。男女之间也有礼数，不得随意，说话接触，都有分寸。不遵父母之命，媒妁之言，青年男女自由恋爱不行。萍水相逢，过分亲昵，甚至多看几眼，也属非礼。行走坐立，都有要求，讲究"坐有坐相""站有站相"。对上级、对长辈更是要尊敬，不能直呼其名，要称官衔，要按照辈分称呼。新中国成立，封建礼教被废弃，人民之间建立了新型的关系。但由于受到封建思想遗毒的影响，现在还有不少封建礼节盛行。如官场上的过度迎来送往、前簇后拥，家庭中的家长作风，大男子主义，不尊重孩子的权利等。

5. 送礼

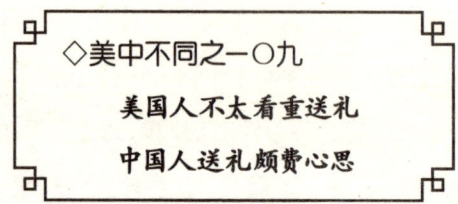

◇美中不同之一〇九

美国人不太看重送礼

中国人送礼颇费心思

礼尚往来，既是中国文化传统的重要的内容，也是人们普遍遵循的习俗。美国人也有礼尚往来的习惯，但他们忌讳接受过重的礼物（有的公司规定，员工接受礼品价值上限是20—25美元），一是美国人不看重礼品自身的价值，二来法律禁止送礼过重。中国人从家乡带去的工艺品、艺术品、名酒等是美国人喜欢的礼物。除节假日外，应邀到美国人家中做客，甚至吃饭，一般不必送礼。日常办事，一般都不用送礼拉关系找熟人。

对此我有切身感受。看病住院，不用找熟人，做手术不用给医生送红包；考驾照，不用送礼；孩子上学转学，也不用找关系托门子；打官司告状，更不用找人（找高官说话）。缺什么材料，让你补什么，都告诉清楚，一旦材料齐备，马上就办，很是痛快，从不刁难。你愿意送点小礼品，套套近乎，他们当然也会笑纳，但对办事的结果不会发生影响。在国内，我们都知道，基层很多事情，不送礼套近乎，办起来就不那么顺利。有人讲了一个笑话，但不仅仅是个笑话：某甲说，办事送礼，多烦人啊！某乙说，不送不行呀！甲说，那……人死了进火葬场，什么事情都不干了，就不用送礼了吧。乙说，不行，人死了到火葬场，还得送礼走门子，否则火化都给你往后推。看来，从生到死，送礼伴随中国人的一生。难怪老外说，在中国，只要学会送礼拉关系，几乎事事顺利。

美国是法治国家，依法办事，社会上没有办事送礼的风气。美国前驻华使馆文化官员方大为说："在美国，送礼行为不是十分普遍。朋友间送礼的情况出现在过生日、过圣诞节和庆祝结婚周年等情况中。美国人在这方面不是特别讲究。一般来说，可以采用其他形式表示庆祝,如遇朋友生日,可以搞一次家庭聚会,请几个朋友一起吃顿饭。遇到这种情况,带上一样小礼品就可以了。美国人不会看对方花了多少钱买礼物,而会把重点放在礼物所代表的心意和意义上。礼轻情意重。一个朋友有一个七岁的小女儿,她画了一幅画送给我。那只是一张普通的纸,但我就很看重。不过,如果送的礼太差,其实也不太好。比如两人结婚时,如果有个很好的朋友送的礼太差,肯定也会让对方感觉不好。这是人性嘛!在哪个国家都一样。但总的说来,美国人表达情感的方式很简单,就是你喜欢我,我喜欢你,我们喜欢花时间在一起。其他问题,如送礼方面,真的没有太多考虑。"

在中国,送礼是人们日常交往的一个重要手段。送礼,有大有小,有重有轻,有厚有薄,名堂很多。

首先说明,作为企业的公关行为和商业贿赂,送大礼、送厚礼,美酒佳肴招待,金钱美色拉拢等现象,中美两国都存在,也都是法律明令禁止的。但作为普通百姓间的正常人际交往,一般说来,美国人不太看重送礼,而中国人在送礼上颇费心思。

中国人,但凡交往,一般都带礼品,小到亲戚朋友串门,要带礼品;大到求人办事,送礼更不可少。送礼分不同情况。大致有三种:一是随份子,每个人一份。朋友结婚就是一种,好像这是必须随的。二是朋友家有了红白喜事,要有所表示,这是一种习俗,不是必须做的,但是否送礼表示你与他之间的关系。三是情感型的,生日送花,情人节送花,或者没任何原因,就是送花。后者更多地是为了让对方觉得自己被关心着。送礼求人办事,另当别论。

送礼还要考虑:一是送礼要拿得出手,要像样子,最低限度为自己保全面子,不能太寒碜;二是习俗的力量,不送,会否带来负面评价。

中美在送礼上的几个细节差别:

(1)中国人讲区别对待,按照等级决定礼品轻重。美国人送礼,注意讲平等,对在场接受礼品的人,大家轻重一样。否则,被认为粗鲁、不平等,使人难堪。

(2)中国人忌讳当场打开接受的礼品,打开看是不礼貌的。美国人会当面打开,表示感谢。他送你东西,你也要当场打开,表示赞美。

(3) 中国人送了礼品,事后一般不再提,彼此"心知肚明"而已。美国人送你东西,要记得随后表示感谢。

6. 称呼

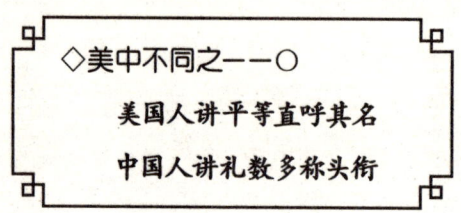

◇美中不同之一一○

美国人讲平等直呼其名

中国人讲礼数多称头衔

数年前,时任美国总统克林顿访问上海,在参观一个社区时,一群幼儿园的孩子们有组织地用英文高声欢呼"热烈欢迎克林顿爷爷"。克林顿微笑示谢,但多少有一点儿迟疑。就在此刻,一个三岁的男孩却直呼"克林顿、克林顿"。备感亲切的克林顿抱起了这个孩子……

看到这一幕,许多人感到十分诧异,那个三岁的男孩竟敢直呼美国总统的名字,按照中国的礼节,实属大不敬。因为在中国人看来,上下有别,长幼有序,一般只有彼此熟悉、亲密无间的同辈才可以"直呼其名"。

称呼之事在中国不可小觑。中国是礼仪之邦,封建社会的繁文缛节遗留甚多。毛泽东领导的革命,打破封建礼教和等级观念,提倡人人平等,在革命队伍中互称同志,人与人之间的关系曾为之一新。受中国文化传统的影响,现在,人与人之间的称呼还是很有讲究的,称呼不对,会带来笑话,特别是在官场,会带来严重后果。中国仍是一个讲究礼数的国家。职场、官场、业界等要尊称职衔,家庭和社会对长者要尊称。

中美之间明显不同的是,对亲密的人,包括父母、直接上级、学校老师,美国可以直呼其名,中国人只有同辈、同龄、同级之间可以,对父母、学校老师、直接上级是不可以的。中国人绝无在家中直呼父母名字、在职场直呼上司名字、在学校直呼老师名字之事。如果有,一定是少不更事,或关系紧张,在双方吵架、头脑发热的情况下。

美国人强调平等,社会等级观念比较淡薄,所以他们没有家庭世袭的头衔。相反,美国人喜欢用职业头衔作为称呼,因为那是靠自己"挣得"的,而不是世袭的。譬如，对法官、军官、政府官员、教授和宗教领袖等，有：哈利法官、史密斯参议员、克拉克将军、布朗医生、格林教授、怀特神父、科恩老师、格雷主教等。从事其他行业的人，美国人以"先生"、"小姐"、"太太"相称。

美国人首次见面，若不知道对方的头衔，但又要表示对他尊敬，他们常用"先生"或者"夫人"称呼。被这样称呼的人将立刻明白，你不清楚该如何称呼他，于是，他会把合适的称呼告诉你。譬如，"别叫我史密斯太太，叫我萨莉好了"。美国人认为，直呼其名，往往更容易表示友善和喜爱。

介绍他人时，往往是连名带姓："玛丽·史密斯，这位是约翰·琼思。"遇到这种情形，可以自己决定称呼那位女士为"玛丽"还是"史密斯小姐"。有时两人交谈，开头是称呼对方的姓，但没过多久，其中一人或彼此就直呼对方的名字了。你尽可自己选择，假若你不愿意一下子就直呼其名，而要依照自己的习俗称呼别人，谁也不会觉得你没有礼貌。

第二节　做公益善事

1. 做义工

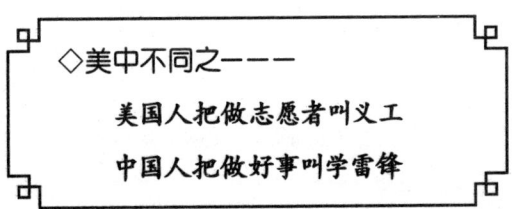

◇美中不同之————

美国人把做志愿者叫义工

中国人把做好事叫学雷锋

在美国，志愿者这个名字和做志愿者这种事情已经存在很久，在中国，因为北京奥运会和上海世博会而响亮了起来。

记得那是刚到使馆不久的一个周末，外出购物在华盛顿和平公园驻足。中午时分，看到几个女大学生模样的年轻人推着餐车来到公园。不知从哪里聚过来不少无家可归者，排队领盒饭，一人一份。我感到不解：她们是干什么的？同行的老馆员告诉我，她们是"志愿者"，当地称"义工"。她们的行为类似中国的"学雷锋做好事"。这是第一次听到见到"志愿者"。

不久，又听到关于志愿者的事。使馆的家属不允许到馆外工作，多数在家带孩子或打理家务，因时间充裕，于是找机会学习英语。消息灵通的家属说在公使官邸那条街上，有一个英语班，志愿者当老师，不收学费，有几个家属在那学习。有志愿者老师，这是第二次。

后来，听说美国中小学生必须作义工，有时间数量要求，不少女孩子选择到老人院，帮助照顾老人，或到孤寡老人家中，陪他们说话。

2002年10月，国务院新闻办在华盛顿举办《历史的记忆》大型展览，其中内容有"二战"期间帮助中国抗日的美国陈纳德将军的"飞虎队"。因参与筹办，得知当时最早约300名飞虎队员都是以志愿者身份来到中国战场的。

随着时间的推移，对志愿者这种事情了解的更多了。

参加志愿服务——做义工是美国社会的优良传统之一。几乎每一个美国人都曾经参加过志愿服务；有将近半数的美国人曾担任志愿工作者，且平均每周担任志愿工作时数约4小时。

美国志愿服务的项目形式多样，种类繁多，包括帮助病人、残疾人、弱智者、无生活能力的人和孤寡老人料理生活；教育贫困儿童识字；为贫困家庭的人检查和防治疾病，为他们补习文化科学知识；帮助酗酒者和吸毒者戒酒瘾毒瘾；修建城市花园以及照顾小孩等。此外运动员为儿童辅导体育，艺术家为民间团体和非盈利组织从事培训工作，进行义演等。还有不少人在发展中国家和贫穷地区工作和服务。到中国来的一些中学英语教师也是志愿者。

美国人参加志愿者服务工作有三个原因。一是美国政府和社会都倡导和鼓励个人参与志愿活动，并对做得好的给予奖励。1993年下半年，美国总统克林顿签署了扶持青少年义工力量的《全国与社区服务法案》，鼓励青少年学生义务服务社会。该法案明确规定，对于做满1400小时的青年义工，美国政府将每年奖励其4725美元的奖学金。这笔钱可用来抵作上大学的学费，也可以作职业培训或偿还大学贷款之用。美国各企业也要求员工成为一名合格的志愿者。美国第一大长途电话电报公司（AT

&T) 规定, 凡是公司员工, 每年可请一天事假, 参加各类志愿者活动。以义务方式开展再就业培训的教员, 可以记上信誉分, 这个信誉分可以在当事人轻度违法 (比如驾车闯了红灯等) 时, 用来抵免执法部门的处罚。多少信誉分可以抵免忘了交罚金的处罚, 多少信誉分可以抵免违反禁酒令的处罚等等, 各州都有明确的规定, 当事者只要出具信誉分的记录, 由执行部门划去相应的分点, 即可不罚。这个信誉分对找工作也有帮助, 信誉分高的找工作就相对容易。二是把志愿者工作纳入中小学校的德育教育课程。在小学, 老师引导学生多做好事、善事, 经常带领他们到敬老院, 帮老人做事, 陪老人聊天, 号召大家帮助有困难的同学和社会上的穷人等; 在中学的德育教育中规定学生必须参加志愿活动, 不参加志愿者活动的美国中学生不能毕业。有一所中学有两个同学学习成绩很好, 但不愿服务社会而未能如期毕业, 他们无法证明自己曾在社区志愿服务60小时以上 (美国的高中生能否获得毕业证书, 除了学分、成绩等要求外, 还要求无偿地为社会服务数十个小时)。参加社会志愿服务多的中学毕业生在报考著名高等学府时往往优先录取, 因为此类学校在审查申请人简历时, 往往较注重是否品学兼优。中学生手册上有记录做志愿者活动的专页, 这也是在美国申请大学的必备条件。三是宗教力量的影响。美国大部分人信仰上帝, 认为上帝是生命和爱的源头, 帮助别人是一种感恩和爱的自然流露。美国人很看重志愿者活动, 他们认为这是每个公民应尽的义务。

志愿服务工作的发展是美国社会发展的重要驱动力。若把美国比喻成一部车子, 负起支撑与行驶的四个轮子就是: 政府、企业、家庭和志愿服务组织 (非营利事业机构)。志愿服务组织不仅在功能上可以和政府互补, 还能解决许多社会问题, 维护社会的稳定, 并建立了一种相对和谐的社会良好秩序。

中国过去没有做义工的传统, 但中国传统文化也提倡多做"善事", 民间也赞颂那些富人义务修路、建桥的善举。建国后, 毛泽东大力倡导"向雷锋同志学习"。上世纪六七十年代, 学雷锋活动在中国大地蔚然成风, 十分兴盛, 大人孩子都学雷锋, 义务为社会和他人提供服务。直到现在, 人们仍旧怀念那个年代。改革开放以后, 最初的每年3月5日都开展学习雷锋活动。后来, 全社会学习雷锋的活动慢慢成为青年人、中小学生的事了。社会上主动做好事的行为越来越少,以至于民间有"雷锋叔叔不见了"的说法。雷锋是时代的产物,时代前进了,雷锋渐渐变得生疏了,但中国有了志愿者。奥运会来到中国,国家需要大批年轻人为奥运会志愿服务。据说,奥运期间全国挑选的直接在奥运场馆服务的志愿者达10万人,在北京市的机场、饭店、商场、地铁、公交站点,在大街小巷提供服务的市民志愿者30多万人,奥运协办城市上海、天津、香港、青岛、沈阳、秦皇岛等地也有不少志愿者,全国的奥运志愿者总数达到170万。一段时间,这么多人义务为社会服务,这个数字绝对是30年来最高的。"一次伟大的盛会,必将留下丰富的遗产。"但愿奥运会的结束不是志愿者服务的结束,更不要成为这一新生事物的终结,而能成为2008北京奥运会丰富的遗产之一,成为中国青少年乃至广大民众的日常行为。

2. 纪念死者

◇美中不同之一一二

美国人纪念死者捐建公用设施

中国人为死者大操大办花费多

　　首都华盛顿北部的上城区 (uptown),紧靠康涅狄格大街的路东是一家赛福威 (Safeway) 食品超市,路西有一家印裔人开办的菜店。菜店门口的便道上,有两个绿色钢制长条椅,结实又漂亮,购物和过路的人们常在此歇脚。一次,我在此等候购物的同事,无意间看到椅子靠背上方有两行字,印象是:In loving memory of my mother, AGNES THERESA ALLEN. Your loving son, Keith. 这是一位叫基斯的儿子写的纪念母亲的话。我顿觉好奇,为什么在椅子上刻字纪念故去的母亲呢? 不明白。后来陪客人参观华盛顿植物园,发现小山丘上供游人休息用的长条木椅上也有类似字样。我突然明白,原来他们采用捐建长条椅为公众作善事的方式纪念死者。美国人纪念死者的方式很多,这只是其中之一。

　　这让我深受启发。中国人纪念死者大操大办,摆酒席、唱大戏、披麻戴孝,花去不少钱。媒体报道，山东某市丧事大操大办之风盛行，丧事大多吊唁3—5天，期间，大摆宴席，几天时间，不断翻桌，多在百桌以上，甚至数百桌。几天内，前来吊唁之人车水马龙，小车多时可达到上百辆，随便路边停靠，造成严重交通堵塞；同时，吹打念经，鞭炮轰鸣，还找来戏班子，噪声扰人。据我所知，农村丧葬开支，

照片上的我有几分悠闲，那是在华盛顿植物园，不过那不重要，请注意长椅靠背中央的那块金属牌子，上边的字迹需放大才能看清，它们是："In Memory of CARL O. WINBERG A Gift from His Family 1999"（纪念卡尔·温伯格。他的家人1999年赠）。美国人纪念死者捐建公用设施，我们能否学习，丧事简办，把节省的钱也以纪念死者的方式为社会做些公益善事呢？

普通人家少则上千，多则上万，数量不小。人死了，丧事要办，但我们能不能改变思路，丧事简办，把省下的钱来，以纪念死者的方式为社会做些公益善事，如办学校、办文化呢？不增加百姓负担，还能让人们享受更多的社会福利，多好的事啊。我们的社会还不富裕，即便富裕了也不需要铺张。我们的文化中欠缺这样的东西，我们没有搞慈善捐献的传统。好在中国近些年也在提倡，民间捐资做公益善事的比以前多了，但就社会整体而言，效果尚不显著。

纪念死者捐建长条椅供路人或游人使用这是其中一种，美国人做善事的方式很多。华盛顿有不少百姓捐建的大大小小公益项目，我没有调查研究，说不清多少。仅个人所知，如我曾住过的康涅狄格大街4601号公寓后边，有一处儿童活动场，设施非常齐全，是当地社区居民捐建的；华盛顿许多大型展览馆如历史博物馆等，并非完全由国家出资兴建，是一家叫做史密森尼学会（Smithsonian Institution）的半官方机构所属，许多资金为个人捐赠，但免费向公众开放；2004年5月竣工落成的美国的"二战"纪念碑也是通过基金会由民间捐资兴建的。

此处儿童活动场，秋千、滑梯、小篮球场、沙坑等样样齐全，是社区居民捐建的，供居民免费使用。这类由个人或慈善机构捐建的公共服务设施在其他社区和城市也能看到。

美国的民间慈善捐款也曾惠及中国。资料显示，北京协和医院是由洛克菲勒基金会捐资兴建的。自该校1915年建立，到1947年1月宣布向中国医学委员会拨出最后一笔为数1000万美元的捐款资助协和医学院，洛克菲勒基金会对它的总投资额高达4460万美元，成为基金会有史以来在单一计划上投入数额最大的捐款。洛克菲勒基金会也捐出巨资给司徒雷登校长，创办燕京大学。当时的美国政府没有阻止他们，让他们的捐献延伸到中国，不能否认政府有藉此进行"文化侵略、宗教渗透扩张、政治拉拢"的意图，但基金会的许多捐献项目如建立现代医院、现代大学，客观上惠及的是普通百姓，是"促进全人类的安康"。政府和别有用心的政治家会利用慈善机构，与这些慈善机构本身不能相提并论。

3. 慈善捐款

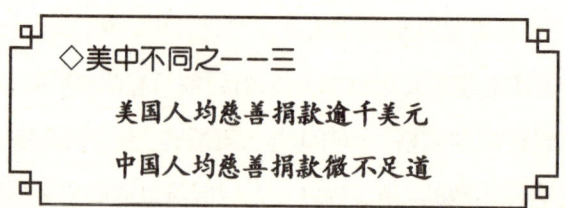

◇美中不同之一一三
美国人均慈善捐款逾千美元
中国人均慈善捐款微不足道

赴美之前，我认为捐款和慈善之间没有联系。长江洪水、张家口地震、希望工程……不管是哪个省份的灾难，我们都踊跃捐献，认为那是帮助受灾的同胞，是献爱心，是政治任务，与慈善无关。慈善一词在我心中并不丰满，甚至连中性都达不到。

"遇到困难、天灾人祸，还得靠国家，靠集体，靠组织。组织自然是党组织、政府组织，从来没有想到过慈善组织，连中国有没有慈善组织，有多少家也不知道。到了美国，一接触美国社会，就不可避免地晓得了美国的有关情况。

美国不仅是世界上经济最发达的国家，同时也是慈善事业最发达的国家。有统计说美国现有慈善机构超过73万个（也有说上百万个）。各类慈善组织多年运作下来，已积累了相当丰富的经验和雄厚的资产，1988年时，美国慈善机构掌握的资金总额为6214亿美元，可谓财大气粗。

美国的慈善经济发展相当庞大。美国人捐献活动之频繁、数量之大举世闻名。据美国《时代周刊》报道，2002年，美国人捐赠的金额为1900亿美元，相当全国生产总值的2.1%，为近30年来的最高纪录。2007年善款总额首度超过3000亿美元。其中2290亿美元来自个人，且过半数款项来自收入排名全美前10%的家庭，约有三分之二的美国人捐款做慈善。

美国的慈善事业基本上全由各类非政府民间组织实施，政府仅负责监督规则的执行及协助。慈善组织的名称形式五花八门，但由各类教会和基金会管理的是其中的绝对主力，如基督教救世军、圣·芳济格会、比尔·盖茨－巴菲特基金会、洛克菲勒基金会、卡内基教育基金会、克林顿艾滋病基金会等。慈善组织的财源主要是企业与个人的捐款及自有资产的赢利，政府补贴十分有限。但政府的企业与个人捐款免税和慈善资产赢利免税政策对慈善组织的生存发展起到了极大的支持作用。

慈善机构在文化教育、医疗卫生、妇女与儿童权益保护、老年人服务、消除贫困、移民就业、环境和文物保护、预防犯罪、社区改造、帮助少数族裔等方面发挥着十分重要的作用，很多中小学、博物馆、图书馆、慈善基金会都靠私人捐赠支持。甚至某些超出美国国境的事务，例如，非洲饥民、巴尔干难民、亚洲地震和洪涝灾民等，都是美国人捐款援助的对象。

慈善救济的方式也是五花八门，如为流浪者、退休老人提供免费午餐，为困难家庭和人员提供生活用品及补助，为困难家庭在学子女提供奖学金助学金，为患重大疾病的经济困难者提供医疗费用，为遭受重大灾难的家庭提供救济补贴，为经济困难的诉讼当事人提供法律救济，开办弃孤儿童、无家可归者、被虐待妇女收容机构等。

除捐献金钱外，还捐献时间，做义工是一个普遍现象。有关统计资料表明，美国现在成年人口中有近一半人志愿捐献他们的业余时间，每年捐献200多亿小时，按每人每周工作40小时，扣除各种法定假日后每年工作51周计，每人每年工作2040小时，相当于1000万人干一年。如果按平均工资每小时10美元计算，每年捐赠时间的价值约为2000亿美元左右，大体上与全社会捐赠的资金相等。

慈善捐献已经成为一种文化。在美国，虽然富翁们捐献惊人，但每年天文数字般的捐献中，据统计，来自公司企业和其他机构的捐款仅占15%，85%是民众个人捐的，而其中70%来自普通人。这意味着是否捐款和个人的经济条件没有必然关系。70%的家庭捐赠过钱财，年平均捐赠额超过1000美元。如果说富人捐献的动力部分是来自政府税收政策的导向和压力的话，那么低收入者的捐献热情却是真正的自觉行为，而且他们都是选择匿名捐献。东方人的观念是，人死了财富要留给儿女、亲属，但美国人却不以为然。1986年居住波士顿的81岁的纽伯格去世时立下遗嘱，把全部560万美元的财产捐给美国政府。这位犹太老人当年为逃避纳粹来到美国，他的妻子已去世，有3个成年子女。虽然对于年度预算高达1.5万亿美元的美国政府来说，500万美元只够政府维持运作两分钟，但对纽伯格来说，已经尽了力。1994年，89岁的著名出版家唐纳·米勒死后留下高达900万美元的财产。根据他的遗嘱，除了留给妻子100万之外，他的财产全部捐给了慈善基金会，而对三个成年子女未留分文。

形成美国捐献文化的成因主要有两个：一是宗教文化的影响；二是政府优惠税收政策的导向。美国信仰宗教的人占90%，其中以基督教的各种派别为主。宗教信仰者认为：金钱财富等世俗最重要的东西，其实都是上帝托管于个人而已，并不永远属于自己，因此最后要如数归还于上帝。这种宗教文化理念就是"取之社会，还之社会"。宗教是他们的精神家园，他们在宗教中获得深刻精神体验，走出教堂后就会有快乐的随时准备回报和帮助他人的感觉。如果说宗教是美国捐献文化的内因的话，那么政府制定的税收优惠政策则是引导美国捐献文化形成的外因。一是捐赠可以抵税。美国合法工作者要交收入所得税，一般为30%左右，年收入越高，交税比例越高，如果年收入达10万美元或以上，税率可达50%。税收政策允许以慈善捐款抵税。二是遗产税。遗产越多，缴纳的税款也越高。如果一个人留下200万遗产，到继承者手里不过一半左右；留的越多，拿的比例越少，一大半被国家拿去救济弱势群体。每年美国前50项数额最大的个人慈善捐款中，大约有五分之一就来自遗产捐赠。很多富翁们认为："遗产对有些人来说可能是可怕的负担。如果我们的孩子想成为富翁，他们必须靠自己努力。"美国孩子生下来就被教育和鼓励要去追寻"从一无所有直至奋斗成功"。子女干家务，父母给他们小费，就是培养"自己养活自己"的理念。

近年来，中国对慈善事业的积极作用也逐渐认识。1994年，第一家综合性的慈善组织——中华慈善总会在北京成立。随后，各地慈善组织迅速发展，成为中国民间组织中一支不可忽视的力量。与此同时，围绕慈善事业的政策和法律制度建设也逐步展开。这一切显示中国的慈善事业正在走上法制化的轨道。中国公民的捐献意识和热情也在逐年提高，特别是遇到重大自然灾难，如2007年南方冰雪灾害、2008年汶川地震等，在政府的强有力组织指挥下，社会各界踊跃捐助，捐款数额空前，除企业和单位外，民间捐款数额也陡然飙升。

但从总体来看，特别是相对日趋成熟的市场经济条件来说，中国慈善事业的发展尚处于初级阶段。社会捐赠应当是慈善事业资金的重要来源，但国内无论是个人还是企业团体，通常年份捐赠的热情和金额都不高。数字显示，2002年全国人均慈善捐款还不足一元。中华慈善总会负责人说，有统计显示2002年人均慈善捐赠只有0.92元人民币，纯粹的私人捐赠而且是捐给非盈利机构的全国大概也就是GDP的万分之一；而2003年美国私人捐赠2410亿美元，人均828美元。中国的人均慈善捐款和美国相差7300倍。此后，有所增长。2006年中国接受捐赠总量达到100亿元，而人均慈善捐款为1.7元。2005年之前，中国每年的慈善捐赠总量在几十亿元。2007年达到300亿元，2008年则接近1000亿元。数量激增的原因是2007年南方冰雪和2008年汶川地震灾害发生后，国内外大量捐赠。受金融危机的冲击，2009年总捐赠量明显回落。中国人均慈善捐赠估计又回到二三元的水平。

尽管先后出台了相关慈善法规，但这些法规的执行中，有关做法却在变相抑制社会公益组织的成长——比如要成立一个民间慈善组织，首先需要找个"婆婆"挂靠，而"婆婆"们普遍怕担责任，加上运作成本不菲，导致始终未获充分发育。中国能够正常运行的民间慈善机构目前不过数百，而美国有百万以上。

运作方式和透明度亟待改进。党政机关、事业单位如今仍然不定期地搞一些募捐活动，但这种传统形式已经在执行中遇到越来越多的不同意见。清华大学公共管理学院NGO研究所所长邓国胜说，现在单位组织的募捐，让人感到是一项任务而不是献爱心；捐款时大家关心的是领导捐了多少钱，我们都不能比他捐得多，而不是自己到底能为别人做多少贡献；捐款就像刮了一阵风，捐完以后善款的流向就无影无踪了，根本不知道是否到了真正需要它的人手中。这样的活动很难呼唤起公众的慈善意识。

第三节　务实不铺张

1.搞庆典

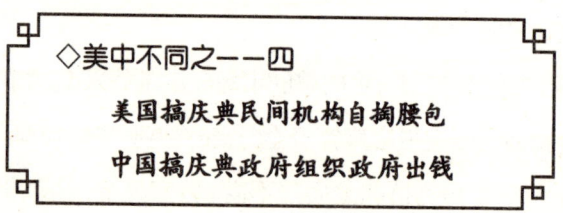

◇美中不同之一一四
美国搞庆典民间机构自掏腰包
中国搞庆典政府组织政府出钱

美国的庆典活动不少，规模有时也很大，但有一个特点，由政府和机关单位出人出资统一组织的不多，多数活动比较简朴，由非政府的民间组织、企业和慈善机构组织参与。

据说，重大活动如总统就职仪式、独立日庆典等，政府都有专门预算。但费用很有限，仅限于规定的若干内容。大规模的游行庆典，多数由非政府的民间组织、企业和慈善机构组织，自己出钱，自己召集人。

2000年5月，我们参加了一次由美国全国乳腺癌协会组织的大规模行走游行活动。美国妇女乳腺癌发病率比较高，组织公益游行，目的是号召全社会关注女性健康。使馆工会应邀派一些员工参加，替一家和中国有合作关系的大企业(ABB集团)

出人数，横幅打出的是那家公司的名字。那是个周末，几万人参加，浩浩荡荡，从华盛顿纪念碑开始，沿宾西法尼亚大街东行到火车站，绵延数公里。年轻人跑步，岁数大的步行，9点开始，12点左右结束。游行后，这家公司驻华盛顿的办事处请我们吃了午餐盒饭，并向我们介绍了公司情况及与中国合作的成果。

2000年5月参加由美国全国乳腺癌协会组织的大规模行走游行。活动结束后大家留影。

2000年7月，参加了一次独立日庆典，这次不是游行集会，而是观看焰火。活动由当地一家著名的企业家俱乐部组织，地点在俱乐部的大院内。数百人参加，傍晚时分有一个露天冷餐会，大家边吃边聊，随后看焰火。

还遇到国殇日（Memorial Day）摩托车游行。几万辆摩托车，新旧都有，有三轮挎斗的，也有双轮的，车把上插美国国旗，人人身穿黑色服装佩戴黑色或绿色头盔，分六路或八路齐头并进，黑压压一片，从阿灵顿公墓出发向华盛顿广场轰鸣疾驰而来，阵势十分壮观。平时，华盛顿街头很少见摩托车，遇有这种节日，它们都从周围县的社区集中而来。

对此种方式，有关文章也有报道，如新华网2009年1月21日文章《慈善组织助穷人感受就职庆典》，讲述了美国部分慈善组织出资邀请穷人参加奥巴马总统就职庆典活动，让他们也一道亲历历史过程的故事。作为庆典活动的内容，华盛顿将举办数十场庆祝舞会，不少参加者为舞会动辄花费数百甚至数千美元，而米勒女士将分文不付——免费获赠礼服、免费入场、免费食宿。四个月前，埃米莉·米勒无家可归，艰难度日；四个月后，米勒住在首都华盛顿市中心的豪华酒店，精心准备奥巴马就职的舞会。现年50岁的米勒告诉美联社："我简直、简直从未想象过这会发生。"米勒受益于"民众就职庆典计划"。与她一道从这一计划中受益参加相关就职庆典的还有大约700人。该计划创始人是现年60岁的弗吉尼亚州森特维尔商人厄尔·W·斯塔福德和他非营利的"斯塔福德基金会"。他的基金会在全国其他非营利组织和社会服务团体帮助下，出资超过160万美元，邀请上述苦于生计者参加"民众就职庆典计划"，包括民众就职庆典舞会、青年舞会和其他活动。

国内搞大型节庆活动，多数由政府组织政府出钱。个别地方把举办名目繁多的地方节庆活动作为"形象工程"，如柿子节、板栗节、葡萄节、风筝节、皮影节、评剧节，孔子节、老子节、董子节等等，大量资金由政府出，政府没钱，向机关干部和教师摊派。

2. 卖旧物

```
◇美中不同之一一五

  美国家庭虽富有，庭院照摆旧货摊
  中国家庭有旧物，或捐或送不甩卖
```

美国社会富有，人所共知。美国人高消费超前消费，也是人所共知。但美国社会还有另一面，你也许不知。到了美国，看到美国人红活热闹的庭院甩卖——家庭旧货摊，你会发现美国人也有务实节俭的一面。

2008年10月27日新华社发表一篇文章：受金融危机影响，美国"庭院摆摊大甩卖"日益火爆。穿过的袜子、用过的圣诞节装饰品、微波炉，全都成为待价而沽的商品。

文章说，家住加利福尼亚州曼蒂卡的三岁女孩玛丽塔·杜阿尔特有一辆三轮童车，虽然她现在还可以骑，但童车最近被妈妈以3美元的价格卖给了一个陌生人。上周她生日，没有礼物，只有一个小蛋糕。妈妈说，"没有钱，生日也不过了"。两个月前，她刚失去工作。

过去曼蒂卡的大街小巷一派繁荣景象，如今这里的草坪和车道成了新兴起的

"庭院摆摊大甩卖"经济的临街店面。从周五到周日，粘在汽车后挡风玻璃上的黄色指示牌指引外来车辆前往一个又一个卖场，走进一个又一个家庭。

32岁的沙雷尔·约翰逊在这里搜罗玩具、成箱的工具和DVD，还买了成堆的裙子和衬衫。约翰逊说："说起来让人难过，在这里能淘到很好的东西。因为许多人都要搬家。"

据报道，"庭院摆摊大甩卖"在曼蒂卡正红红火火地展开，在美国许多地区，由于这种经济形式过于火爆，地方政府甚至不得不想办法限制。在马萨诸塞州韦茅斯市，由于摆摊的市民越来越多，该市不得不出台措施，每户每年只能举办三次"庭院摆摊大甩卖"。

其实，据我所知，在克林顿任总统期间，美国经济连续多年增长，美国人的这种庭院甩卖也一直流行。如今遭遇金融危机，他们的节俭意识愈加显著。

美国庭院摆摊大甩卖 (yard sale) 的形成由来已久，初衷是将家庭用过的物品在自家车库门或庭院摆摊销售，一件一件，看货议价。这种销售形式，既不收取销售税，又不要申报批准。事实上是一种物尽其用，余缺调剂。

甩卖的内容琳琅满目，从儿童玩具、穿过的衣服袜子、用过的圣诞节装饰品，到微波炉、烧烤炉、自行车、各种家具、工具、餐具、古董文物，凡家中闲置不用的旧物品（也有自家无用的新物品），全都成为待价而沽的商品。

甩卖的种类主要有车库甩卖、庭院甩卖和搬家甩卖等。东西少在车库卖，东西多在庭院卖，因搬家处理所有的东西，则敞开家门让买家进屋挑选。每年春夏季节，许多居民小区经常会有各类摆摊甩卖。一到周末，报纸和网站就会刊载大量车库和庭院甩卖分类广告，说明时间地点以及主要出售哪类物品等。而且周六一大早，许多路口的树干或者电线杆上就会贴上彩色纸条，告诉你附近哪一家在进行庭院甩卖，怎么走。周末自家办庭院甩卖或去逛他人家的庭院甩卖，已成为不少美国居民周末消遣的一种方式。

购买庭院甩卖物品的人，各阶层都有，低收入者有，比较富裕的白人也有。有一位中国老人好奇，一天早晨和老伴去了一家摊点看究竟，见到一位40来岁金发碧眼中年妇女搜罗玩具、成箱的工具和DVD, 还买了不少裙子和T恤衫。还看到一位美国老奶奶, 看上了一件小女孩的衣裙, 爱不释手, 对同来的另一位老奶奶说:"这裙子给我孙女买的, 她肯定喜欢。"看老奶奶的衣着打扮, 很有地位和气质, 不属于美国穷人一类。中国老人很纳闷: 这旧东西怎么能送人呢, 给自己的孙女送一件旧衣服, 还不如不送呢?!

美国人搞庭院甩卖并不是自家缺那几个钱, 而是来源于他们的节俭意识和重视循环消费。所谓循环消费, 是指当你认为某件物品自己已不需要想将它扔掉时, 应先想想它对其他人是否还有使用价值。如果有, 就让他人再消费一次, 直到这件消费品可能对任何人都没有价值时, 才将其作为垃圾进行回收处理。这样, 一件消费品可以在不同层次上经历多个消费过程, 真正做到物尽其用。

美国人开展循环消费的渠道很多, 既有家庭的庭院甩卖, 也有慈善机构进行的旧货交易, 有了互联网, 消费者还可以通过一些商业网站或政府支持的网站进行旧货买卖。比如旧货拍卖网站电子港湾 (eBay) 在美国一出现就立刻火爆, 并成为美国网民访问量最大的网站之一。据说, 这个网站月交易额高达近3亿美元, 年盈利也达4.4亿美元。

中国家庭的旧物, 或送亲友, 或捐献给灾区。中国没有搞庭院甩卖的习俗, 也少见周六周日旧货交易市场, 有许多送不出去、捐献不掉的旧物, 或者堆放着, 或者当废品处理, 很是可惜。现今, 有些大学生毕业时将自己不用的东西 (书籍、被褥、日用品等) 低价处理给新生, 是不错的举措, 只是在社会上没有推广开来。

3. 使用优待券

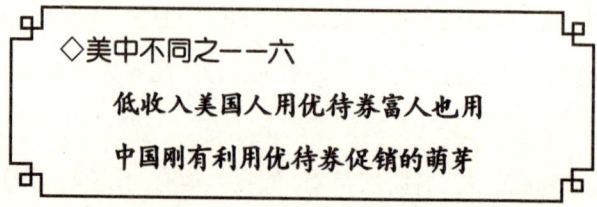

◇美中不同之一一六

低收入美国人用优待券富人也用

中国刚有利用优待券促销的萌芽

优待券, 英文叫coupon。到美国之前我对此一无所知。到美国后, 随任的家属们让我长了见识。她们有的深谙此道，每到周五就"捷足先登"，把给本处室的《华盛顿邮报》、巴尔的摩《太阳报》塑料包装袋打开了。为什么？因为里边有报纸登载的优待券，购物时可打折少花钱。到超市买牙膏、冰淇淋、水果等日常用品，那些剪下来牙膏、冰淇淋、水果优待券就能派上大用场，本来两美元一袋牙膏，有了优惠券，也许再交几十美分就可以了，5美元的冰淇淋，遇到节日打折，再配上优惠券，交一美元就可以了。不少日用品都有优惠券，有时厂家优惠券和超市门口放的店家优惠券一齐用，便宜更多。优待券coupon真是个好东西，许多美国人用，我们的家属也就学会了。

美国是消费大国，公民十分重视消费支出，讲究实惠成为普遍心态，希望得到物美价廉的商品是共同要求。美国的工商企业家抓住顾客的这种心理，大行优惠推销之道，提高产品市场竞争力。

报纸杂志上充斥"商品优待券"，可说是美国的一大特色，尤其是星期天的报纸，通常都附有几十页五颜六色、琳琅满目的广告，在每幅广告右下角往往印有一小块"优待券"，其内容不外"购买本厂××产品时可以凭券减价×角×分"，有的则是"买二送一"或"买一送一"。

优待券作为美国工商企业一种普遍的推销手段，牢牢扎根于美国消费者的心中。据统计，1990年，全美共发行了700亿美元的优待券，相当于国民总收入的1.4%。美国还有一批市场推销专家在研究"优待券学"，与竞争对手展开"优待券战"。

在美国，不仅低收入群体使用优待券，富人也同样使用！一项对家庭年所得12万5000美元以上的800位消费者的调查显示，富有的消费者不再摆出高高在上架子，他们从报刊上剪优待券，也上折扣店，并不愿被贴上"富人"的标签。

调查中，72%的高所得人士称从报刊上剪优待券，全美声称这样做的人占65%；高所得人士中上折扣店和仓储店购物的为66%，全美声称这做样的人为47%。上一代的富有美国人，也许不常光顾车库大甩买，但受调查者中，34%表示常常这样做；全美声称这样做的则占47%。

近两年，国内超市也开始搞节日打折，少数商家也开始随报纸或在店内赠送优惠券，这的确是一项促销的好办法。

4. 聚餐AA制

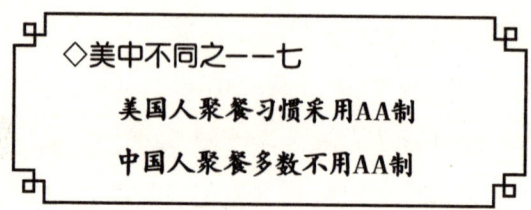

◇美中不同之一一七

美国人聚餐习惯采用AA制

中国人聚餐多数不用AA制

美国人聚餐吃饭AA制，早就被国内媒体炒过多遍了。AA制是在二人以上的场合，如果没人提前声明请对方或大家吃饭，那么朋友、同事大家饭后各自负费。类似的做法在组织与组织之间也采用。单位搞联谊活动，比如野餐，邀请其他单位一起参加，发起者 (组织者) 多准备一些，其他参加者每家自带一到两样食品，放在一起，大家分享。我参加过美中关系委员会在华盛顿的办事机构组织的周末聚餐。老馆员告诉了我们人家的习俗，我们也专门做了几样中国食品 (炸春卷、饺子、白斩鸡块等) 带了过去，很受欢迎。当然，野餐的时间、地点是他们定，餐具、饮料、野餐用的桌椅等也是他们准备。这是美国人的习惯。

美国不像中国那样，自掏腰包请朋友、同事吃饭，或者大家轮流做东。请不太熟悉的人吃饭，他们通常采用AA制。即便是熟人，有时是亲人，也是如此。比如，父亲去外地看儿子，一起吃饭，儿子可以不为老爹埋单。这一点中国人尤其不能接受。中国人好面子，请朋友吃饭还要朋友出钱，不好意思。和自己的老爹吃顿饭，还让他掏钱，简直是混蛋! 这是用中国人的思维看美国人的事。美国不仅百姓实行AA制，官场也是这样。据报道，2009年9月14日奥巴马在纽约市财政部门发表演讲后，前往纽约著名的"格林威治村"与前总统克林顿共进午餐。白宫发言人罗伯特·吉布斯在从纽约返回华盛顿的总统专机"空军一号"上向记者透露，午餐费用两任总统实行的是"AA制"，用餐期间他们谈论了经济、医保改革以及其他共同关注的问题。

聚餐AA制这种做法，在国内只有部分年轻学生采用，其他多数人按中国的习俗，不采用这种方式。

5. 请客吃饭

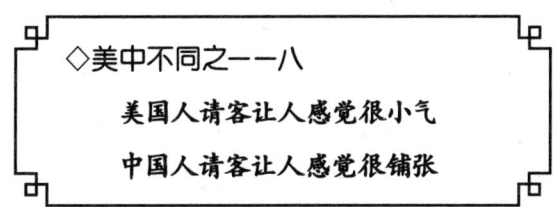

◇美中不同之——八

美国人请客让人感觉很小气

中国人请客让人感觉很铺张

中国人请客吃饭讲排场，要面子。第一，饭菜要多，讲究所谓八凉八热，山珍海味，大鱼大肉，摆得满满一桌子，不管客人吃得了吃不了，要的是丰盛，面子好看。第二，气氛要热闹。席间猜拳行令、碰杯声劝酒声声声不断，好不热闹。现在，政府贴出告示，餐馆内禁止猜拳行令，此类现象少了，但说话声音仍然很大，每张餐桌都一样，声音鼎沸，整个饭店无一处安静地方。第三，剩下的食物，不管剩多剩少，一概不要，怕人笑话。近几年有了好转，吃不了兜着走。生活在中国，对于这种情况，大家习惯了，也不觉得吵闹。可是，改革开放后，中国人走出国门，到世界各地经商访问，观光旅游，一些人也把这种习气带到国外，吃喝排场之铺张、浪费之巨大、席间之喧闹，令老外咂舌。

在美国或者欧洲外国人开的饭店里，餐馆不管大小，档次不论高低，都干干净净，安安静静，灯光不像中国那样辉煌耀眼，有的故意搞得像蜡烛一般，光线清淡，有的还放一些轻音乐，吃饭的人都轻声细语，很是安静。

是不是美国人不喜欢热闹，不喜欢请朋友欢聚一堂？不是。他们请朋友欢聚通常是在自己家中开Party（家庭聚会），而不是在酒店。在家中聚会也是欢歌笑语、热闹非凡，也是灯火通明，气氛热烈，特别是年轻人，有时搞得也很晚，音乐也是震天响。不过他们都要事先给自己的邻居打招呼，否则，邻居会以扰乱休息报警。

美国人请客吃饭，多数情况下非常简单，不管在餐馆还是在自己家中，常常是一盘沙拉、一样主菜，外加甜点而已，简单的让中国人看起来近乎是寒酸。那是美国人的习惯。在餐馆请你吃饭，自己点自己喜欢吃的，花钱多少人家不说。菜来了自己吃自己的，没有大家同吃一盘菜的习惯。

我爱人曾在一所学校学英语。她们学校的老师，一位白人老太太，因为中国的学生聪明好学，非常喜欢她们，所以，邀她们到家中吃饭。从居住的环境和独门豪宅可以看出，老师家中比较富有，她们满以为会像中国那样，有一大桌子美味佳肴。没成想，每人一份水果沙拉，一大盘扬州炒饭，分给每人少许，还说手艺是特意跟中国人学的。她的扬州炒饭不过是米饭中放了少许火腿肉丁而已。中国人吃粮食面儿长大，不一定大鱼大肉，米饭管饱也成，可是米饭也就那么多，只能吃个半饱，后面就是小甜点，这顿饭就吃完了。中国人爱面子，没吃饱也不好意思说，不好意思再要。美国人很真诚，他们就是那样的待客习惯，你客气，说吃饱了，他就认为你真是吃饱了。

朋友的女儿在一家美国人家庭住，房东老头儿老太太很喜欢她，对她关爱备至。我们常去看她，与这家美国人也熟悉了。一次请我们周日到家中吃饭，大家一聚。我们如约而至。坐下来之后，先倒一杯饮料，有橘汁、草莓汁和苹果汁，喜欢那种，主人为你的杯中倒入那种。其次是一盘水果和蔬菜拌在一起的沙拉，每人碟子里分一些。吃完沙拉，上主食。主食准备了两种，有烤牛肉和土豆泥。房东大爷喜欢肉食，选择烤牛肉。说是牛肉，不是那种纯牛肉烤肉，而是牛肉和别的食物捣碎后拌在一起做成的肉饼儿，月饼般大小，在烤箱中现烤的。老太太选择的是土豆泥。我们两样都尝了。主菜完了，上来一盘蛋糕，与超市常见的蛋糕不同，是他们礼拜日参加教堂活动，特意从教堂拿回来招待我们，新作的，味道很甜美。这就是在家中请客。

美国人的习惯，家宴待客经济实惠，不摆阔气、不拘泥形式。通常就是一张桌子上摆着一大盘沙拉，一大盘烤鸡或者烤肉，各种凉菜，一盘炒饭，一盘面包片以及甜食、水果冷饮、酒类等。大家围桌而坐，主人说一声"请"，每个人端起盘子各取所需，吃完后随意添加，边吃边谈，无拘无束。另外，美国人的时间宝贵，没有习惯像中国人准备请客那样，用一天或者大半天的时间，自己做各种各样的饭菜。

因工作关系，和美国人共进午餐或晚餐，或我们请他们，或他们请我们，都很简单，绝对没有中国那么多菜。这是一般情况。

当然，美国也有类似国内那种形式的公务宴请，西式大菜一道又一道。2000年10月，国务院新闻办在美国举办"中国文化美国行"活动，美国纽约人寿保险AIG作为协办和赞助单位宴请主办方，地点在国会山附近一家著名的西餐馆。因为是美国的大老板请客，程序复杂讲究，除洋酒、红酒之外，菜肴异常丰盛，仅主菜起码有四道，包括牛排、大龙虾、红鳟鱼、加利福尼亚冷冻鲜蚝。这种情况很少，普通美国人不这样做。

第四节　社会信誉

1. 签名与盖章

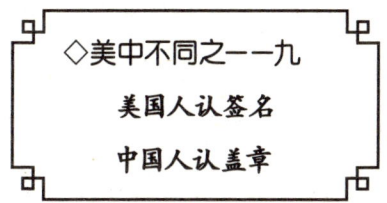

◇美中不同之——九
美国人认签名
中国人认盖章

　　我到美国后发现，在许多场合下，美国人习惯用签字表达信誉。这与中国大不相同，中国往往需要盖章，特别是公章。比如，我的孩子从两年制社区大学转到四年制普通大学，手续之一是需要原学校教授的推荐信，于是找了一位教他课程最多的老师写了推荐信，落款只有××学院××教授签字，没有学院盖章。再如，孩子在大学期间学习成绩好，学校发了一个类似中国奖状的表扬信，有校长签字而无学校盖章。日常生活中，到银行开账户，要留自己的签名；用自己的支票付账，要签名；用信用卡结账，账单要签名；到邮局取包裹、支汇款，要签名。美国用章的地方不多。正规场合如签订协议、合同、条约，双方代表签字生效，不用盖章；国会制定新的法律，参众两院讨论通过后，总统签字即能生效。还有书画作品上，美国的艺术家留下签名，中国人一定加盖自己特有的印章。这并不是说，美国没有或者不用章，章有，但不如我们使用的那样广泛。

　　一般说来，西方人喜欢以签字为凭，东方人则以加盖印章为证。对于传统签名，《布莱克法律辞典》解释为"特定人以手写其姓名的方式表达其愿受某特定书面之内容约束的表示"。美国人沿袭了欧洲先民的传统，喜欢以签字代表自己的信誉。

　　与欧美人做生意，他们更看重的是签字。他们要求签字人具备合适的身份或者授权。一般而言，有签字没有盖章一样生效。如只有盖章而无合适身份的人签字，就很难说了。

在中国，章比签字效力大。如果仅仅有签字没有盖章，会要求签字的人具有特定的身份或者具有授权书。如果有盖章而无签字，照样生效。章的重要性，中国人都有领教。

日常生活中，许多场合需要个人印章。如上海《文汇报》报道，一位市民收到海外亲戚给他80岁老母亲汇来200美元，便带着外汇支票、本人和母亲的身份证去外滩一家银行办理托收。柜台营业员告知要有老人的图章，他对营业员说，签名不比图章更可靠吗？如果我到马路上随便刻个章也能用吗？营业员说，你从何处刻章我不管，但没图章就不行。有位姓董的市民到市北一房产售楼处购买商品房，签合同时也被告知要盖私章，他说，我没有私章，签名不可以吗？接待的小姐解释说，规范的合同文本要到房地产交易中心进行确认，交易中心规定要签名、盖章。

公章效力更大。在中国，加盖公章说明经单位批准，单位承担法律责任。官方文件如调令、公函、布告等，只有个人签名而无公章没有法律效力。公章是公信力，代表政府的权威。

中国办理重要的事情要加盖公章，否则很难办。据钱江晚报报道，杭州东河社区居民袁女士70多岁的老父亲在家中不慎摔倒，很严重。送到杭州市中医院，医生要求袁女士到社区、街道或者老人的单位给出个证明，证明老人是在家里摔伤的。否则，进不了医保。因为老人早已退休，到原来单位盖这个章显然不合适，所以袁女士找到了社区。社区工作人员说，"我们又没跟在老人身边，老人是不是在家摔的，我们怎么证明呢？"怕耽误老人治病，这章社区最后还是盖了。原来，根据医疗保险相关规定，如果是病人自己摔伤碰伤，本身又有医保的话，这些治疗费用是可以进医保的。但是如果是在上下班途中遭遇伤害，是属于工伤范畴，治疗费用应该走工伤的途径，是不能进入医保的。因为交通事故等原因造成的伤害，如果医疗费用已经由肇事者进行赔付，这也是不能再进入医保的。病人因为什么受伤，作为医生其实很难辨别。所以要求自己摔伤的病人出具这么一个证明。要有一个单位证明，加盖公章，医院才相信，才能按医保待遇。

2. 信用卡

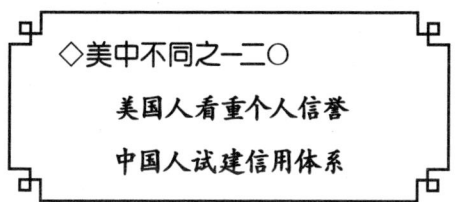

◇美中不同之一二〇
美国人看重个人信誉
中国人试建信用体系

信用卡这种东西，中国现在也有了。十年前，我在美国第一次见，很新奇。美国人在商场、饭店、旅馆等很多消费场所都用信用卡，刷卡后大笔一挥在消费单上签字即可。小到买几瓶可口可乐，大到购置大件家具、汽车、房子都可以，不用带现金，很方便。不少金融部门也给我们寄来空白申请单，希望我们使用他们的信用卡。我们是外交官身份，有稳定收入，可给较高透支额度。比如，可以给我5000美元透支额度。我在美国没有信用记录，第一次就给这个数量据说不少。使馆一般不支持馆员使用美国的信用卡，因为发生过一些问题，极个别馆员不讲信誉，临离开美国前大量透支而不还账，人回到国内，美国信用部门无法找到他们，只有找使馆，给使馆带来不少麻烦，还给国家形象带来不良影响。

信用卡是先花钱后到银行付款，如按时还款，则不必给银行付利息（银行从商场提取一定的利息）。申请信用卡，一般也不需担保抵押，手续很简单，只需要提供个人社会保障号（Social Security Number）或个人身份证。信用卡公司通过提供服务赚钱。信用卡一般只给有收入的人，没有收入的孩子不给。有时在家长同意的情况下，家长的信用卡附加子女的名字，制成副卡（家长的卡是正卡）供他们用，家长负责还账。为防止孩子乱花钱，一般情况下，家长都不给子女信用卡。

由于"先买后付，提前消费理念"的存在，消费信贷几乎伴随美国人一生，良好的信用记录也就成为一笔高价值的无形资产，成为美国人申请信用卡、保险、住房贷款、汽车贷款、就业等基本的生活保障。所以，美国人非常重视自己保持良好信用记录。一般只要有工作，收入稳定，多数人总会按期还钱。你讲信誉，就增加你的信用分数，可以提高你的透支额度和贷款额度；不能按期还钱，除交纳较高的利息外，还会降低个人信誉分，多次降低，你要买房、购车，人家就不给你高额贷款，限制你的消费。美国2008年上半年发生次贷危机，引发全球金融风波，直接原因就是美国一些金融机构不负责任地给那些偿还能力不强（信用记录分值不高）的客户过多购房贷款。

美国人普遍具有良好的信用意识归功于美国比较完善的个人信用制度。美国是世界上信用交易额度最高，信用运行机制最完善的国家之一。第一，有发达的个人消费资料网络。每个公民一出生便有一个类似于身份证号的社会保障号码，公民申请工作、支取工资、租房、纳税、借贷、还款等都要登记这个号码，这些都作为个人信用记录。个人信用资料被输入电脑系统，记入个人信用档案，这样，银行等金融机构可以通过联网实现个人信用资料的共享。第二，有完善的资信评估机制。个人信用的全部表现，包括第一次信贷消费后的每一次信贷、透支及还贷情况等，都将被输入电脑系统，记入个人信用档案。个人资信档案一般包括两方面：一是借款人向银行申请借款时提交的贷款申请表，包括贷款历史、居住情况、收入情况、婚姻情况等方面的信息；二是信用管理机构提供的与借款人信用历史有关的资料，包括未偿还债务情况、信用卡透支情况，在其他金融机构的贷款记录等。个人信用资料的调查及搜集工作由专门的征信机构（信用局）负责。第三，有完善的法律体系。已制定通过了多部消费信贷方面的法律，如《信贷机会平等法》、《诚实借贷法》、《公平信贷报告法》、《社会再投资法》、《诚实贷款法》、《信用卡发行法》、《公平贷款记录法》等，在还款方面的法律规定有《破产法》。

用卡有方便也有麻烦。信用卡被盗用便是一个经常发生的问题。在美期间常见美国媒体的相关报道，不少朋友也遇到此类麻烦。由于信用卡使用方便，发行量大，骗了利用现代技术，批量制造假信用卡消费，给真正持卡人和银行带来很大麻烦。为了保证使用者的合法权益，信用卡发卡机构都有专门人员处理被盗用问题。一般说来，只要证明不是自己消费的，发卡银行不会收取这笔费用。我的一位朋友，原在美国南方佛罗里达州工作，到华盛顿一年后，突然接到信用卡公司的电话，说她不久前在佛罗里达州某超市购置了家具和电器，因数额较大，向她核实。她马上意识到自己的信用卡被复制盗用，立刻声明不是自己消费的，自己离开那里一年多。公司寄来了调查信件，提出若干问题让她回答，并签名声明自己所说属实，她一一照做了。后来公司给她补上了被人盗用的钱。证明不是本人消费有很多方法。首先，你要说明不是自己消费的，美国人相信人的诚信。另外，消费之后要有自己的签字，这个签字银行是有记录的，可以鉴定。再则超市一般都有监控器，调出监控记录就可以看到消费者模样。正因为信用卡部门服务好，可以信赖，所以美国的信用卡使用非常普遍。有统计说，目前美国的信用卡用户已达1.73亿，共持有约15亿张信用卡，人均持卡量超过8张，每个家庭平均负债1.2万美元。

回国后，2007年某大银行到单位为每人办了一张信用卡，可以透支5万元人民币，让我顿感国内学习进步真快。谁知像我这样的人，没有大宗消费，也不爱逛商店，用信用卡消费，买三斤核桃二斤瓜，用不了几个钱，况且不是每个商店都能刷卡，只有少数大商场有读卡机，速度也慢，要等待机器处理、签字，很烦，不如现金利索。当月不及时还钱，利息很高。银行还要求每月必须消费三次，否则收年费100多元。没有给我带来方便，反倒很麻烦。我索性退卡，谁知打了几十个电话，就是退不掉，真是烦人。我恼火了，声言要告他们，十多天后才答应退。没想，过了几个月，又寄来单子，还向我要年费，而这年费是他们办卡时承诺第一年不收取的。真让人无奈！

由于多数中国人不习惯超前消费，整个社会的信用体系还没有建立，配套环境跟不上，信用卡公司只想赚钱而服务态度不好等方面原因，给中国信用卡的使用带来很大限制。关键是要建立整个社会的信用体系。2011年1月25日人民日报报道，央行已为7.77亿自然人建立个人信用档案。这说明中国正试行建立个人信用体系。

3. 商场退货

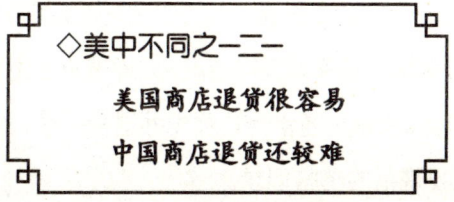

◇美中不同之一二一

美国商店退货很容易

中国商店退货还较难

在国内，人们常常会因为买了不称心的商品退换困难而无奈。人们都还记得，改革开放初期，到商店退货是一件多么麻烦的事。刚买的东西，或因颜色不合意、尺寸不合适、或者样子又不称心了，想退货，没门！当时，为此吵架的事情屡见不鲜。如顾客李某在国营五金商店买收录机，营业员从货架拿下一样品，李试后很满意。营业员从仓库取出新的未拆包装的收录机，对李说："这是新的，绝对没问题。"李付钱后将收录机带回家，结果试后发现声音失真。次日，带着发票和收录机要求退货或换货。售货员说："本店规定，货售后概不退换，售时你未试，责任由你负。"近年来，全国持续开展保护消费者权益活动，商店拒绝退货的事情少多了，但仍有刁难顾客不愿退货的事情发生。

在美国你不用有这种担心。对自己拿不定主意又怕人家卖完的商品，可先买下再说，因为随时可以退货，还不用为担心售货员的变脸而发憷。你去退货，只要有发票，货物完好，比如衣服上有价格标签，售货员不会问你理由，也不用解释。我自己就有不少这样的经历，例如，我曾在一家梅西百货（Macy's）买过一双棕色意大利皮鞋，当时很喜欢，但后来没有场合穿，放了约半年，我又不想要了，包装盒没有了，但有销售小票。当时，店内同样的鞋子早已卖完，而且时间也那么长了，退货时心里不免有些忐忑不安，但售货员照样二话不说，立即同意退，让我着实感受到"顾客就是上帝"的滋味。

美国的商店一般都允许退货，但具体的规定仍有不少差别。商店通常都在发票上写明，商品在售出后多少天内可以退货，有的是30天，有的长至90天。根据常理，持发票和无损坏是最基本的要求。

无发票或发票遗失后退货并不是绝对不可能的事。即使顾客已将标签撕下，只要商店能辨认出该商品是由他们售出时，也可以通融。例如，你接受了朋友的一件生日礼物，你不喜欢，或款式、尺码不合适，而朋友又决不会将发票一并给你。这时，你可以到出售该商品的店家顾客服务处说明情况，办理退货或退换手续。如果商店有你喜欢的款式，你有意退换，售货员通常会让你先办退货手续，然后再改买你看中的商品，因为这样才会有比较规范的电脑记录。

最让人不可思议的是，可在异地同类商店退货。例如你在美国东海岸某地一家梅西百货（Macy's）购买的化妆品，完全可以在美国西海岸任何一地的梅西百货公司退换，如洛杉矶、旧金山，只要那里有同名连锁店，相当于我们在上海购物在乌鲁木齐退，这在中国人看来简直是"天方夜谭"。

这种退货制度，虽是商家的促销手段，但也基于顾客普遍有较高的素质，商家与客户互讲诚信。当然，也听说有人钻退货制度的空子，将使用过一两次的商品退回去的情况。某东南亚国家的外交官家属，因参加学校举办的亚裔文化节，没有合适的本民族服装，就到商场去买，演出当天穿用一次，完成了任务，第二天就给人家退货，等于白用商店的服装。

第五节　节日习俗

过节是人们日常生活中的喜事，尤其是重大节日，不分老幼贫富，举国上下一起欢度，其乐融融。在美国几年，多随美国的节日，每每遇到美国过节，就让我想起中国过节的快乐，也让我关注两国节日和节日习俗的不同。

1.节日

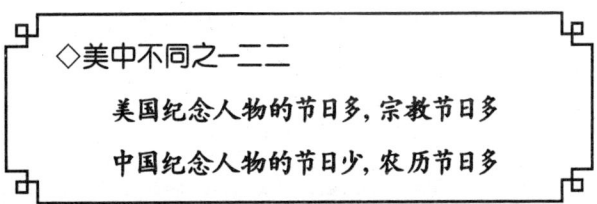

◇美中不同之一二二

美国纪念人物的节日多，宗教节日多
中国纪念人物的节日少，农历节日多

节日是一个国家文化的重要内容，特别是那些独特的传统节日，更是承载着一个国家丰厚的历史和文化内涵。中美两国由于历史和文化传统不同，所以绝大多数节日从名称到内涵也非常不同。

以全民假日纪念的节日。

美国的以法定假日（联邦政府公布的）纪念的节日一年中有十个，即：

(1) 新年：每年的1月1日

(2) 马丁路德·金诞辰日：1月的第三个星期一

(3) 总统节 (华盛顿诞辰日)：每年2月的第三个星期一

(4) 纪念日 (阵亡将士纪念日)：每年5月的最后一个星期一

(5) 美国独立日：每年的7月4日

(6) 劳工节：每年9月的第一个星期一

(7) 哥伦布发现美洲纪念日：10月的第二个星期一

(8) 感恩节：每年11月的最后一个星期四

(9) 退伍军人节：11月11日

(10) 圣诞节：每年的12月25日

在此10个节假日内，美国公民可以享受法定休息，政府机关和驻外机构不对外办公。

中国国务院批准的新调整的国家法定假日7个，放假休息11天。它们是：

(1) 元旦：每年的1月1日，放假1天

(2) 春节：每年农历除夕 (公历2月中旬) 开始，放假3天

(3) 清明节：每年农历清明节 (公历4月4日或5日)，放假1天

(4) "五一" 国际劳动节：每年的5月1日，放假1天

(5) 端午节：每年农历五月初五 (公历6月中旬)，放假1天

(6) 中秋节：每年农历八月十五 (公历9月底前后)，放假1天 (农历节日如遇闰月，以第一个月为休假日)

(7) "十一" 国庆节：每年的10月1日，放假3天

中国还有一些节假日，虽系国家法定，但非全民享受。如 "三八" 妇女节、"五四" 青年节、"六一" 儿童节、"八一" 建军节、教师节等分别是专门针对妇女、青年、儿童、军人和教师的，这些人可以在那一天放假。

人们看重的或比较有特色的节日。

美国的节日，除了以全民假日纪念的节日外，还有林肯诞辰、圣瓦伦丁节 (情人节)、圣帕特里克节、愚人节、母亲节、国旗日、父亲节、万圣节、万灵节、大选日、清教徒登陆纪念日等节日。人们比较看重的或比较有特色的节日是情人节、复活节、独立日、万圣节、感恩节和圣诞节。

　　美国的元旦新年, 和圣诞节相比, 过得有些悄无声息。这也可以理解。在许多美国人看来, 圣诞才是一年新的开始。在经过了圣诞的狂喜之后, 新年的到来, 显得有些多余似的。

　　和新年的冷清相比, 2月14日的情人节要热闹许多。到了这一天, 人人都会忙着发送卡片, 分派巧克力, 购买鲜花, 和家人朋友聚餐, 表达彼此间的情意。当然, 最甜蜜的, 是恋爱中的情侣。最开心的, 我想, 应该是鲜花店的老板。情人节这一天, 鲜花简直是卖疯了。

　　复活节在中国人看来, 显得有些陌生, 但在美国, 复活节却是相当重要的宗教节日, 其重要性仅次于圣诞节。庆祝复活节, 一方面是庆祝耶稣的复活, 感谢他为人类所做的牺牲奉献。另一方面, 是庆祝春天的到来, 万物在经过了冬天的严酷考验之后, 开始复苏, 欣欣向荣。就像圣诞老人和圣诞树是圣诞节的象征一样, 兔子和鸡蛋是复活节的标志, 它们象征着活力和丰产。到了复活节这天, 商店里通常会高挂可爱夸张的卡通兔子。住宅前的树上, 缀满装着糖果的彩色塑料鸡蛋, 任它们随着微风轻轻摇摆。有孩子的人家, 早早带着孩子去社区聚会场所, 品尝美味食品, 参加各种各样的游戏。更多的人则去教堂, 和众多的教友一起过节。有意思的是, 复活节的日期并不确定。它的日期确定有些复杂, 通常是在3月20日后第一个满月之后的第一个星期天。在西方, 复活节有可能落在3月23日至4月26日的任何一天。由于这样的安排非常复杂, 据说要经过570万年后, 同样日期的复活节, 才有可能重复一次。

　　美国的独立日, 相当于中国的国庆节。在7月4日这一天, 当地政府往往会安排热闹的国庆游行。各种民族各种肤色各种年纪各行各业的人, 穿戴本民族最有特色的服装, 或是本职业的制服, 在街上或载歌载舞或吹吹打打, 一路逍遥而过。有调皮的孩子, 从人群中钻出来, 在队伍旁边手足舞蹈, 一路紧跟, 也没关系, 警察也不管。

　　美国10月31日的万圣节, 其实就是中国人所说的鬼节。和我们中国人对鬼节的避讳相比, 美国人好像非常喜欢这个节日, 尤其是孩子, 10月还没开始, 就在热切地盼望万圣节的到来。从起源上来说, 万圣节也算是一个宗教节日, 它表示活力四射的夏天已经结束, 冷酷的代表死亡的冬天正在来临。到了这一天, 孩子们会装扮成各种古怪恐怖的鬼魂样子,敲开邻居的家门讨要糖果。想来,美国人快乐的万圣节,对于孩子的心理成长,也有着积极的作用,它使得孩子对于死亡这样沉重的话题,能够用一种乐观的心态去对待。

11月的第四个星期四,是美国的感恩节。这一天,最倒霉的要算是火鸡了。因为这一天,几乎所有的家庭都会烤一只火鸡,全家一同分享。当然,也有一只最幸运的火鸡,按照美国人的风俗,得到总统的赦免而幸免一难。感恩节的设立,最初的意思,是为了感谢上帝的慷慨,使得大地丰收,人们可以收获粮食。在美国最流行的解释是,为了感谢当地土著印第安人,在新移民刚来新大陆的时候,给了他们非常重要的帮助。如今,感恩节成了美国家庭聚会的重要节日。

美国最重要的节日,当属12月25日的圣诞节。关于圣诞节的来源和历史,人们了解得也最清楚。在美国人看来,最富有诗情画意的圣诞节,是在白雪皑皑的日子里,全家围坐在火炉边品尝美食。可惜,这样的白色圣诞节,并不容易遇到。

中国人比较看重或比较有特色的节日有春节、元宵节、清明节、端午节、七夕节、中秋节、重阳节等。

春节,是农历正月初一,又叫阴历年,俗称"过年"。这是中国民间最隆重、最热闹的一个传统节日。

元宵节,农历正月十五日。有吃元宵、踩高跷、猜灯谜等风俗。又因有张灯、看灯的习俗,又称"灯节"。

清明节,农历二月二十一日(公历四月五日前后)。最重要的祭祀节日。

端午节,农历五月初五。纪念古代爱国诗人屈原。

农历七月初七,七夕情人节。民间传说牛郎和织女此夜在天河鹊桥相会。

农历八月十五,中秋节。赏月的佳节。

农历九月初九,重阳节。1989年,中国把这一天定为老人节,成为尊老、敬老、爱老、助老的老年人的节日。

节日的不同特点。

比较两国的节日,可以看出其中一些鲜明不同。美国的节日,一是属于纪念人物和事件的比较多,如:马丁路德·金诞辰日、总统节(华盛顿诞辰日)、林肯诞辰、纪念日(阵亡将士纪念日)、哥伦布发现美洲纪念日、退伍军人节、父亲节、母亲节、情人节等;二是来自宗教的节日也比较多,如复活节、感恩节、万圣节、圣诞节。中国的节日中,一是纪念单一人物的少,针对人物群体的多,如儿童节、妇女节、青年节、老人节、教师节等;二是传统的农历节日多,如春节、元宵节、清明节、端午节、中秋节等。这些都反映了美中两国在价值观念、思维方式和文化传统等方面的深层不同。

2. 节日食品

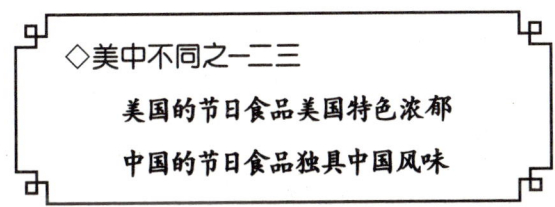

◇美中不同之一二三
美国的节日食品美国特色浓郁
中国的节日食品独具中国风味

美中两国传统节日丰富,且每一个流传至今的传统节日,都具有特定的文化内涵。制作、品尝和赠送相应的传统节日食品也是人们欢度节日的方式之一。

美国特定的节日与特定的食品主要有:

感恩节。 感恩节的餐桌上,上至总统,下至庶民,火鸡和南瓜饼都是必备的。火鸡是感恩节的传统主菜,通常是把火鸡肚子里塞上各种调料和拌好的食品,然后整只烤出炉,由男主人用刀切成薄片分给大家。此外,感恩节的传统食品还有甜山芋、玉蜀黍、南瓜饼、红莓苔子果酱等。

圣诞节。 圣诞节的传统食品为圣诞大餐。所谓"大餐"只是比平时丰盛一些。但是,有几道传统食品是圣诞节所不可缺少的,比如圣诞火鸡、烟熏火腿、圣诞三文鱼、圣诞甜点等。圣诞晚餐中还有一样特别的食品---烤熟的玉米粥,上面有一层奶油,并放一些果料,香甜可口,别有滋味。有的还习惯在圣诞晚宴的餐桌上摆一只烤乳猪,在猪的嘴里放一只苹果,据说这个习惯源于一些大家庭,因为只有大家庭才有可能吃得了一头猪,后来一些讲究排场的人在圣诞请客时便纷纷效仿。

复活节。 传统食品是肉食,主要有羊肉和火腿。它们都具有一定的涵义。据《圣经》说：上帝要考验亚伯拉罕，让他把独生子以撒献为祭品。亚伯拉罕果真照办，在他举刀要杀以撒时，上帝命天使阻止了他。这时，亚伯拉罕正好发现一只公羊，便把它取过来献为祭品，代替了他的儿子。因此用羊祭祀，是过节的一个老传统。羔羊则象征着耶稣的献身。至于吃火腿，据说是英国人遗俗，以示对犹太人禁止肉食内含血这一规矩的蔑视。后来此风便被英国移民带到美国。美国过复活节，人们还食用复活节彩蛋（Easter Eggs）。鸡蛋和兔子在西方是新的生命和兴旺发达的象征。亲友间要互赠彩蛋。

独立日。吃烧烤是该节的传统食品。吃烧烤时有严格的分工，如果是聚会，都是男人们点炉子烤肉，女人聊天间或照顾孩子。

万圣节。传统食品是太妃苹果、各种玛芬蛋糕。

中国的传统节日食品主要有：**腊八节的腊八粥、除夕的饺子、新年的年糕、元宵节的汤圆、立春的春饼、清明节的青团、端午节的粽子、七夕节和中元节的素食、中秋节的月饼、重阳节的菊花黄酒等。**

3. 节日礼物

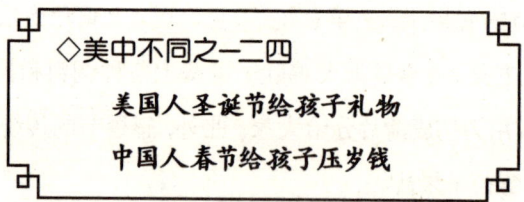

◇美中不同之一二四
美国人圣诞节给孩子礼物
中国人春节给孩子压岁钱

圣诞节是美国人最看重的节日，过节时，孩子们最期望的是收到自己喜爱的圣诞礼物。据《圣经》记载，来自东方的圣人在耶稣降生的时候赠送礼物，这就是圣诞老人为儿童赠送礼品习俗的由来。在这一天，孩子们热切的期盼着收到圣诞老人送来的圣诞节礼物。"圣诞老人"究竟是谁呢? 谁也没见过。他只会在圣诞节出现，给人们送来圣诞礼物。

给孩子的圣诞礼物最能体现礼物的意义。人类学家往往强调礼物的回报义务。但是，给孩子的圣诞礼物恰恰破除了这种回报义务。圣诞节礼物的实际赠予者当然是父母，但他们把功劳都给了神秘的圣诞老人，只是为了孩子们的那份天真的期待。不让孩子过早失去对圣诞老人的天真，是让他们明白一个道理，赠予陌生人礼物，并不需要什么特别的理由。

送圣诞礼物的重要性非同一般。政治人物也重视利用这个机会。美国加州州长施瓦辛格当地时间2009年12月20日化身圣诞老人为孩子送圣诞礼物，他带着九千余件礼物现身，众多家长纷纷排起长队，争取为自己的孩子领取到这份特殊的礼物。孩子们在圣诞节收不到礼物会很伤心，甚至生气。美国宾夕法尼亚州一位21岁男孩因那天没有收到父母的圣诞礼物，竟在第二天早上烧毁了父母的住宅。

在圣诞节，美国的父母一般都会给孩子送一些平时孩子喜欢又非常想得到的东西。父母们很用心，他们一般都注意孩子们今年流行用什么、玩什么，比如，男孩子们流行滑旱冰，自己的孩子还没有，于是根据财力，也许会送一双旱冰鞋。女孩子也许会得到自己喜欢的芭比娃娃、漂亮的发卡或衣物。

礼物的选择也紧随时代的脚步。比如，电脑和游戏机多了，美国的父母会在视频游戏商店花去很多时间。据美国娱乐软件协会2004年圣诞节前称，近半数的儿童家长都打算把视频游戏软件在那年圣诞节作为送给孩子的礼物。在节前一个多月，两款游戏《光晕2》和《侠盗车手：圣安德里亚》的销售已经非常兴旺了。

和美国人不同，中国父母或长辈在春节时会送给小孩子压岁钱。

中国人过春节有拜年习俗，一般是按辈数大小由晚辈给长辈拜年。拜年时，长辈给拜年的儿童"压岁钱"，是中国各地普遍流行的作法。

据说压岁钱可以压住邪祟，因为"岁"与"祟"谐音，"祟"为鬼祸，晚辈得到压岁钱就可以平平安安度过一岁。民间认为分压岁钱给孩子，当恶鬼妖魔或"年"去伤害孩子时，孩子可以用这些钱贿赂它们而化凶为吉。

自纸币代替金属制钱以来，便改用红纸包封之以示吉利。派发红包给未成年的晚辈，是表示把祝愿和好运带给他们。红包里的钱，只是要让孩子们开心，其主要意义是在红纸，因为它象征好运。因此，在分派红包的长辈面前打开红包，是不礼貌的做法。

新的时尚为压岁钱赋予了新的内容。至今,长辈为晚辈分送压岁钱的习俗仍然盛行,压岁钱的数额从几十到几百不等,这些压岁钱多被孩子们用来购买图书和学习用品。

4. 祭奠祖先和故人的方式

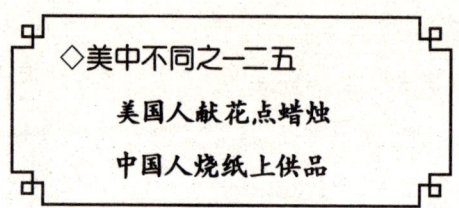

◇美中不同之一二五

美国人献花点蜡烛

中国人烧纸上供品

过节的时候祭奠先人,也是节日习俗。对于自己的祖先和故人,中美两国人民都一样有着敬仰、思恋与怀念之情,但表达方式和借助的载体不同。

美国人纪念死者或者追忆先人,采用的方式是在他们的墓碑前摆放鲜花、花圈,有时还点燃蜡烛,或给墓地增加装饰物等。祭拜的日子通常选择在复活节、纪念日(阵亡将士纪念日)或万灵节。届时,故亡人的亲属、生前好友聚集一起,为他们的墓碑敬献鲜花和蜡烛,进行祭拜。祭拜时他们不磕头、不摆放食品类的祭品,不焚烧纸钱,也不放爆竹,通常是献上鲜花之后,在故亡人的墓前长时间静静地低头默立,追思怀念。

中国人祭祀的节日一年之中有三个。一是春季的清明节,二是秋季的中元节(农历七月十五日),三是冬季的寒衣节(农历十月一日)。清明节是最重要的祭祀节日。汉族和一些少数民族大多都在清明节扫墓。在城市,实行新的习俗,扫墓时敬献鲜花或花圈,也有的采用网上祭奠,免去了远路奔波劳累。更多的人,特别是在广大农村,按照传统习俗,人们携带酒、食物、果品、纸钱等。首先将供品(食物、水果或酒)摆在亲人墓前,再将纸钱焚化,然后为坟墓培上新土,有的折几枝嫩绿的新枝插在坟上,最后叩头行礼祭拜。中元节,也称"盂兰盆节"、"鬼节"。"盂兰盆节"本是一种佛教仪式,佛教徒为了追荐祖先举行"盂兰盆会"。鬼节,是为鬼庆祝节日,民间有放水灯为鬼离去照明的习俗。寒衣节这一天,特别注重祭奠先亡之人。民间有这样的说法,"十月一送寒衣"，意即天气转冷，担心生活在阴间的亲人受冷，活着的人要为他们送上御寒的棉衣。于是，用纸剪裁成衣服形状，到先人墓前焚烧，表示送去寒衣。

中国地域广阔，除三大祭祀的节日之外，各地还有其他不同的祭祀时间。

第六节　生活琐事

1. 搬家

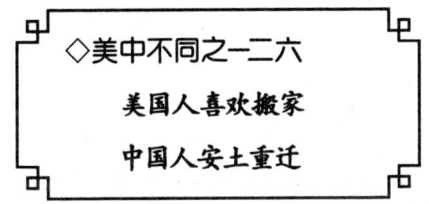

◇美中不同之一二六

美国人喜欢搬家

中国人安土重迁

美国人喜欢搬家。学者黄安年曾发表文章《美国人均一生八次搬家》。有报告说，美国每五个家庭中，就有一家三年搬一次家。根据美国政府发表的统计，全美国每年有17%左右的人搬了家。搬家的人中有约60%是就地迁居，其余的是搬往外地。这个比率从20世纪70年代以来到20世纪末没有什么大的变化。可以说，美国是一个国内居民频繁流动的王国。对比之下，中国从1982年到1987年五年之内只有2.8%的人迁往他乡，平均每年只有0.58%的人跨市镇流动。20世纪90年代以来，人口流动有加速的趋势，但是跨市镇流动搬迁的比率远远低于美国人。

美国人喜欢搬家与祖先就是从外国搬来有关。他们不像中国人那样故土难离，有着根深蒂固的恋乡情结。最初从欧洲来到美国的移民首先在美国东北部的大西洋沿岸立足，以后随着人口增加，对新资源的需要，经济实力的增强，人口和资金逐渐投向西部。结果是使约200年来美国的人口重心以每年4—10千米的速度不断向西移动，20世纪80年代初这个西移速度再次达到高峰，并且一直继续到90年代。这和中国人口、资金、技术力量不断朝东部沿海聚集适成对照。

其次因为工作变动。美国是一个注重自立的社会，事业的成败全凭自己奋斗，所以他们参加工作后时常"跳槽"，不断寻找新的地方，新的工作，谋求新的发展。

还有是为了改善居住条件，节省开支或照顾亲人等等。大部分美国人并不租房子，他们喜欢买房子住。其中一个重要原因是政府鼓励"居者有其屋"，所以在税收上给予优惠。办法是贷款所付的利息不用交所得税。买房子的常见办法是分期付款，标准年限是30年，每月付的贷款和租房子的租金相差不多，所以多数人宁可买房，过了30年，房子就归本人所有。买了住房，会不会把一个人捆死在一地呢？不会。当他想搬家时，可以把房子卖掉。如果是分期付款，账没还清，可以把房子和债务关系一起出售。出售的价格允许和原订的房屋价格有些出入。如果当地房产价格上升，他还可以从中获利，否则就会亏蚀。住房开支在美国人的总开支中平均约占1/4。许多年轻人靠租房过日子。租房费用高低与市场供求有关。在纽约市中心租一个带厨房和厕所的单间，1980年前后需1000美元左右，但在小城市里有两间卧室外加客厅的一套中档住宅，月租仅300美元。后来上升很快，"次贷危机"导致大部分地方买房价格下降，租房价格上升。

搬家之所以方便，主要因为有住房市场。房地产市场很发达。据一位做房地产的朋友介绍，美国的房地产市场分割很细。开发商负责从政府或私人那里搞到土地。建筑商只管建筑，这与国内的情况相似。不同的是开发商不负责房屋销售，建好的房子卖给房地产公司销售。房地产公司是新房旧房一并收购和销售，他们手中掌握房源，要买房、卖房都找他们，非常方便灵活。比如，你在外地找到工作，来不及卖给合适的主顾，房地产公司先买走，给你付款。

报纸对搬迁起到助推作用。美国有1500多种报纸，其中大部分是地方报纸，这些报纸的广告主要内容之一是人员招聘和住房信息。这两种广告互相关联。凡是经济繁荣的地方，人员招聘的广告比较多，从外地迁入的人口也较多，住房的需求也就比较活跃。1986年由于石油跌价，南部几个产油州削减生产，失业增加，而东北部像马萨诸塞州等地由于发展了高技术行业，需要补充劳动力。于是有不少人来马州寻求工作，使当地房租以及地产飞涨一时。报纸对新迁入的人帮助很大。

还有一个直接原因，在美国搬家没有任何限制。美国没有户口制度，搬家不需经任何人批准，也不需要事先到警察局去报告。搬家很方便，有专门的搬家公司，有专营本市的, 也有专营市外的。搬家时, 家具一般是不搬的, 多半就地卖掉。到了新家, 再按房间大小、色调和风格重新购置。

中国人安土重迁, 轻易不搬家。一方面, 中国的传统观念主张"安居乐业", 不喜欢频繁迁徙, 另一方面, 还有"叶落归根", 人死要葬回老家, 魂归故里。更重要的是, 中国的户籍制度对人口迁徙有相当的制约作用。随着城镇化的进展, 中国的户籍制度在不断改革, 逐步适应城镇化发展的需要。中国每年有2亿农民工进城, 这部分人过集体生活, 家还在农村。他们虽然流动了, 但没有搬家, 传统节假日要回家, 加上其他回家团圆的人群, 形成每年一度规模壮观的人口大流动——"春运潮"。改革开放初期转为城镇户口的多是知识分子、干部家属, 最近一些年是每年新毕业的几百万大学生和进城经商并有了固定住房的农民。相对而言, 整个人群中, 年轻人为了寻找更适合自己发展的机会, 流动性大一些, 但就总体讲, 中国人远不像美国人那样频繁迁徙。

2. 搬家前话别

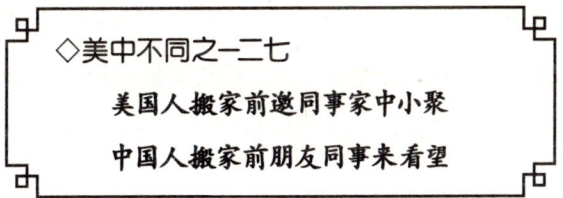

◇美中不同之一二七

美国人搬家前邀同事家中小聚

中国人搬家前朋友同事来看望

这是一种与中国不同的人际交往方式。中国人遇有熟人、同事、亲友要离家出远门, 如上大学、出国, 或其他别离如女儿出嫁等情形, 若是知道了消息 (比如要离开的时间), 多数主动问候一声, 或安排若干好友吃饭一聚, 以示话别。一般不主动邀大家到家中小聚, 一来忙着准备, 二来没有这种习惯。

美国人流动性大, 搬家之前, 如果不准备举行正式告别活动 (如宴会、告别会等) 的话, 则举办一个非正式的家庭招待会 (open house), 邀请同事、朋友到家中小聚, 与大家话别。英文直译为开放家宅。平时家宅不是随意可进的, 今天这个特定时间可随意进来。方式是确定一个时间, 提前发告知邀请, 告诉友人和邻里, 欢迎到家中叙谈小坐。凡本单位的，不论是否同一个科室，一概欢迎，或是邻居，不论关系远近，一律接待。邀请（通知）一般是贴在单位的某个地方，或送到不同的办公室，看到者自愿参加。主人准备一些茶水、小点心，大家随便取用，一边喝茶一边话别，叙述友情。

美国人的这种方式，在美华人学习了，中国使馆的人也学会了，很方便实用。使馆的人员经常轮换，2—4年左右一任，届时都要离开（当然也包括搬家，家属孩子一起走）。馆领导离任，涉及面广，一般搞正式告别活动，普通馆员则举行这种非正式的告别。准备一个几行字的通知，说明时间、地点、主人姓名，贴出来或分送各处室即可。时间一般选择在离开的前一天晚饭后，届时主人用茶水、糖果、瓜子、小点心（薯片、炸面片）、爆米花等招待大家。来者不用带礼品，不着正装，轻轻松松，说上一些话别的话，可以多待一会，也可短些，一般十多分钟。临走，主人送给大家新的联系方式，如电子邮箱地址、国内地址和家庭电话，以便今后继续联系。

这种方式好在既表达了友情，加强了联系，主客双方又不用太费时间和精力，国内尚不常见。非正式的家庭招待会（open house）的英文解释为an informal party of people with hospitality for all comers，意即招待所有来者的非正式聚会。

在美国，这种方式被延伸至搬家前销售自己的房子或物品。美国人房产买卖方便，新到一地，经济宽余就购房，走时卖掉，家具多数不拉走，到新地方再买。临走前，搞一个开放参观日，开放私宅，直接接待前来看房或购买旧家具物品的人。

3. 演讲

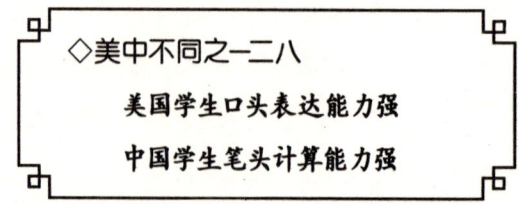

◇美中不同之一二八

美国学生口头表达能力强

中国学生笔头计算能力强

美国人重视演讲。演讲是一项"基本教育"。从上小学开始，老师就有意识鼓励和引导孩子们在课堂上表达自己的思想。到了中学，很多学校已开设演讲教育课，中学生们开始以敢于和善于在公开场合讲话为荣。大学生们培养演讲能力的意识就更强烈了。

美国学校不太强调课堂纪律，不要求学生像中国那样挺胸端坐，而是想怎么坐就怎么坐，爱插嘴就插嘴。学生之间为了一个话题常常争得不可开交，老师居然笑眯眯地坐在一旁毫不介入。美国很多文科教授都在教学大纲上明言告示："本教授鼓励学生积极参加课堂讨论。"有的甚至把是否参与讨论作为课堂评分标准，比重占全科成绩的5%—10%！我的孩子曾在美国读书，开始很不适应，课堂只注意听讲，不积极发言参与讨论，就被老师给低分。后来，只有硬着头皮上。否则，老师让你通不过考试，不仅要重学还要再交学费。

美国不仅注重让学生在课堂上自如地表达自己的思想，而且老师最常布置的作业就是让学生写论文，按给出的命题，到图书馆找材料，到社会搞调研，然后根据自己的理解加以组织与综合，最后向全班作演讲。这样的教学方式，不仅能让学生锻炼口才，更重要的是，逼着学生按自己的思路去读书、找资料、充实思想，将所学东西融会贯通。

可以说，在美国不能"侃"，不能自由表达自己，无异于天生残疾。美国名牌大学审查教师推荐高中生的信时，最糟糕的评语莫过于"该生平时话语不多"。这样的学生不管成绩多么优异，被名校录取的机会都较低。

美国人重视演讲教育，是因为他们深知这一技能有用。他们认为，演讲能力不只是政府官员、脱口秀演员或CEO们的"专利"，求职应聘者、商品推销员、小项目组织者，对上报告工作，向下布置任务，都需要演讲技能。缺乏这一技能会失去很多成功机会。于是我们看到小布什讲话时对观众的情绪能随时做出反应，甚至不失时机地用挤眼等动作表示幽默；我们也看到《纽约时报》前总编辑做简短的辞职讲话时，三分钟令编辑们掉泪，甚至哭出声来。

演讲成为一种独特的经济。美国有不少演讲经纪公司，最著名的是华盛顿演讲公司。由于美国许多机构和富人在举办重大活动时多会邀请名人出席演讲，以提高活动档次，于是，像华盛顿演讲公司这样的中介机构便应运而生。华盛顿演讲公司创立于1979年，至今已网罗了160多位名人。近来签约的名人包括前国务卿奥尔布赖特和鲍威尔、前中央司令部司令弗兰克斯、前白宫发言人弗莱舍以及西班牙前首相阿斯纳尔等重量级人物。演讲公司根据知名度不同,对签约的名人设置了不同的演讲收费标准,计有七个档次。最低档次价格是每小时1000到7500美元。最高一档有格林斯潘等名人,每小时收费可达六位数。一些大牌演讲公司在其网站上宣传说,无论客户需要举办什么样的活动,都能在这里找到合适的演讲人。

中国的学校也有成功之处,如高中以下的教育,学生的基础知识扎实,尤其是数学方面。中国孩子数学课不允许用计算器,培养了心算、口算和笔算能力。美国孩子允许使用计算器,结果,许多人计算能力差。时常看到商店里的售货员,算账离不开机器,尤其是遇到打折的商品,中国人心里早已算清了,他们靠机器还没有算好。

4. 关注外界

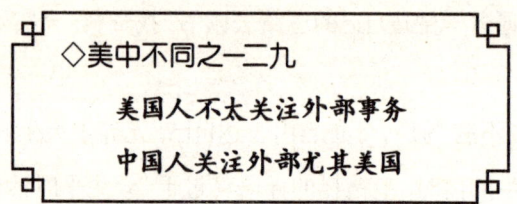

◇美中不同之一二九
美国人不太关注外部事务
中国人关注外部尤其美国

见到美国人,他们最喜欢问你的第一个问题是:Where are you from? (你是哪国人?) 如果你回答说From China (我来自中国),那么接下来美国人最喜欢问的问题是:Where in China? (中国什么地方?) 这时你真的要说出某个具体省份的话,大多数美国人听了都会茫然,因为他们并不知道中国各地的地名。其实,这并不为怪,因为一个普通中国人也未必都晓得美国的50个州和较著名的城市。大部分美国人只知道北京、上海等少数城市,所以许多人回答这个问题时都爱回答说"北京"或者"上海"。这并不是有意隐瞒自己来自中国不太知名的城市,而是省得罗嗦。美国人不只对中国的地名知之不多,对其他国家的地名也一样搞不清楚。记得2000年小布什竞选总统时,把不少外国地名读错,分不清"斯洛伐克"(Slovak) 与"斯洛文尼亚"(Slovenia),把"澳大利亚"(Australia) 说成是"奥地利"(Austria),遭到媒体奚落。布什总统不仅把外国地名搞错,本国地名有的也搞不利落。2003年11月,他到内华达州视察,一路上总是管"内华达"叫"内哈达"。当地人抱怨说:"他连本国地名都不清楚,怎么能当美国总统。"布什能不能当总统不是本书关注的,只是以他为例,说明政治家、名人尚且如此,一般美国人对外部世界关注少、地理知识少是可以想见的。

2006年盖洛普民意调查中心为美国国家地理协会所作的一项调查显示,美国年轻人的世界地理知识相当贫乏,大多数人在地图上找不到伊拉克的位置,3/4的人不知道印度尼西亚在哪里,90%的年轻人在亚洲地图上找不到阿富汗,70%的人找不到北朝鲜。调查发现:年龄在18岁至24岁间的多数受访青年对本国的地理知识了解得也很少,其中近一半人无法在地图上指出纽约州或俄亥俄州的具体位置。

我们常说,中国人了解美国比美国人了解中国多,换句话说,是美国人关注中国比较少。为什么?原因有多方面。美国人地理知识欠缺是原因之一。地理不是学校主要课程。我翻阅过美国的中小学社会学教材。他们有世界文化课本,涉及的国家比较全。但他们的教学方法不是每章必读,而是选择学生们比较关注的若干国家学习。在美国人看来,学文化要到英国,搞贸易要找日本,旅游观光也许去非洲……2000年的时候,美国人关注的重点还不是中国,因为两国经贸交往不多。后来,中国加入了世贸组织,美国发生了9·11、金融危机等,两国关系加深了,美国人对中国关注多了,但中国是否已成为多数美国人关注的重点,还有待发展。二是地理位置方面的原因。美国东西两面是大洋,跟其他国家隔得很远,特别是中国,与美国距离遥远,处在与美国黑夜白天颠倒的地球另一侧。三是美国人非常务实,只关注本国和自身的利益。跟别的国家相比,美国发展成现代国家的时间很短。美国人一直忙于本土的成长,忙着修建公路,忙着建立城市,忙着为千百万的孩子制定免费教育制度,忙着发明,忙着发现。大部分人,注意力只集中在美国本身,而不在国外。直到第二次世界大战(1939—1945),美国人才开始对世界其他地区发生兴趣。

中国人了解美国比美国人了解中国多。这既有历史的原因也有现实的因素。美国在世界上的影响大,曾侵略过中国,也曾帮助中国。在当今中国人看来,美国发达,可以学习先进科技,美国对中国重要……美国是中国对外交往中的"重中之重"。

举一个例子:中国在美的留学生比美在华的留学生多得不成比例。2006年12月9

日中新网的报道《美赴华留学生激增九成》说，持续多年的经济高速增长使中国吸引力与日俱增，越来越多的美国年轻人选择到中国留学。自2002年至2004年，美国赴华留学生人数激增了90%。在2003—2004学年，在中国大学报名就读的美国留学生共4737人，比上一学年美国留学生人数2493人增加90%。不过，英国仍然是美国年轻人海外留学的首选地，中国排名列第九位。与此同时，到美国留学的中国留学生也持续增加。上一学年，在美的印度留学生达80466人，连续四年居冠。紧随其后的是中国留学生，有62523人，较前年上升了1%。美国目前仍然是接受中国留学生最多的国家。报道显示，中国留美学生人数是美来华留学生的十多倍。这从一个侧面说明问题。

5. 付小费

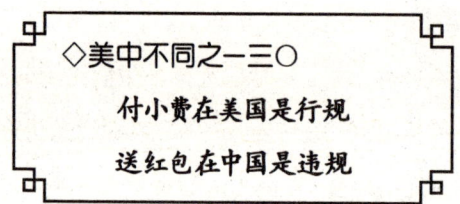

◇美中不同之一三〇

付小费在美国是行规

送红包在中国是违规

1985年我随本省一代表团访美，到旧金山机场下飞机。刚出候机大厅，立刻围上来四五个黑人孩子不由分说地帮我们搬运行李，我们还以为他们是"学雷锋做好事"，忙连声致谢。谁知把行李装上车刚准备离开，孩子们哗啦一下子站成一排伸开胳膊挡在车前，不说话，也不让离开。这让我们感到纳闷：已经对他们的助人为乐表示了感谢，他们要干什么？接机的朋友告诉我们，他们索要小费——原来如此！

中国人到美国旅行或参观学习，最不习惯的就是很多地方要付小费。说是小费，对于中国人来说，数目可不算小。住旅馆，每天早上要在枕头上放一两个美元给打扫房间的服务员；餐馆吃饭要按餐费额的10%—20%给餐馆服务员；甚至坐出租车也要额外给小费。中国人不理解，干吗不直接把价格提高，算小费除了麻烦，而且让人有额外付出的感觉。中国人平时俭省惯了，在中国嗓子渴得冒烟都舍不得买瓶矿泉水，到了美国一伸手就得给人付出几美元，还叫"小费"，简直让人心疼。

在中国，吃饭住店都不须付小费。准确地说，中国没有像美国及欧洲国家那样明确的要收小费的服务项目。中国现在的送"红包"、拿"回扣"，跟美国人"付小费"完全不是一个概念。作为中国人，都知道找政府部门办事，要给具体负责人好处，否则可能门难进、脸难看、事难办；找医生做手术要给医生塞红包，否则没准把手术刀留在你肚子里（当然是偶然粗心）；孩子上学给老师红包，放学以后就会给你的孩子开小灶；个别记者也不是省油灯，参加新闻发布会要拿一笔"车马费"，否则不发稿。这是一种小额贿赂，虽然国家明令禁止，但禁而不止，成了一种"潜规则"。

在美国，给小费是一种约定的习俗。一般而言，只要有人给你服务的地方，都要给小费。比如：住宿、去餐馆、坐计程车、理发、机场和旅馆的服务生给你提行李等，是一定是要给小费的。但也不是任何情况都要给，比如：警察、旅馆服务台、空姐、商场营业员、加油站的管理员，他们不收小费。医院护士照顾很周到，却不需要付小费。去自助餐厅、快餐店，属于自选饭菜的地方，也不需要付小费。准确地说，到底付不付服务小费，不是看有没有服务，而是看那些人是不是靠小费收入的。护士有福利，自然不需要你付小费，但是餐馆的侍者主要靠小费收入，理发师也靠小费补贴，机场帮助搬运行李的，更是全凭小费收入。

让中国人感到困惑的是，付小费主要靠自觉。假如有1/3的人不遵守，这个游戏就玩不下去了。拿吃饭来说，假如你坚持不付，别人也拿你没办法。这种规则何以维系下去？美国人压根没考虑过这个问题，都觉得付小费是很自然的事，理应如此。他们习惯于用金钱数目来判断人的价值，挣钱的意义除了改善个人生活外，也为了向社会表明自己的价值。你对别人是否公平，给不给小费，给多少小费，同样在向社会表明你自己的价值。该给的不给，或者给少了，会被当作是不尊重人家的劳动，不满意人家的服务，甚至当作是对人家的侮辱。所以多数人自觉遵守。偶有争执，对普通人倒也无所谓，如果是名人，不付得体的小费，会有损你的身份，受到道义的谴责。美国前总统克林顿的夫人，现奥巴马政府的国务卿希拉里为此闹过笑话。2000年2月13日上午，希拉里在纽约州一个小镇进行竞选活动时，到当地的"乡村酒家"吃早饭。女招待特鲁波负责上菜。希拉里边吃边跟桌上的人闲聊，为她在11月竞选参议员拉选票。虽然一起来的有20名支持者，但用餐的只有希拉里和一名女助手，总共应付6

美元。到了结账的时候，经理不肯收钱，坚持由餐馆请客。于是希拉里走出餐馆去向记者发表讲话，但离开之前，她和随从人员都忘了给服务员付小费，而这是美国服务业的规矩——餐费可以由餐馆经理做主免交，给服务员的小费却不能少。很快，"女招待一无所获：小气的第一夫人没给小费"就成为《纽约邮报》第3版的大标题，一时间，全国各家报纸一片哗然。虽然5天后给特鲁波补寄了一张100美元的储蓄存单，《纽约邮报》却奚落"希拉里被迫认错"。

关于付小费的标准，一般情况下是10%到15%。在餐馆吃饭，小费标准在总消费额的15%—20%左右，可视你对服务的满意程度稍做调整。如果你用信用卡付账，可以在签单时把小费加上。如果你付现金，离开时把小费留在桌上即可。没有零钞，可以请服务生帮忙兑换。在高档餐馆就餐，人员较多，餐馆会把小费直接加入帐单里，比例一般是15%—18%。这种情况下你就不必再付。住酒店，服务生帮你搬运行李，可按1美元一大件支付。件数多时，可以略微少些。离开酒店时，要给打扫房间的服务员小费，一间房一天1美元即可。在酒吧喝酒，小费较高，约20%—30%，甚至更多，视服务及场合而定，一杯酒付一两美元不等。乘坐计程车，也需付小费，大城市比例高些，小城市低些，一般在10%—20%之间。

6. 付消费税

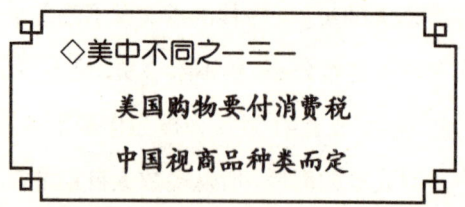

◇美中不同之一三一

美国购物要付消费税

中国视商品种类而定

在美国商店购物要付消费税，这一点与中国有所不同。初到美国的人，可能不习惯，看到标价是10美元，收款却是10美元多。中国人觉得，不差几个小钱，为什么不一起写入标价？嫌烦。美国消费税通常是明码标出，但也有些商品的价签没把消费税标出来的，结账时再加上。它就是那样的习俗，他们不觉得不方便。美国可以说是世界上消费税最完善的国家。销售税仅是常见的一种。无论是到商店购物，到饭店住宿、用餐, 还是到停车场停车, 凡是花钱的地方, 差不多都要支付相当于售价3%至9%的消费税。美国各州有不同的消费税率, 州、市各级议会在获得上级议会的批准后, 都有权根据当地经济实际情况及政策目标确定销售税率的高低。

中国有的商品有, 有的没有。中国目前是在普遍征收增值税的基础上, 有选择地对特殊消费品征收消费税, 消费税受增值税影响很大, 范围较窄, 包括: 酒、烟、贵重首饰及珠宝玉石、化妆品、小汽车 (包括小轿车、越野车、小客车) 等非生活必需品, 以及汽车轮胎 (工程车辆轮胎和矿山建设车辆轮胎等) 和酒精 (工业酒精和医药酒精等) 等生产资料。

7. 警察拦车

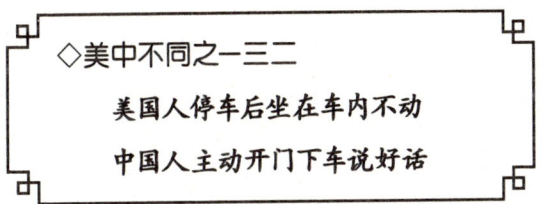

◇美中不同之一三二

美国人停车后坐在车内不动

中国人主动开门下车说好话

朋友告诉我, 在美国开车, 如遇警车在你前方或后方闪烁警灯并鸣起警笛, 那就是让你停车, 你应该在最近的可以停车的地方停下。但要记住一点, 千万不要动, 一定要坐在座位上, 双手扶着方向盘, 直到警察来到你的车窗外, 你再听从他的命令, 比如出示证件等等。这与中国的情况大相径庭。中国的司机一停车, 赶紧下来跑到警察旁边, 毕恭毕敬, 问明情况。如果在美国, 这样做恐怕连脑袋都保不住, 因为警察可以当场开枪击毙你! 这决不是危言耸听。美国是一个可以携带枪支的国家, 警察每天与形形色色的坏人打交道, 随时有脑袋搬家的可能, 在这种高度紧张的工作环境下, 如果你从车内跑出, 或停下车后在车内东翻西找 (有人车内有枪), 警察的第一个反应就是: 他要袭警! 如果你再开车门出来, 保不准他就会先发制人击毙你。国情不一样, 美国警察如此也是职业环境造成。但也不是说, 在美国就只有警察说话的份儿, 如果你不小心违了章, 也还是有挽回的余地。但这个挽回, 绝不是在事发现场和警察争执, 而是在事后。事发的时候, 警察让你怎么做你就怎么做, 即使给你开了罚单, 也不要紧,先收下，走人。回到家后，仔细想想前因后果，努力找出事发现场对你有利的证据，比如说你超速，就想想，那儿是不是有些下坡道，把超速归结为车体不自觉加速，或者那儿的限速标志是不是被树枝遮挡等等。如果找不到任何有利的证据，就老老实实地写一张支票寄回去；如果还想碰碰运气，就把罚单上不同意罚款、准备法庭上见的那一项圈上，然后把罚单寄回去。几天以后，你会收到警察局的通知，告诉你什么时候上法庭。到了法庭上，如果你能说服法官或博得法官的同情，你就没事了。

8. 对待枪支

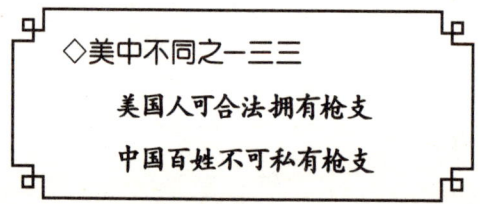

◇美中不同之一三三

美国人可合法拥有枪支

中国百姓不可私有枪支

　　枪支问题恐怕要算美国最严重的社会顽疾之一了。赴美之前已经有所耳闻，刚去不久就遇上华盛顿国家动物园发生枪击案。2000年4月24日，是我到达华盛顿的第四天。傍晚时分，办公楼上方几架直升机数次低空盘旋呼啸，声音震耳。同事说，华盛顿国家动物园发生枪击案，警察在附近搜寻嫌犯。使馆紧挨一条山涧，山涧有小溪穿流而过，两侧是茂密的丛林和一条不太宽的河边公路。动物园在小溪上游，离使馆只有地铁两站地的距离。

　　据美国广播公司报道，当地时间24日晚6点左右，正在动物园参加"非洲裔美国家庭庆祝活动"的人群中，有两伙年青人发生殴斗。年青人均在十六七岁的样子，当日早些时候曾多次发生冲突，开始是言语不和，后来动了拳脚，最后升级为枪械争斗，致使六名儿童在华盛顿国家公园遭枪击，造成一死五伤。当时一名11岁少年被子弹击中头部，其他五人被送往医院。非洲裔美国人家庭聚会已有上百年的历史，每年都在复活节过后的某一天在华盛顿国家动物园举行。这一天，当地的学校停课，当地居民举家来到动物园欣赏歌舞表演和非洲传统文化表演等节目。惨案发生后，人们纷纷跑出动物园，警察的直升机随即盘旋在动物园上空和附近搜寻凶手的踪迹。刺耳的枪声和淋漓的鲜血再次震惊了世人。

其后，枪击案时有发生。对我而言，最恐怖的当属2002年10月发生在首都华盛顿的连环枪击事件。从10月2号至22号的三周内，华盛顿特区及附近的马里兰和弗吉尼亚州连续发生了14起枪击事件。凶手相同，作案手法相同，不同的是作案地点。罪犯流窜袭击，"打一枪换一个地方"，而且枪法高明，每次开枪几乎是一枪毙命。他们乘坐一辆白色箱式面包车，没有后窗与侧窗，作案时，停靠在路边，一人望风，一人射击，作案后开车迅速逃离，不留痕迹。最可气的是，他们滥杀无辜，无固定人群和目标，惨遭杀害者有联邦调查局的雇员，有刚走出超市的妇女，有正在加油站加油的路人，有上学路上的学生……谁也不知道下一个目标是谁，发生在什么地方。巨大的恐惧笼罩在大华府地区（华盛顿及附近的马里兰、弗吉尼亚）上空，很多人不敢出门上班、购物。因担心学生安全，许多学校放假。使馆工作人员和家属的安全同样受到极大威胁，外事迎送、外出购物、子女上学都可能遭遇不测。为提醒大家多加防范，使馆作为一件大事，几次召集全体会议，并制定严格的出行措施，要求大家尽量减少外出，少去商店，孩子上学一定要用车接送等。为抓捕真凶，政府甚至出动军机协助联邦调查局进行调查，但很长时间没有结果。美国媒体将这一事件称为"9·11后发生的最大恐怖事件"。

对社会造成如此危害的祸根是美国的枪支。资料显示，美国私人拥有的枪支数量居世界第一，达2.5亿支。有媒体说，平均每天有265人因各种原因成为枪下亡魂；每天有12名美国儿童死于枪支。在各国，每年平均因枪致死者在日本只有15人、英国是30人、加拿大为106人，而在美国，有媒体说每年约有3万人死于各类枪击事件。美国的经济政治实力傲视全球，但在强大的荣耀和光环背后，枪支犯罪却是它难以革除和永远的痛。

美国是个任性而为的社会。因为私人拥有枪支，投资失利、离婚、失恋、失业、职场不顺、薪水被延迟支付、受到同学讥笑、与自己宗教信仰不同……这些都可以成为任性而为的借口，然后提着大包武器，大大方方地走向校园、幼儿园、社区中心、工作单位……向着"仇家"或"假想敌"开枪泄愤。奇怪的是，发泄仇恨后，有的凶手却以曾经接受心理治疗或患有精神病为由寻求豁免罪责。美国成年人可以合法拥有枪支。枪支商店很多。大约6500万美国人和45%的家庭拥有枪支。儿童可以从黑市或家庭中很容易的得到枪。尽管美国已经在1993年制定布雷迪枪械管制法（Brady Bill），对购枪者有严格的背景记录核查，规定购枪者必须等候5天时间让FBI（美国联邦调查局）进行调查。许多州也开始致力于严格的枪支管理。但可怕的是，许多行凶者多半没有持枪执照，却可以轻易向黑市购得致命武器。有民调显示，41%的青少年表示，假如他们想得到枪就能弄到手。

为什么美国人不在全社会禁枪呢？美国是一个私人权利至上的社会。在美国，允许持有和携带枪支的权利是公民不可剥夺的"天赋人权"，禁枪违法。人民对政府心存戒心，他们担心人民赋予政府的权利被滥用，用来对付人民。所以1789年，美国第一届国会召开之际，宪法第二修正案作为一项制约国会与总统联邦权利的平衡力量予以提交，并于1791年，与另外9条宪法修正案一起获得批准，组成了美国《权利法案》的前10条。美国《权利法案》的第二条规定："……人民持有和携带武器的权利不受侵犯。"美国的立国者认为，这种权利，不是统治者给予人民的一种恩赐，而是一种天赋人权。宪法修正案可以起到的作用，仅限于确认这一事实。这是美国的建国者对于日后的政府有可能发生异化而设立的一项预防措施，确实在一定程度上防止了其他国家时有发生的情况：即手无寸铁的人民面对政府军队的镇压束手无策，也使作为个人的美国人对保护自己的私有财产和土地的信心大增。法律之所以不禁枪，是因为"美国人民有推翻暴政的自由"。美国人明白，允许持枪固然会造成很多刑事案件，但是和刑事凶杀案相比，暴政更让人恐怖。要防止任何一种力量过于强大，包括政府。法律坚决保证人民持枪的权利，持枪是给予公民反抗政府的权利，是对暴政的天然防备措施。

中国的情况和美国完全不同。中国对枪支管理极其严格，普通百姓不准拥有枪支。所以，中国发生校园枪杀、办公室袭击案件极少。中国加强枪支管理，是为了维护社会治安秩序，保障公共安全。

后 记

2003年底从美国回来后，就想尽快趁感受新鲜写一本关于中美不同的书。

然而，实现这个愿望谈何容易！平时班上有大量的工作，班下有诸多应酬。在其"位"还要谋其"政"，写作只能靠起早贪黑和有限的节假日，辛苦自不待言。但我将能否做成此事作为对自己意志的考验，作为能否给关注和关爱自己之人的回报，始终未敢放弃。历尽七个寒暑，现在终于看到希望——完成了属于自己写作修改，到了可以联系出版的时候。尽管可能还会有大的修改变动，无论怎样，总算做了一件自己想做的事，这让我感到不小的欣慰。

在美所见，只是一些感性的东西，那时没工夫研究和梳理，也没时间求证核实。回来之后，用了较多时间作归纳整理和查证，参考相关的书籍和资料。由于本书所涉领域较多，且毕竟自己不是这些领域的专家，对所谈问题，可能只是浮光掠影，蜻蜓点水。所以，尽量用事实说话，尽量采用官方的或权威的数据，是本书写作秉持的原则。

说美中两国的不同，只想说明一些事实和现象，增进相互了解。我深知，由于意识形态的原因，有时候说事实也可能带来非正面效果，实非本愿，乐于随时修正。

我十分珍惜在中国驻美使馆工作的这段经历，它不仅让我有机会在国外第一线直接为国家做点事情，让一个曾经的"热血儿郎"体会到"为国尽忠"的那份自豪，而且让我长了见识，丰富了人生阅历，生活也因此而有不同。

能够如此，首先感谢国务院新闻办公室和外交部。感谢他们给我这个机会，感谢这两个部门诸多领导和同事给我关照，特别是时任国新办主任赵启正和李肇星大使，没有他俩的直接沟通，此事不会顺利。其次，感谢河北省有关领导（时任省委副书记赵世居、省委常委宣传部部长张士儒、省委宣传部副部长李振台），没有他们的大局意识，没有他们的宽厚和支持，也难成行。尤其要感谢那些与我长期共事的同事（万方局长，王恒、王凤二位处长并段春发师傅等），我在外期间，他们给我和我的家人（孩子与老母亲）许多帮助，每每想起，我都心存感激，总觉难以回报而深感内疚。再次，也感谢我的亲友，是他们在我身处异乡远在大洋彼岸的日子里，替我承担作为一个儿子为母亲尽孝，作为一个父亲对孩子呵护养育的责任。

夏文义

2010年10月6日

2011年2月9日修改